나폴레온 힐 습관의 법칙

나폴레온 힐
습관의 법칙
THE LAW OF HABIT

나폴레온 힐 원저 | 김정수 편저

중앙경제평론사

지식보다도 지혜가 필요한 시기

우리 주변에 모든 것이 변하고 있다. 더구나 그 변화는 정신을 차릴 수 없을 정도로 급속하다는 특징을 가지고 있다. AI, 챗GPT 등 인류 역사를 근본적으로 바꿀 정도로 엄청난 변화가 밀려오고 있는 것이다.

그러나 세상은 이런 급속한 변화에 잘 적응하는 사람들과 그렇지 못한 사람들이 같이 어울리며 살아간다. 예컨대 AI나 챗GPT 등 엄청난 기술의 변화에 능동적으로 대처하는 사람들이 있는 반면, 평범한 사람들 역시 같이 부딪치면서 살아간다. 문제는 비범하든, 평범하든 인간이라면 누구나 주목을 받고, 성공을 하고, 폼 나게 살고자 하는 점에서는 동일하다는 것이다.

그렇다면 성공, 성취라는 결과를 창출하기 위한 본질적인 내용은 무엇일까?

그것은 '지식보다도 지혜의 가치'가 더욱 중요한 시기가 되었다는 점이다. 예컨대 인터넷이나 스마트폰만 열면 지식(AI나 챗GPT 등)은 누구나 쉽게 얻을 수 있는 시대임은 분명하다.

그러나 지식은 같다 해도 그가 얻은 결과는 동일하지는 않다. 말하자면 지식을 많이 갖추는 것이 능사가 아니라 그것을 활용하여 성취라는 과실을 얻을 수 있는 지혜가 더 필요한 시기라는 것이다.

그렇다! 누구나 성공을 원하지만 결과가 항상 좋게 나오지 않는다. 또 무턱대고 열심히 한다고 대가가 정확하게 주어지는 것도 아니다. 부연 설명하면 성공과 성취에 다가가는 데는 지름길 내지는 정도가 있을 것이라는 의미이다. 말하자면 성취나 성공이라는 과실은 지식이 아니라 지혜의 영역이며 바로 이 책에서 다루고자 하는 내용이다.

누군가 "당신은 왜 사는가?"라고 묻는다면 뭐라고 답하겠는가? 나는 "자유롭기 위해 산다"고 답하겠다. 진정한 자유는 원하는 것(그것이 무엇이든)을 스스로 선택할 수 있는 '선택의 자유'일 것이다.

성공을 갈망하는 사람들이 진정으로 바라는 '풍요롭고 품위 있는 삶'의 귀결점 역시 같을 것이다. 그것은 경제적인 자유, 즉 돈이고 이 역시 자유라는 것이다. 그러므로 "진정한 삶의 목표는 무엇일까?"라고 묻는다면 그 답은 '자유'가 되어야 한다.

사실 원하는 자유가 어떤 것이든 성취가 뒷받침되어야 한다. 또한 성취(성공)를 위해서는 두 가지가 필요하다. 그것은 바로 '습관'과 '행동'이다. 이 책에서 주장하는 내용도 이 두 가지로 귀결歸結된다.

　많은 석학들이 강조하는 것을 종합해보면 우리가 하는 일의 95%는 습관에서 비롯된다고 한다.

　예컨대 고대 그리스의 아리스토텔레스도 대부분의 일은 의식적으로 하는 행위가 아니라 무의식적인 습관으로부터 나온다고 설파하고 있다. 이미 그는 아주 오래전에 모든 사람들의 부와 성공은 좋은 내용을 자기화化시키는 것, 즉 습관화하는 데서부터 시작된다는 사실을 간파하고 있었던 것이다. 한마디로 정리하면 남보다 탁월해지기 위해 노력하는 모든 행위를 '무의식적인 습관'으로 만드는 것이 바로 성공으로 가는 핵심이다.

　또 하나의 성공 덕목은 '목표를 행동으로 옮기는 것'이다. 당연히 이것은 실천, 즉 행동을 강조하는 말이다.

　예전에는 '준비 – 조준 – 발사'의 순서로 미사일을 쏘았다. 하지만 지금은 '발사 – 조준 – 준비'로 순서가 달라졌다. 미사일을 먼저 발사한 뒤에 위성이나 GPS 등으로 조준하며, 그 후에는 어떤 결과가 나오든 모든 가능성에 대해 미리 준비해놓고 대기해야 하는 것이다. 조준하고 있는 동안 기다리는 정체된 상황이 아니라 시시각각 변화하고 그 방향을 예측할 수 없는 역동적인 세상이 된 것이다.

그렇다! 자기를 완성하고 다른 사람보다 앞서기 위해서는 '실천'이 무엇보다 중요하며 이것은 절대 일회성으로 끝나서는 안 된다. 어떤 행동을 하든 계속해서 지속하는 것이 중요하다. 그 어떤 배움과 깨달음도 지속적인 행위를 통해 자기 것으로 만들어가야 한다. 바꿔 말하면 성공하고 뜻을 이루기 위해서는 매일매일 '실천'을 지속함으로써 궁극적으로 그것이 '습관'이 되게 해야 하는 것이다.

물론 '습관'을 만드는 일은 쉽지 않다. 또 그것은 누군가가 대신 해줄 수 있는 일이 아니라 자신이 스스로 만들어가야 하는 일이다. 흔히 '자기계발'이라는 용어를 쓰지만 사실 어떤 계기로 인해 깨우친 내용을 점차적으로 갈고닦아 나가야 한다는 점에서 일종의 돈오점수頓悟漸修인 셈이다.

이런 관점에서 본다면 이 책도 다른 책의 범주를 크게 벗어나지 않는다. 왜냐하면 이 책 역시 독자들에게 '습관'이라는 과정을 요구하기 때문이다. 이른바 습관은 독자 스스로가 만들어야 하는 영역이다.

따라서 편저자는 주위에 범람하는 다른 책들처럼 이 책만 읽으면 독자의 삶이 획기적으로 변한다고 주장할 마음은 추호도 없다. 다만 이 책을 자세히 정독한 후 그 내용을 실제 생활에서 일상화한다면 자신이 원하는 삶으로 바뀔 수 있다고는 자신 있게 말할 수 있다. 인생의 큰 지혜를 얻을 수 있다는 점은 분명하다.

이 책의 정독을 통해 경영자는 그 고유의 업무(많은 파이를 만들어내야 하는 일)에서 다양한 해법을, 직장인은 더 나은 성과를, 누군가를 가르치는 일이 본업인 사람은 풍부한 아이템을, 학생은 성적 향상과 더불어 향후 인생을 어찌 살아야 할 것인지에 대한 지침을, 주부는 자신의 참된 삶과 꿈에 대한 해답을 얻을 수 있을 것이다.

이렇듯 자신 있게 주장하는 근거는 이 책이 실제 적용과는 관련 없는 출처불명의 그럴듯한 이야기만 나열한 책이 아니라 이미 오랜 기간 수많은 사람들에 의해 검증된 원전原典에 기초를 두고 있기 때문이다.

이 책의 원原저자인 나폴레온 힐Napoleon Hill은 당대當代의 성공자 507명을 한 사람씩 만나 그들로부터 성공의 비결을 듣고 그 내용을 정리하여 책으로 펴냈다. 바로 그 책이 불후의 명작으로 회자되는《성공의 법칙The Law of Success》(한국판《나폴레온 힐 성공의 법칙》)이다. 한마디로《성공의 법칙》은 열정을 가진 한 사람이 무려 20년이라는 세월 동안 청춘을 바쳐 당대의 내로라하는 성공자들을 인터뷰하고 그들의 성공 원리를 연구하여 책으로 정리한 고금古今에 전례가 없는 엄청난 기록이다.

지금 여러분이 읽고 있는 이 책은 그 파란만장한 기록을 기본 뼈대로 하고 있다. 그러므로 여러분은 다양한 분야의 전무후무한 507명의 성공 원리를 바탕으로 하여 수십 년 동안 시대를 뛰어넘어 수많은 사람들의 삶에 지대한 영향을 끼친 책을 대하고 있는 것이다.

다시 말해 지혜의 보고를 접하고 있는 것이다.

원저에서 주장하는 일관된 메시지는 '성공'이다. 그리고 이 책의 아이디어로부터 큰 확신을 얻어 인생의 진정한 목표인 '자유'를 얻을 수 있다면 그것이야말로 실제로 효과를 낸 것, 이른바 '성공'이라고 말할 수 있다.

그렇다! 모든 사람이 인정하듯 어떤 주장이나 철학의 가치는 그것을 접한 후 각자의 사고를 행동으로 촉진할 때에 있는 것이지 그 자체로는 단지 이론에 불과하다.

예컨대 어떤 이론이나 법칙 혹은 원리를 막론하고 그 최종적인 평가는 "실제로 효과를 내느냐?"에 달려 있다. 이것이 뒷받침되지 않으면 제아무리 훌륭한 이야기라도 공허할 뿐이다. 그런 관점에서 이 책은 좋은 점수를 받을 수 있을 것이다.

이 책은 '습관'과 '행동'을 주제로 두 권으로 구성되어 있다. 책을 쓰면서 가장 신경 쓴 부분은 원저자의 의도를 훼손하지 않으면서 글의 메시지를 가장 명료하고 간결한 방법으로 전달하는 것이었다. 가령 《삼국지》를 현대인이 읽기 쉽도록 만드는 것과 같은 일종의 '고전의 현대화'쯤 되는 작업인데, 골격은 살려두고 새로 써야 하는 일은 생각보다 어려웠다. 더구나 그것은 일종의 관觀을 요구하는 작업이기도 했다.

그럼에도 이 책은 세상에 선을 보이게 되었다. 노력을 많이 했지만 부족한 점이 있다면 그것은 순전히 편저자의 책임이다. 물론 독자들이 교훈을 얻어 자신의 뜻을 이루는 데 도움이 된다면 그것은 원原저자인 나폴레온 힐의 몫이다. 독자 제현의 아낌없는 성원을 바란다.

김정수(金正秀)

차 례

습관 1 – 상상력
상상력의 현실화가 성공이다

습관 2 – 목표
스타트는 명확한 중점목표로부터

습관 3 – 호감력
호감 얻는 성품으로의 포지셔닝

습관 4 - 자신감
자기확신과 자신감 개발 포인트

습관 5 - 지배력
지속적 성취는 습관으로 하는 것

습관 1 – 상상력

상상력의 현실화가
성공이다

이 세상에 존재하는 모든 것들 중에서

자기 자신이 절대적인 통제권을 지닌 유일한 것이 바로 상상력이다.

이 사실을 안다면 또한 그것이 얼마나 중요한 것인지도 알게 될 것이다.

상상력으로 기존의 사고를 새롭게 하라

상상이 현실이 되기 위해서는 우선 그에 대한 생각이 있어야 하고,
그 생각을 계획으로 바꾸어야 하며,
마지막으로 이것을 실현시켜야 한다.

인간의 그 어떤 성취도 상상력想像力으로부터 시작된다. 자신이 원하는 자질들을 자신의 상상 속에서 그려본 후 이를 성취한 자신의 모습을 떠올려보라.

이런 과정이 없다면 인생의 명확한 목표나 자기확신, 솔선수범, 리더십 등 그 어떤 것도 있을 수 없다.

사전을 찾아보면 상상력은 다음과 같이 정의된다.

'지식과 사고를 새롭고 독창적인 체계로 만들어내는 두뇌행위. 건설적이고 창조적인 능력으로 시적·예술적·철학적이며 과학적이고 윤리적인 모든 상상력을 포함한다.'

'마음에 심상心像을 만들어내는 힘이자 내면의 이미지로서 의미 있는 그림의 형태 혹은 기억이나 이미지. 이것은 특히 오감五感이나 수리적 추론에 관련된 사고의 정신적 재현 등으로 과거 경험에서

기억된 사실들로부터 때로는 비합리적이거나 비정상적인 수정을 가하여 재생산되거나 조립하는 것이다.'

흔히 상상력은 영혼의 창조적인 능력으로 일컬어진다. 하지만 이런 추상적인 정의는 (물질적이고 금전적인) 부를 획득하기 위한 하나의 수단으로서 이 책을 접하는 이들에게는 이론적이고 다소 거리감이 느껴지는 정의일 것이다.

사실 상상력을 통해 자신의 명확한 중점목표가 확립되고 통합된다는 사실과 자기확신과 솔선수범, 그리고 리더십 또한 실제로 실현되기 전에 자기암시의 원리를 적용함으로써 길러지므로 이것 역시 상상력의 도움 아래 창조되는 것이다.

이렇게 상상력은 개념과 아이디어, 그리고 사실들을 관찰하고 통합하여 새로운 계획을 창조할 수 있다. 그래서 상상력은 해석적인 속성과 창조적인 속성을 동시에 지니고 있다고 할 수 있다.

해석적인 속성에서 상상력을 살펴보면 소리의 진동을 받아들이는 라디오의 원리와 같다. 즉, 상상은 외부에서 발생된 사고의 파장과 진동을 받아들이는 속성을 지니고 있다. 이런 이유로 상상력의 해석적인 원리를 텔레파시Telepathy라고 부른다.

심리학에서는 텔레파시를 '정신감응精神感應'이라고도 한다. 이때 정신감응이란 공간과 거리에 상관없이 어떤 물리적인 기계나 도구의 도움 없이도 한 사람의 생각이 다른 사람의 생각과 소통하는 것을 가리킨다.

상상력을 효과적으로 사용하기 위해서 텔레파시의 속성은 매우 중요하다. 상상의 텔레파시 효과로 인해 사고의 파장과 진동을 끊임없이 수집할 수 있기 때문이다.

어떤 의견이나 결심이 논리나 추론의 과정을 거치지 않고 '퍼뜩 떠오른' 생각이 되는 것도 대개 상상 속에 저장된 사고의 파장에 따른 현상이다.

라디오 장치의 개발로 우리는 에테르가 분명히 존재하며 모든 소리의 파동이 빛의 속도로 공간을 계속해서 날아다니고 있다는 사실을 알게 되었다.

우리가 라디오의 원리를 이해하는 것처럼 텔레파시의 원리도 마찬가지로 이해될 수 있다. 텔레파시의 원리는 심리학적 연구를 통해 이미 널리 알려져 있기 때문에 이를 증명할 사례들 또한 쉽게 발견할 수 있다.

예를 들어 아무런 도구의 도움 없이도 멀리 떨어진 사람들이 마음의 파동을 맞추고 조화를 이루어 서로 메시지를 주고받는 경우가 있다. 사실 그처럼 서로의 주파수를 맞추고 생각을 교환한다는 것이 쉬운 일은 아니다. 하지만 우리는 이 사실에 대해서 이미 충분한 증거를 가지고 있다.

인간의 그 어떤 성취도 상상력으로부터 시작된다. 상상력은 흔히 마음에 심상(心像)을 만들어내는 힘이자 내면의 이미지로 표현된다. 자신이 원하는 자질을 스스로의 상상 속에서 그려본 후 이를 획득한 자신의 모습을 그려보라. 이런 과정 없이는 인생의 명확한 목표도, 자기확신도, 솔선수범이나 리더십도 있을 수 없다.

상상력의 통제권은 오직 자신에게 있다

이 책에서 설명하고 있는 성공의 법칙들이 서로 얼마나 긴밀하게 연결되어 있는지 살펴보자.

이를 위해서는 먼저 자기 자신과 자신이 판매하려는 제품에 대한 확신이 부족한 세일즈맨이 잠재적인 구매자에게 다가가는 경우에 어떤 일이 발생하는지 알아볼 필요가 있다.

구매자가 의식하고 있든 아니든 구매자는 상상력을 발동하여 세일즈맨에게 자신감이 없다는 사실을 '감지'하게 된다. 세일즈맨의 생각 자체가 자신의 노력을 허사로 돌리고 있는 것이다. 이는 성공을 이루는 요소 가운데 자기확신이 중요한 부분을 차지하는 이유에 대해 또 다른 각도에서 설명해주고 있다.

유유상종의 원인이 되는 텔레파시 원리와 흡인吸引 원리로 그토록 많은 사람들이 실패하는 이유를 설명할 수 있다.

만약 자기의 지배적인 사고와 일치하는 사고의 진동을 에테르에서 끌어들인다면 자신감을 약화시키는 부정적인 사고방식이 (성공의 사고가 지배적인) 긍정적인 사람을 끌어들이지 못하는 이유도 쉽게 이해할 수 있다.

그러나 인간 심리가 어떻게 기능하는지에 대해 생각해보지 않았거나 연구해보지 않은 사람에게는 아마도 이런 설명이 추상적으로 들릴 수도 있겠다. 따라서 상상력이라는 주제를 이해하고 실제적으로 응용할 수 있도록 하기 위해서는 이에 대한 추가적인 설명이 필요할 듯하다.

일반적으로 상상력은 소설을 쓰는 데나 동원되며 설명할 수 없고 불명확한 그 무엇으로 간주된다. 상상력에 대한 이런 통념에 새로운 이해를 더하기 위해서 이 책에서는 다소 이론적인 보충을 해두었다. 그러므로 이 책에서 논의하는 가장 중요한 요소일 뿐만 아니라 명확한 중점목표 달성을 위해 상상력이 기여하는 바를 정확히 인식하게 될 때 상상력은 가장 유익한 요소로 다시 자리매김하게 될 것이다.

이 세상에 존재하는 모든 것들 중에서 자기 자신이 절대적인 통제권을 지닌 유일한 것이 바로 상상력이다. 이 사실을 안다면 또한 그것이 얼마나 중요한 것인지도 알게 될 것이다.

가령 어떤 사람들이 당신의 물질적 부를 앗아가고 당신을 수천 번 속일 수는 있지만, 그 누구도 당신으로부터 상상력을 사용하고 조절할 능력을 빼앗아갈 수는 없다. 또 사람들이 당신을 불공정하게 대하고 자유를 박탈할 수는 있을지언정 당신이 원하는 대로 상상할 특권마저 박탈할 수는 없는 것이다.

오늘날 세계가 겪고 있는 모든 문제들도 결국 상상력의 힘을 이해하지 못하는 데서 비롯되었다. 상상력을 제대로 이해하고 적용한다면 지구상의 빈곤과 재난, 불공정성, 그리고 온갖 박해는 한 세대만에도 말끔히 없어질 수 있을 것이다.

당신은 '군중심리'라는 것에 대해 들어보았을 것이다. 이것 또한 텔레파시의 원리를 통하여 한 사람의 마음에 있는 강력하고 지배적인 사고가 다른 사람의 마음에 접수된 것과 같다. 군중심리의 효과는 그 어느 것보다 강력하다.

가령 길거리에서 두 사람이 싸운다고 하자. 처음에는 방관하던 사람들이 어느새 군중심리에 휘말려 어느 한쪽 편을 들면서 싸움에 말려드는 것을 볼 수 있다. 그들이 왜 싸우는지, 누구인지도 모르면서 말이다.

이제 텔레파시의 원리에 대해 좀 더 명확히 알아보기 위해서 사업이나 경영에서 조화로운 업무관계를 형성하기도 하고 훼손하기도 하는 요인들을 살펴보기로 하자.

아마 여러분은 불만을 지닌 자가 있을 때 그와 접촉하는 사람들에게도 부정적인 영향을 끼친다는 사실에 동의할 것이다. 조직 내에 그런 사람이 있다면 전 조직에 악영향을 미친다는 것은 이미 잘 알려진 사실이다.

조직 내에 이런 불평분자가 있으면 노동자도, 고용주도 이를 견딜 수 없게 된다. 그의 마음이 다른 사람에게도 영향을 미쳐 불신과 의혹을 키우고 조화를 방해하기 때문이다. 결국 이런 불평분자는 독사보다 더 위험한 존재로 인식된다.

물론 반대의 경우도 있을 수 있다. 일단의 근로자들 사이에 긍정적이고 낙관적인 성격을 가진 사람을 투입하면 그의 이런 성격은 같이 일하는 사람들에게도 긍정적인 영향을 미치게 된다.

에머슨Emerson의 말처럼 모든 기업이 '한 사람에게서 확장된 것'이라고 한다면 쾌활하고 자신감에 넘치며 낙관주의와 조화의 정신을 지닌 사람은 결국에는 조직의 모든 구성원들에게 긍정적인 영향을 끼치게 될 것이다.

이 세상에 존재하는 수많은 것들 중에서 자신이 절대적인 통제권을 지닌 유일한 것이 바로 상상력이다. 가령 어떤 사람들이 당신의 물질적 부를 앗아가고 당신을 수천 번 속일 수는 있지만, 그 누구도 당신으로부터 상상력을 사용하고 조절할 능력을 빼앗아갈 수는 없는 것이다. 그리고 당신은 상상력을 이용하여 원하는 모든 것을 얻을 수 있다.

상상력의 해석적 속성과 창조적 속성

성공을 이루기 위해서 상상력을 적용하는 단계로 나아가기 이전에 먼저 이 상상력을 이용하여 물질적인 부를 축적하는 데 성공한 사례들을 살펴보도록 하자.

그 전에 알아두어야 할 것이 있는데 '세상에 100% 새로운 것은 없다'는 사실을 인정하는 것이다. 인생은 거대한 만화경같아서 여러 가지 사실과 재료가 변화하면서 흘러가고 있다. 인간이 할 수 있는 일은 이런 사실과 재료들을 선택하여 새롭게 조합하는 것에 불과하다.

이 과정에서 이용되는 것이 바로 상상력이다. 앞에서 이미 상상력에는 해석적인 속성과 창조적인 속성이 있다고 밝힌 바 있다. 상상력은 외부의 인상과 아이디어를 받아들이고 이를 새로운 조합으로 형성할 수 있는 기능을 가지고 있다고 할 수 있다.

근대 경영의 혁신적인 성취에 상상력의 힘이 적용된 첫 번째 사례로 클라렌스 샌더스 Clarence Saunders를 꼽을 수 있다. 그는 식료품 가게에 셀프서비스 형식을 최초로 도입하여 '피글리 위글리 Piggly Wiggly'라는 체인을 조직했다.

샌더스는 남부의 영세한 소매점에서 일하는 점원이었다. 어느 날 그는 채소를 사기 위해 양손에 접시를 들고 식료품 가게 앞에서 줄을 서서 기다리고 있었다. 당시 그는 일주일에 20달러 정도 버는 것이 수입의 전부였으며, 아무도 그의 능력을 눈여겨보지 않았다.

그러나 그때 사람들 틈에 서서 기다리는 동안 그의 마음속에 무엇인가가 꿈틀거리면서 상상력이 발동되었다. 이 상상력의 작용으로 그는 '셀프서비스' 식품점을 착안하게 되었고(이미 있었던 사고를 새롭게 사용하였을 뿐 사실 그가 새로 창조한 것은 아니었지만), 곧 그 아이디어를 적용한 식품점을 열었다.

이전까지만 해도 모든 식료품 가게에서는 계산대 안쪽에 있는 점원이 계산대 바깥쪽에 줄서 있는 손님들의 주문에 따라 일일이 뒤에 있는 선반에서 물건을 꺼내주는 시스템이었다. 한 주에 고작 20달러를 벌었던 샌더스는 미국 식료품 체인점 '피글리 위글리'의 선봉자가 되어 백만장자 대열에 들어서게 되었다.

이제 여러분도 무엇인가를 해낼 수 있을 것 같지 않지 않은가? 이 사례를 면밀히 분석하고 평가해보면 샌더스는 매우 명확한 목표를 지니고 있었다는 사실을 알 수 있다.

그는 자신의 계획을 넘치는 자기확신으로 뒷받침하여 스스로 이를 실현시켰다. 그의 상상력은 바로 명확한 목표, 뚜렷한 자기확신, 그리고 솔선수범의 세 가지 요소와 어우러져 결국 피글리 위글리 체인점의 첫발을 내딛게 한 결과로 작용하였다. 이로써 상상력으로부터 출발한 그의 아이디어가 현실화된 것이다.

제임스 힐James J. Hill은 월급 30달러를 받으며 전신 업무를 하고 있었다. 그에겐 돈도, 돈을 가진 유력한 친구도 없었다. 하지만 그는 이보다 강력한 것을 가지고 있었는데, 상상력이 바로 그것이다.

그의 눈에는 미개발지인 북서부 지역을 관통하고 대서양과 태평양을 아우르는 철도가 보였다.

그의 상상은 너무도 생생하여 주위 사람들에게 이런 철도 시스템이 가져다줄 이득에 대해 자세히 이야기하기도 하였다. 그다음 이야기는 우리가 어렸을 때부터 익숙히 접한 너무나도 유명한 일화이므로 생략하도록 하겠다. 대신 나는 대부분의 사람들이 간과하고 있는 부분을 강조하고자 한다. 바로 위대한 북부 철도 시스템은 그의 상상 속에서 이미 현실이 되었다는 점이다.

그의 철로는 여타 모든 철로가 그렇듯이 강철과 목재로 지어졌고, 다른 철도가 그런 것처럼 건설을 위해 자금이 동원되었다.

그러나 우리가 제임스 힐의 성공의 진면목에 대해 알고자 한다면 그가 작은 지방의 소도시에서 월급 30달러를 받으며 일했다는 사실에서부터 실마리를 찾아야 한다. 이런 거대한 철로를 건설하기까지 그의 상상 속에서만 가능했던 모든 것들은 바로 그 상상력을 통해 현실보다 더욱 생생한 업적을 이룰 수 있게 했다.

영혼, 즉 정신의 작업장인 상상력의 힘은 무한하다. 그 작업장에서 사고思考라는 재료는 철도와 고층 빌딩, 공장과 모든 종류의 물질적인 부로 짜여지게 된다.

뉴욕시의 브루클린 다리가 세워져 있는 곳의 동쪽 끝에 한 노인이 구두 수선점을 운영하고 있었다. 이곳에 건축업자가 찾아와서 거대한 철 구조물을 위해 땅을 측량하고 토대를 쌓을 곳을 표시했다.

하지만 이때 노인은 고개를 절레절레 흔들며 "불가능한 일이야!" 하고 중얼거렸다. 그러나 이제 노인은 자신의 낡고 작은 구두 수선점에서 밖을 바라보면서 고개를 가로저으며 되묻는다.

"도대체 어떻게 할 수 있었지?"

그는 바로 눈앞에서 다리가 들어서는 것을 보았으면서도 자신이 보고 있는 것을 분석할 상상력조차 없었던 것이다. 이 다리를 계획한 건축가는 교각의 기반을 조성하기 위해 첫 번째 삽질을 하기도 훨씬 전에 이미 완성된 다리를 현실로 보았다. 그는 상상 속에서 오래된 아이디어들을 새롭게 조합했기 때문에 상상 속의 다리를 현실화할 수 있었다.

오늘날 전 세계가 겪고 있는 많은 문제점은 상상력의 힘을 이해하지 못하는 데서 비롯된 것이다. 상상력을 제대로 이해하고 적용한다면 지구상의 빈곤과 재난, 불공정성, 그리고 온갖 박해는 한 세대만에도 사라질 수 있을 것이다. 상상력을 가지고 할 수 있는 가장 효용성 있는 일은 기존의 사고를 새롭게 하는 것이다.

상상력으로 아이디어를 현실로 만들라

상상력이 당신의 영혼을 비추는 거울이라면
당신은 자신이 원하는 모습으로 자신을 비춰볼 권리가 있다.
상상력은 쓰면 쓸수록 더욱 당신을 위해 봉사할 것이다.

실제로 많은 사람들이 상상력을 응용하여 어떤 아이디어를 현실
화했다. 그들은 대개 높은 지위와 거대한 부를 쌓은 사람들인데, 이
장의 첫머리에서 언급되었던 상상력의 원칙을 잘 응용한 사람들이
다. 그중에서도 기존의 사고를 새롭게 결합시키는 일은 상상력을 이
용해서 해낼 수 있는 가장 효용성이 크고 성취감 있는 일일 것이다.
  그럼 지금부터 상상력을 실제로 어떻게 응용하여 성취를 이루
었는지 예를 들어보자.

토머스 에디슨이 백열전구를 발견하게 된 것은 이미 잘 알려진
두 가지 원리를 잘 결합하여 새롭게 조합한 결과다. 에디슨뿐 아니
라 전기에 대해 지식을 가지고 있었던 사람들은 모두 전기로 전선
에 열을 발생시켜 빛을 낼 수 있다는 사실을 진작부터 알고 있었

다. 다만 전선이 열 때문에 타버렸으므로 이를 끊어지지 않게 하는 것이 관건이었다.

에디슨은 빛을 낼 때까지 끊어지지 않고 막대한 열을 견딜 수 있는 소재를 발견하기 위해 가능한 모든 전선을 구해 실험했다. 이런 시도는 그 자체로 절반의 성공이었다.

하지만 이를 성공시킬 수 있는 또 다른 사실을 적용하지 못한다면 아무런 가치가 없는 시도이기도 했다. 수천 번의 실험과 함께 기존 지식을 상상 속에서 결합한 결과, 에디슨은 빛을 낼 수 있는 나머지 절반의 조건을 찾아낼 수 있었다.

물리학적 지식으로 볼 때 산소가 없으면 어떤 물질도 연소하지 못한다. 그는 전선이 빛을 내는 데 있어서 핵심적인 관건이 바로 열을 조절하는 수단인데 이것이 없다는 사실을 깨달았다. 산소가 없으면 연소가 없다는 사실을 떠올렸고, 곧 그는 전선을 유리전구에 넣고 산소의 공급을 막았다. 그 결과 위대한 백열전구가 탄생하게 된 것이다.

햇빛 이후에 어둠이 깔리면 당신은 벽에 있는 스위치를 눌러 다시 빛을 불러들일 것이다. 몇 세대 전만 해도 이런 일은 상상만으로도 신비스러운 일이었다. 물론 지금은 이런 행동에 전혀 신비함을 느끼지 못하게 되었지만 말이다. 이미 알려진 두 가지 원리를 이용한 에디슨의 상상력 덕분에 오늘날 우리가 그 혜택을 보고 있다.

앤드류 카네기를 잘 아는 사람 가운데 혹시 그가 범상한 능력을 지녔다거나 천재적인 재주를 지녔다는 사실에 동의하지 않는 사람이 있는가? 혹시 있더라도 그가 목적하는 바를 이루기 위해 조화의 정신으로 협력할 수 있는 사람들을 선발하는 능력만큼은 뛰어나다는 점은 누구라도 인정할 수밖에 없을 것이다.

엄청난 부를 축적하는 데 있어서 이런 능력 말고 더 이상의 어떤 자질이 필요할까? 카네기처럼 조직화된 노력의 원리를 이해하는 사람이라면, 그리고 주어진 업무를 수행하는 데 꼭 필요한 사람들을 선발할 수 있는 안목을 가지고 있는 사람이라면 카네기가 이룬 모든 것을 똑같이 이뤄낼 수 있을 것이다.

카네기는 상상력이 풍부한 사람이었다. 그는 우선 명확한 목표를 설정하고 이를 실현시킬 수 있는 능력을 갖추고 있었으며, 훈련된 사람들을 주위에 두었다. 물론 명확한 목표달성을 위해 필요한 계획을 항상 카네기 자신이 세운 것은 아니다. 그는 자신이 원하는 것을 확실히 하고 이를 획득하기 위한 계획을 세워줄 사람을 찾았다. 이런 능력은 단순히 상상력이라기보다는 고도로 조직된 천재적인 능력이라고 해야 맞을 것이다.

그러나 카네기와 같은 사람만이 상상력을 이용할 수 있는 것은 아니다. 이 위대한 힘은 사업에서 이미 '기반을 잡은' 사람뿐 아니라 초보자에게도 유용하다.

여느 날과 같이 찰스 슈왑Charles M. Schwab의 전용차가 베들레헴 제철공장에 주차를 하고 있었다. 마침 그때 그가 내리는 것을 기다려 젊은 속기사가 다가와 혹시 쓰고 싶은 편지나 전문이 있다면 자신이 확실하고 정확하게 써주겠다고 제안하였다.

누구도 젊은이에게 시키지 않았지만 그는 상상 속에서 이렇게 함으로써 승진의 기회가 있다는 것을 보았던 것이다. 그날 이후 이 젊은이는 승진자 명단에 오르게 되었다.

이 속기사는 베들레헴 제철공장에 고용된 다른 속기사도 할 수 있었지만 하지 않았던 일을 했다. 바로 그 이유로 슈왑은 그를 승진을 위해 특별히 점찍어두었던 것이다.

뿐만 아니라 훗날 그 젊은이는 세계에서 가장 큰 제약회사의 대표가 되었으며, 그가 원하는 것을 다 가지고도 남을 만큼의 부를 축적하게 되었다.

살아가면서 상상력을 이용하는 사람만이 알 수 있는 진리가 종종 발견되는데, 그것은 인생의 가장 커다란 불행과 고난에도 상상력은 종종 황금 같은 기회의 문을 열어주는 열쇠가 된다는 사실이다. 만약 자신의 상상력을 적절히 이용한다면 실패와 실수도 무한한 가치를 지닌 자산이 될 수 있을 것이다. 이것이 성공의 요인임은 자명하다.

상상력과 행동의 결합

　성공을 위해서는 명확한 목표를 설정하고 이를 실현시킬 수 있는 능력을 갖추어야 한다. 이때 필요한 것이 바로 상상력이다. 자신이 원하는 것을 확실히 하고, 이를 획득하기 위한 계획을 세우는 것은 반드시 특정한 사람만이 가진 능력은 아니다. 다시 말해 상상력은 특별한 사람만이 이용할 수 있는 특권이 아니라는 말이다.

　상상력에 대한 이해를 돕기 위해 《성공의 법칙The Law of Success》(한국판 《나폴레온 힐 성공의 법칙》)에서 관련 부분을 인용해보겠다.

　"몇 년 전에 나는 이제 막 학교를 졸업한 한 젊은이로부터 편지 한 통을 받았다. 나의 사무실에 취직해서 일하고 싶다는 것이 편지의 요지였다. 그는 편지봉투에 한 번도 접지 않은 빳빳한 10달러 지폐를 동봉하며 이렇게 썼다.

　'저는 명문대에서 경영과정을 마쳤습니다. 제가 선생님과 같은 분의 지도 아래 일하게 된다면, 그것은 이제 막 직업전선에 뛰어드는 저에게 커다란 특권이 될 것이라고 생각합니다. 귀사에 입사하기를 간절히 희망합니다.

　저를 고용하고 처음 일주일간 지도하시는 데 동봉한 액수가 보상이 된다고 한다면 이를 받아들여주시기를 바랍니다. 저는 처음 한 달간 보수 없이 일할 것이며, 한 달이 지난 후에 제 가치가 어떻게 평가되든

간에 그 판단에 따라 급료를 정해주시기 바랍니다.

저는 인생에 그 어떤 것보다 지금 잡으려는 이 기회를 간절히 원하며, 이를 위해서 어떤 희생도 기꺼이 감수하고자 합니다. 감사합니다. 안녕히 계십시오.'

물론 나는 이 젊은이를 고용하였다. 그 결과 상상력의 힘으로 그는 자신이 원했던 기회를 얻게 되었으며, 첫 달이 지나기 전에 그에 대해서 이야기를 듣게 된 생명보험사 사장이 거액의 연봉으로 그를 개인비서로 고용하였다. 지금 그는 세계 최대 규모의 보험회사에서 중역이 되어 있다."

앞의 이야기와는 다른 내용이지만 당돌하게도 토머스 에디슨에게 자신을 고용해달라고 편지를 보낸 젊은이가 있었다. 어떤 이유에서인지 에디슨은 이 젊은이의 편지에 답장을 주지 않았다. 그럼에도 불구하고 그는 전혀 낙담하지 않았으며 반드시 에디슨으로부터 응답을 얻어야겠다고 마음먹었다. 더 중요한 것은 그가 원하는 일자리를 실제로 얻게 되었다는 사실이다.

당시 그는 에디슨의 회사가 위치한 뉴저지주 웨스트 오렌지시에서 상당히 떨어진 곳에 살고 있었다. 이 젊은이에게는 기차표를 끊을 여비조차 없었다.

그러나 상상력의 힘을 지니고 있었던 그는 화물차에 몸을 싣고 웨스트 오렌지시에 가서 면접을 보았고, 자신의 이야기를 하였다. 그리고 결국 자신이 원하던 일을 갖게 되었다.

그 사람, 즉 에드윈 반스Edwin C. Barnes는 상상을 현실화한 행동의 결과로 써도 써도 남을 만큼의 돈을 모았으며, 왕성했던 경영활동의 일선에서 물러나 삶을 즐기게 되었다.

상상 속에서 그는 에디슨과 같이 성공한 사람과 가까이서 일하게 되면 얻을 수 있는 이점들을 생각했다. 이런 기회를 통해서 에디슨을 살펴보고 배울 기회를 얻을 수 있을 뿐 아니라 세상에서 가장 영향력이 있는 사람 중 하나인 에디슨의 친구들과도 접촉할 기회를 가질 수 있다고 판단했던 것이다.

시어도어 루스벨트Theodore Roosevelt 대통령은 미국 대통령 재임기간에 이룬 단 하나의 업적으로 역사에 길이 남게 되었다. 설령 그의 업적이 모두 잊혀진다고 해도 이것만은 절대 잊혀지지 않을 것이며, 그는 탁월한 상상력의 소유자로 기록될 것이다. 바로 파나마운하 건설이 그것이다!

사실 워싱턴 대통령에서 루스벨트에 이르기까지 다른 모든 대통령들도 운하사업을 시작할 수 있었고, 완수할 수도 있었다. 그러나 그것은 단지 상상 속에서만 가능했다. 그들은 실제로 이를 감행할 용기도 없었고, 섣부르게 시작하기에는 만만찮은 대역사로 보여 선뜻 착수할 수가 없었던 것이다. 루스벨트와 그들의 차이점은 바로 상상을 현실화했는가 아닌가 하는 것이다.

루터 버뱅크Luther Burbank의 상상력은 많은 사람들이 새로운 일을 계획하고 시도하기에는 너무 늦었다고 생각하는 40세라는 나이에 시작되었다.

그는 전기의 발달을 토대로 실험을 거듭한 결과 인공 '햇빛'으로 작물을 재웠다가 다시 깨우는 방법을 발견했다. 이 발견으로 태양 없이도 채소와 화훼를 자라게 할 수 있게 되었다.

몇 년이 지나자 도시의 주민들은 흙더미와 전기 불빛만으로 베란다에 채소를 기를 수 있게 되었고, 그 결과 일년 내내 싱싱한 채소를 맛볼 수 있었다.

그렇다! 지금까지 살펴본 몇 가지 사례를 통해 알 수 있는 것처럼 상상력은 잘만 응용하면 높은 지위와 거대한 부를 쌓을 수 있게 도와준다. 물론 그 이전에 상상력을 현실화할 수 있는 용기와 결단이 필요하다.

다른 사람들이 무엇을 할지 알고 싶다면 상상력을 이용하여 그의 처지에 자신을 대입시켜보라. 그리고 자신이 그 상황이라면 어떻게 할지 생각해보라. 이것이 바로 상상이다. 이렇듯 인생의 목표가 무엇이든 간에 이를 성취하기 위해서는 상상력을 사용해야 한다. 원하는 것이 명확하다면 성공을 달성하기 위한 전쟁에서 이미 절반은 승리한 셈이다.

기존의 사고와 상상력을 결합시켜라

화학반응에서는 두 가지 이상의 화학원소를 적절한 비율로 혼합해주면 결합 이전에는 발생하지 않았던 엄청난 에너지가 발생한다. 또한 어떤 화학성분들은 일정 비율로 섞으면 이전과는 전혀 다른 속성을 지니게 된다. 수소와 산소의 결합이 물을 만드는 것이 바로 그 예다.

다양한 물리적인 요소들을 결합하여 더 큰 가치를 발생시키거나 그 산물이 본래의 구성요소와는 완전히 다른 물질이 되는 예는 화학반응 외의 다른 분야에서도 많이 발견할 수 있다.

예컨대 아무짝에도 쓸모없다고 여겨졌던 흙더미를 저지대에 채워서 이전의 흙더미에서는 절대 가지지 못했던 가치를 새로이 부여한 것도 이에 해당한다.

무쇠로 불리는 선철은 별 가치가 없다. 그러나 여기에 탄소, 실리콘, 망간, 인 등을 정해진 비율로 섞으면 더욱 유용한 철이 된다. 여기에 다른 성분을 적절한 비율로 섞고 숙련된 노동력을 가하면 이 쇠는 바로 시계의 용수철로 둔갑하게 되며, 경제적 효용가치를 지니게 된다.

이런 모든 변형 과정에서 가장 중요한 것은 물질적 형태를 보유하지 않은 것, 바로 상상력이다!

벽돌과 목재, 못, 그리고 유리가 산더미처럼 쌓여 있다고 치자. 그 자체로는 무용지물일 뿐 아니라 눈에 거슬리기까지 한다. 그러나 이를 건축가의 상상력과 약간의 숙련된 노동력이 결합하면 임금님의 성도 부럽지 않은 아름다운 저택이 탄생하게 된다.

작은 인쇄소가 있었다. 그곳의 주인과 직원은 근근이 생계를 이어갈 만큼의 수입만 올리고 있을 뿐이었다.

그런데 이곳에서 약 12블록도 안 떨어진 곳에 이 세상에서 가장 현대적인 인쇄 공장이 있었다. 그곳 사장은 여행을 다니면서 대부분의 시간을 보내고 있었으며, 이미 한평생 쓰고도 남을 만큼의 부를 축적하였다.

22년 전만 해도 이 두 인쇄업자는 동업관계에 있었다. 하지만 규모가 큰 인쇄소의 주인은 인쇄업에 상상력을 결합시켰다. 독창적인 상상력의 소유자인 그는 광고 카피라이터 업무를 인쇄업에 접목시켰다.

그는 인쇄를 의뢰한 광고주의 업종을 분석하여 고객이 몰릴 수 있을 만한 광고 문구를 인쇄물에 새겨줌으로써 사업을 확장하였다. 다른 인쇄업체에서는 결코 이를 모방할 수 없었다. 이곳은 인쇄 단가도 업계 최고 수준이었다. 그는 인쇄 공정에 상상력을 결합시킨 덕분에 엄청난 돈을 벌게 되었던 것이다.

앞에 인용한 사례와 함께 여러분은 이미 이 원칙의 첫머리에서 언급되었던 내용을 기억해주기 바란다. 특히 자신의 상상력을 가지고 해낼 수 있는 가장 효용성이 크고 위대한 일은 기존의 사고를 새롭게 결합시키는 것이라는 점을 기억하기 바란다.

만약 자신의 상상력을 적절히 이용하게 된다면 실패와 실수도 무한한 가치를 지닌 자산이 될 것이다. 상상력을 이용하는 사람만이 알 수 있는 진리도 종종 발견할 수 있을 것이다. 다시 말해 인생의 가장 커다란 불행과 고난도 종종 황금 같은 기회의 문을 열어주는 열쇠가 된다.

미국에서 가장 정교하면서 상품가치도 뛰어난 조각품을 만드는 조각가가 있었다. 한때 그는 우편배달부였다. 어느 날 그는 천만다행으로 - 결과적으로는 - 교통사고를 당하였고, 이 사고로 다리 하나를 절단해야 했다. 그는 보상금으로 받은 5,000달러로 학교를 다녀 조각가가 되었다.

단지 두 손과 상상력의 산물인 그의 조각은 우편배달부로 일하면서 사지가 멀쩡할 때 벌어들였던 돈보다 더 많은 가치를 지녔다. 그가 교통사고로 다리를 잃게 된 후 자신의 노력으로 다시 일어서야 했을 때 비로소 자신에게 상상력이라는 능력이 있다는 사실을 발견하게 되었던 것이다.

대부분의 사람들은 이 우편배달부처럼 자신의 노력이 상상력과 결합될 때 성취할 수 있는 가능성이 얼마나 무한할지 아직 모를 수 있다. 상상력의 뒷받침 없이 두 손의 수고로만 얻은 것들은 단지 작은 이득밖에 안겨주지 않지만, 똑같은 손이라도 상상력을 통한 다면 더 많은 부를 안겨주게 된다는 사실을 이 이야기는 보여주고 있다. 누구나 가능하다는 면에서 말이다.

　이렇듯 상상력을 이용하여 이득을 보는 데는 두 가지 방법이 있을 수 있다. 하나는 스스로 상상력을 개발하는 방법이고, 또 하나는 상상력을 가지고 있는 사람과 연계하는 방법이다.

　카네기는 이 두 가지를 모두 해냈다. 그는 자신의 풍부한 상상력을 이용했을 뿐 아니라 이런 능력을 지닌 인재들도 모았다. 자신의 명확한 목적달성을 위해서는 다방면에 걸쳐 상상력이 개발된 전문가들이 필요했던 것이다.

　카네기의 '마스터 마인드'를 구성한 사람들은 화학부문에 상상력을 지닌 사람, 재정부문에 상상력을 지닌 사람, 또 영업부문에서 뛰어난 상상력을 지닌 사람도 있었다. 카네기의 세일즈맨 가운데 가장 뛰어났던 찰스 슈왑도 그중 한 사람이었다.

　만약 자신의 상상력이 불충분하다고 생각된다면 이를 보충하기 위해 상상력이 풍부한 사람과 연대를 구축하라. 이런 연대는 여러 형태로 이루어질 수 있다. 예를 들어 결혼으로 맺어진 연대, 사업관계와 친구, 고용주와 고용인 간의 연대가 그것이다.

　모든 사람이 고용주로서 최상의 능력을 발휘할 수 있는 것은 아니다. 만약 자신에게 이런 능력이 부족하다면 그런 능력을 지닌 상상력이 풍부한 사람과 연대함으로써 이득을 볼 수 있다.

상상력을 이용하여 이득을 보는 데는 크게 두 가지 방법이 있다. 하나는 스스로 상상력을 개발하는 방법이고, 다른 하나는 상상력이 풍부한 사람과 연계하는 방법이다. 자신의 상상력이 불충분하다고 생각된다면 이를 보충하기 위해 상상력이 풍부한 사람과 연대를 구축해야 한다. 이런 연대는 여러 다양한 형태로 이루어질 수 있다.

판매를 위한 가장 중요한 요소, 상상력

모든 문제에는 이에 접근하는 수천수만의 방법이 있을 수 있지만
최상의 방법은 단 하나뿐이며, 그것을 발견하는 즉시 일은 쉽게 풀린다.
상상력을 이용하면 알맞은 방법을 찾을 수 있다.

카네기는 그의 직원들 가운데서 다른 철강기업 경영자들보다 월등히 많은 수의 백만장자를 배출해냈다. 그중에서도 찰스 슈왑은 바로 카네기와 같은 사람과 연대하여 성공을 거둔 전형적인 예라고 할 수 있다.

따라서 직원으로 근무하는 것이 반드시 불명예스러운 일은 아니다. 오히려 고용인의 입장이 연합에 있어서 더욱 유익한 면을 지니고 있는 경우도 종종 있다. 모든 사람이 다른 사람들을 지휘할 만한 책임을 지기에 적합한 자질을 가진 것은 아니기 때문이다. 따라서 대다수는 이런 연대로 최상의 이득을 얻을 수 있다.

상상력은 모든 분야에서 중요하지만 아마도 세일즈 분야만큼 상상력이 중요한 일익을 담당하는 곳은 없을 것이다. 판매 기술에서 가장 중요한 요소는 바로 상상력이다.

세일즈의 달인이란 언제나 상상력을 체계적으로 사용하는 사람을 일컫는 말이다. 뛰어난 세일즈맨은 그의 사업 번창을 위한 아이디어를 얻기 위해 상상력에 의존한다. 그는 자신이 팔려는 상품의 장점을 상상 속에서 볼 줄 알아야 한다. 만일 이것이 안 되면 제대로 업무를 수행할 수조차 없게 된다.

누구나 생각할 수 있는 간단한 아이디어도 중요하다. 아이디어는 간단하지만, 이를 실행하기 위해서는 상당한 상상력이 필요하기 때문이다. 아이디어가 간단하고 쉽게 채택될수록 그 가치는 크게 마련이다. 왜냐하면 복잡하고 지나치게 상세한 아이디어를 실행하려는 사람은 없기 때문이다.

상상력이라는 무기를 보유한 세일즈맨이라면 구매 의향자가 이 상품으로 인해 얻을 수 있는 혜택을 뚜렷이 느끼도록 화술을 구사해야 한다. 너무도 당연한 말이지만 단지 세일즈맨을 돕기 위해 제품을 사려는 사람은 없다. 인간은 자신의 이익에 부합하는 것을 따르게 마련이다. 이렇게 본다면 의심의 여지없이 모든 인간은 이기적이다.

강력하면서도 호소력을 지닌 협상의 기술

미국 역사상 전대미문의 중대한 거래가 이루어졌다. 그 대상물은 물건이 아니고 오하이오 교도소에 수감되어 있던 죄수의 자유와 갱생 시스템의 개발이다.

이 프로젝트는 법을 위반하여 희망을 잃은 사람에게 일대 변화를 일으켜줄 시스템이었다. 이 거래를 사례로 드는 이유는 세일즈 영역에서 상상력이 얼마나 중대한 역할을 담당하는지 밝히기 위함이다.

그 이야기를 나폴레온 힐을 통해 자세히 들어보자.

"오래전 나는 오하이오 교도소에서 초청강연을 하였다. 나는 연단에 섰을 때 군중 가운데서 10여 년 전만 해도 성공가도를 달리던 사업가 한 명을 발견했다. 그가 바로 내가 출감시켰던 B다. 그의 출감에 관한 이야기는 한때 미국 모든 신문의 1면을 장식했던 바 있다.

강연을 마치고서 나는 그 화제의 대상인 B와 면담을 했다. 그리고 그가 문서위조 행위로 20년 형을 선고받았다는 사실을 알게 되었다. 나는 그에게 이렇게 말했다.

"내가 당신을 60일 만에 이곳에서 꺼내주겠소!"

그는 씁쓸히 웃더니 이렇게 말했다.

"열의는 감사합니다만, 당신의 판단에는 동의할 수 없군요. 이미 스무 명이 넘는 유력인사들이 나를 빼내려고 갖은 애를 다 썼지만 모두 실패했소. 불가능한 일이오."

나는 그의 마지막 말 "불가능한 일이오"가 마치 나에게 그를 꺼낼 수 있는 능력이 있는지 증명해 보이라고 요청하는 것처럼 느껴졌다. 나는 뉴욕으로 돌아왔고, 그 즉시 그의 부인에게 짐을 꾸려 오하이오 교도소가 소재한 콜럼버스시에 거주할 것을 부탁하였다.

나는 내 마음속에 명확한 목표를 설정했다. 그 목표는 바로 B를 오하이오 교도소에서 출감시키는 것이었다. 나는 그의 석방을 염두에 두고 있었을 뿐 아니라 그의 가슴에서 '전과'라는 낙인을 지워버리고, 동시에 그의 석방을 도와준 모든 이들의 영예도 유지할 수 있는 방법을 찾아내고자 하였다.

세일즈맨이 자신의 판매 능력에 의구심을 품게 되면 거래를 성사시킬 수 없다. 따라서 나는 단 한 번도 그의 석방을 의심하지 않았다. 나는 B의 부인과 함께 콜럼버스시에 와서 총본부를 마련했다. 다음날 오하이오주의 주지사를 찾아가 방문 동기를 이렇게 밝혔다.

"주지사님! 저는 오하이오 교도소에 수감된 B의 석방을 요청하고자 이곳에 왔습니다. 저에게는 그의 석방을 요청할 만한 타당한 이유가 있으며, 주지사님께서 그를 당장에 석방해주시기를 희망합니다. 저는 그때가 언제가 되든지 그가 석방되는 날까지 이곳에 머물 작정입니다.

B는 복역기간 중에 오하이오 교도소에서 통신교육 시스템을 창설하였습니다. 이에 대해선 주지사님도 이미 알고 계시리라 생각합니다. 이 교육으로 그는 오하이오 교도소에 수감된 2,518명의 죄수 가운데 1,729명에게 영향을 끼쳤습니다. 더군다나 교육에 필요한 모든 교재와 교육도구를 스스로 조달하여 오하이오주에는 동전 한 닢의 재정부담

도 발생시키지 않았습니다.

교도관과 담당 목사의 증언에 따르면 그는 복역기간 중 교도소의 규칙을 존중하고 이를 잘 지켜왔다고 합니다. 1,729명을 갱생하도록 영향을 미친 사람이 구제불능의 악인일 수는 없는 것이겠지요. 저는 다시 한 번 B의 석방을 요청하는 바입니다. 저는 그를 죄수를 위한 교육기관의 대표로 삼아 미국 전역의 교도소에 있는 16만 명의 수감자에게 동일한 영향을 미칠 수 있게 하고자 합니다.

이것이 저의 생각입니다만, 주지사님께서 이에 대한 대답을 주시기 전에 말씀드리고 싶은 것은, 저도 그를 석방하는 특단의 조치로 주지사님께서 반대 여론에 부닥칠 수 있다는 것을 잘 알고 있습니다. 주지사님이 다음 선거에 출마하실 의향이 있으시다면 이 일로 어느 정도 표를 잃게 될지도 모릅니다.”

빅 도나헤이(Vic Donahey) 오하이오 주지사는 이 말을 듣고 주먹을 꽉 쥔 채 이렇게 말했다.

“만일 그것이 B의 석방으로 당신이 하고자 하는 것이라면 설령 5,000표를 잃게 되더라도 그를 석방하겠소. 그렇지만 이에 서명하기 전에 나는 교도관과 담당 목사로부터 추천서를 받아두어야겠소. 또 사면위원회의 추천서도 필요하오. 당신도 알다시피 주지사는 청문회의 의견에 따라야 하는데, 이들이 그 회의의 대표자들이오.”

이렇게 해서 거래가 성사된 것이다! 그리고 그 협상과정은 5분도 채 소요되지 않았다. 다음날 나는 오하이오 교도소의 담당 목사를 대동하고 담당 목사와 교도관, 사면위원회가 석방에 동의한다는 것을 통보하기 위해 주지사 사무실을 방문했다. 이로부터 3일 후에 마침내 B의 사면이 이루어졌고, 그는 철창을 나와 자유의 몸이 되었다.

이와 같이 세부사항을 시시콜콜 밝히는 것은 이 거래를 성사시키는 데 하등 어려움이 없었다는 사실을 밝히기 위해서다. 내가 준비하기 전에 모든 제반사항은 이미 최적으로 갖추어져 있었다. 바로 그 B가 이미 그런 준비를 다 갖추어놓았는데, 수감 동안 1,729명의 죄수에게 베풀었던 선행과 서비스를 통해 닦아놓았던 것이다. 그가 세계 최초로 교도소 내 통신교육 시스템을 개발했을 때 이미 교도소 문을 여는 열쇠를 만들었던 것이나 다름없다.

그렇다면 그의 석방을 위해 노력했던 지인들은 어째서 실패했던 걸까? 바로 상상력의 힘을 사용하지 않았기 때문이다. 그들은 아마도 B의 부모님이 유력인사라느니 혹은 그가 다른 죄수와는 달리 고등교육을 받아 질이 다르다느니 하는 등의 이유를 들어 B의 석방을 요청하였을 것이다.

결국 그들은 오하이오 주지사에게 그를 사면하기에 충분한 동기를 유발시키지 못했음에 틀림없다. 그렇지 않다면 내가 그의 석방을 요청하기 전에 진작 석방되었을 것이기 때문이다.

주지사를 방문하기 전에 나는 이미 상상 속에서 주지사의 사무실을 방문하여 어떻게 하면 가장 강력하고 호소력을 지닌 협상을 진행시킬 수 있을까를 그려보았다. 마치 실제로 그의 사무실에서 이야기하는 것처럼 상상해보고 발생 가능한 사항들을 체크했다.

B의 사면을 요청하였을 때 나는 미국 전역의 교도소에 수감된 16만 명의 개선의 여지가 있는 사람들이 그가 시작한 통신교육 시스템의 덕을 볼 수 있다고 주장하였다. 나는 그의 부모님이나 그가 나의 몇 년 지기 친구라는 등의 사실은 들먹이지도 않았다. 물론 그런 것들도 그의 사면에 나름대로 타당한 이유가 될 수 있겠지만, 16만 명의 수감자가 받을 수 있는 혜택과 비교하면 근거가 미약하게 느껴진다.

주지사가 결정을 내린 것은 단지 B만을 위한 것이 아니고 B가 출감되었을 때 16만 명에 달하는 수감자가 얻을 혜택에 확신이 있었기 때문이다. 그것이 바로 상상력으로 얻어진 결론이다! 물론 그것은 세일즈맨십으로 볼 수도 있다.

출감이 이루어진 후에 1년여 동안 B의 출소를 위해 힘썼던 이가 나를 찾아와 물었다.

"도대체 어떻게 하신 거죠?"

그 질문에 나는 이렇게 대답했다.

"사실 이 일은 제가 지금까지 한 일 중에서 가장 쉬운 일이었는걸요. 제가 착수하기 전에 필요한 사항 중 대부분은 이미 갖춰진 상태였어요. 제가 한 것이 아니고 B가 스스로 한 것이나 다름없죠."

그는 얼떨떨한 표정으로 나를 쳐다보았다. 아마도 그는 내가 말하려

하는 바를 이해하지 못했던 것 같다. 사실상 정확한 각도에서 접근하기만 한다면 모든 난제도 의외로 쉽게 풀리기 마련인데도 말이다.

B의 출감을 가능하게 한 데는 두 가지 중요한 요소가 있다. 첫 번째는 내가 떠맡기 전에 이미 그가 기반을 마련했다는 것이고, 두 번째는 오하이오 주지사를 만나기 전에 나는 B의 석방을 요구할 권리를 충분히 가지고 있다는 자신에 대한 확신에 가득 차 있었다. 이에 따라 B의 석방을 요구하는 데 어떤 어려움도 겪지 않으리라 믿었다."

사람의 사고는 기존의 발상들을 새롭고 유용하게 결합시킬 수 있을 뿐 아니라 자기가 가장 갈망하는 명확한 중점목표를 확립해준다. 명확한 중점목표를 세우면 이는 상상 속에서 즉각적으로 현실화된다. 이렇게 자신이 원하는 것을 알고, 어떤 대가를 치르더라도 이를 얻고자 마음먹었다면 승리를 '외칠' 일만이 남은 것이다.

상상력을 이용해 상황을 반전시켜라

세일즈맨이 제품을 판매하거나 서비스를 제공할 때 가장 적합한 방법을 찾기 위해서는 다음과 같은 인간 고유의 속성을 염두에 두면 좋을 것이다.

'자신의 이익을 위해 도움을 요청할 때보다 다른 사람의 이익을 위해 도움을 요청할 때 이를 더 잘 들어준다!'

이 문장을 앞의 사례에서 나폴레온 힐이 오하이오 주지사에게 B의 석방을 요청한 상황에 맞춰 살펴보자. 그는 B를 위해서도, 자신을 위해서도 아닌 미국의 16만 명에 달하는 수감자를 위해 B의 석방을 요청했다.

상상력을 보유한 세일즈맨은 물건을 팔 때 구매 의향자가 이 상품으로 인해 얻을 수 있는 혜택이 뚜렷한 것처럼 느끼도록 화술을 구사한다. 단지 세일즈맨을 돕기 위해 제품을 구매하려는 사람은 없기 때문이다. 인간은 자신의 이익에 부합하는 것을 하게 마련이다. 이는 냉정해 보이지만 한편으로는 어쩔 수 없는 사실이기도 하다.

한마디로 말해 모든 인간은 이기적이다! 이런 진리를 이해한다면 죄수를 교도소에서 빼내려하든 물건을 팔려고 하든 그 어떤 경우라도 이에 접근하는 방법과 제시할 수 있는 요소를 생각해낼 수 있을 것이다. 상상 속에서 미리 어떻게 하면 구매자에게 가장 강력하고 솔깃하게 그가 받을 수 있는 이익을 제시할 것인지를 그려보라. 바로 그것이 상상력이다!

한 농부가 도시로 이사를 가게 되었는데 잘 훈련된 셰퍼드도 함께 데려가려고 했다. 그러나 그는 곧 개가 도시생활에는 별로 적합하지 않다는 사실을 깨닫고, 그를 '처리하기로' 결정했다(인용부호 안의 표현에 주의해주기 바란다).

그는 개를 데리고 시골에 가서 한 농가의 대문을 두드렸다. 안에서 발을 절며 목발을 짚은 사람이 나왔다. 개 주인은 집에서 나온 이에게 인사를 하고 물었다.

"이놈은 아주 훌륭하게 훈련된 셰퍼드입니다. 이 개를 처리하고 싶은데, 사실 의향이 있으신지요?"

목발을 짚은 사람은 "아니오!"라고 하고는 문을 닫았다. 개 주인은 대여섯 농가를 돌아다니며 똑같은 질문을 하였고, 돌아오는 대답도 매번 같았다. 결국 개 주인은 개를 원하는 사람이 아무도 없다는 결론을 내리고 집으로 돌아왔다.

그날 밤 그는 상상력의 힘을 지닌 지인에게 이 일을 이야기하였다. '개를 처리하려고' 노력했는데 이것이 수포로 돌아갔다는 이야기를 들려준 것이다. 그러자 지인은 "내가 당신을 대신해 이 문제를 해결해보죠"라고 제안했다.

그는 의지로 가득 차 다음날 아침 개를 데리고 개 주인이 바로 전날 방문했던 집 앞에 서서 문을 두드렸다. 그러자 똑같은 사람이 목발을 짚고 나왔다. 상상력을 지닌 그는 인사를 하고 이렇게 용건을 말하였다.

"류머티즘 때문에 다리를 저는 것 같군요. 제 생각엔 당신을 위해 자잘한 일을 해결해줄 개가 필요할 듯싶은데요. 지금 보시는 이 개는 소와 양떼를 몰아 야생동물로부터 그 동물들을 보호하고 기타 쓸모 있는 재주도 많이 있습니다. 100달러에 팔려고 합니다."

"그럽시다. 그 개를 사도록 하죠!"

이렇게 해서 거래가 성사되었다. 이 또한 상상력의 힘으로 가능했다! 누구도 남이 '처리하려고 하는' 개에게는 관심이 없다. 이는 당연하다. 그러나 양떼를 지키고 소를 몰아오고 다른 쓸모 있는 재주도 갖고 있는 개라면 가지고 싶을 것이다.

개를 산 사람은 아이러니하게도 어제는 거절했던 바로 그 다리를 저는 사람이었다. 달라진 것은 그 개를 '파는' 사람뿐이었다. 만약 상상력을 지녔다면 누구도 다른 사람이 '처리하려고' 하는 것에는 관심이 없다는 것쯤은 알 수 있을 것이다.

'흡인 이론'에서 밝힌 '유유상종'의 원리를 기억하기 바란다. 만약 실패하리라 생각하거나 실패한 사람처럼 행동하면 결국은 실패의 결과를 부르고 만다. 인생의 목표가 무엇이든 간에 이를 성취하기 위해서는 상상력을 사용해야 한다.

나이아가라 폭포의 경우만 봐도 - 상상력이 풍부한 사람이 이를 이용해 에너지원으로 개발하여 산업활동에 이용하기 전까지는 - 거대한 폭포에 불과했다. 상상력을 지닌 사람이 그곳을 오기 전까지 이미 수백만 명의 사람들이 이 폭포를 보고 돌아갔지만 그들에게는 그것을 이용할 상상력이 부족했다.

로터리 클럽Rotary Club이 존재하게 된 것도 잠재적 고객을 발굴하여 법률업무를 확장시키는 방법을 모색하던 시카고 폴 해리스Paul Harris의 풍부한 상상력 덕분이다. 법조계에서는 윤리적인 이유 때문에 광고를 하지 못하게 되어 있었다. 하지만 폴 해리스의 상상력 덕분에 일반적인 광고를 통하지 않고도 법률업무를 늘어나게 하는 방안을 생각해낼 수 있었던 것이다.

지금 불고 있는 운명의 바람이 당신에게 역풍일지라도 상상력을 사용한다면 오히려 불리한 상황을 반전시켜 여러분의 명확한 목표를 더 쉽게 이루도록 도움을 줄 수 있을 것이다. 기억하라! 연은 바람과 함께 나는 것이 아니라 바람을 타고 나는 것이다.

> 판매 기술에서 가장 중요한 요소는 상상력이다. 그러므로 제품을 판매하거나 서비스를 제공할 때 가장 적합한 방법을 찾기 위해서는 다음과 같은 인간 고유의 속성을 염두에 두어야 한다. '자신의 이익을 위해 도움을 요청할 때보다 다른 사람의 이익을 위해 도움을 요청할 때 이를 더 잘 들어준다!'

자신을 대입시켜 상상하라

지금까지 설명한 사례들을 분석해보면 성공을 위해서는 인간 본성에 대한 긴밀한 연구가 필요하다는 사실을 알 수 있다. 상상력의 도움을 받기 위해서는 먼저 사람이 일정한 행동을 하도록 유도하는 동기가 무엇인지를 파악해야 한다.

만약 자신의 상상력을 통해서 어떤 사람의 특정 이익에 부합할 때 그 요구가 쉽게 받아들여진다는 사실을 인식할 수 있다면 당신은 사실상 원하는 모든 것을 가질 수 있게 될 것이다.

나는 한 친구의 차에 동승한 적이 있다. 그런데 그 친구가 제한속도를 초과하여 운전했다. 이를 보고 경찰이 오토바이를 타고 달려와 친구에게 속도위반으로 딱지를 끊겠다고 하였다.

그 친구는 경찰관에게 미소를 지으며 "이렇게 비가 오는데 고생하시게 해서 정말 죄송합니다. 지금 제 친구랑 10시 기차를 타야 해서 한 시간에 35마일을 밟고 말았습니다"라고 말했다. 그러자 경찰관은 "아닙니다. 당신은 지금 28마일로 운전했을 뿐인데요. 그렇게 말씀하시니 앞으로 조심하겠다는 의사로 알고 이번에는 봐드리지요"라고 하였다.

여기서도 상상의 요소를 발견할 수 있다. 그 친구가 평소처럼 경찰관에게 행동했다면 경찰관은 이유를 들어보려 하지도 않을 것이다. 속도측정기가 잘못되었다고 우기는 운전자에게는 딱지만이 돌아갈 뿐이다.

상상의 종류 가운데는 주의해야 할 것도 있다. 충분한 노력이나 상응하는 대가를 치르지 않고 무언가를 얻을 수 있다고 생각하는 것, 다른 사람의 권리는 고려하지 않고 자신이 원하는 것만을 얻으려 하는 경우가 이에 해당한다.

가령 미국 전역에는 약 16만 명에 달하는 수감자가 있다. 그들은 자신의 상상력을 이루는 데 있어서 타인의 권리를 고려하지 않아서 수감된 것이라고 할 수 있다.

오하이오 교도소에 수감된 사람 중에 35년을 복역한 이가 있었다. 그는 큰돈을 만져보고자 하는 욕심에 위조지폐 사건에 연루되었지만 정작 손에 쥔 돈은 12달러에 불과했다. 잘못된 상상력이 어떤 결과를 야기하는지 잘 보여주는 사례다.

시간과 상상력(상상력은 종종 시간의 산물일 경우가 많다)은 우리에게 많은 교훈을 주는데, 무엇보다 중요한 것은 다음과 같은 사실이다.

많은 부분에서 사람들은 유사하다! 따라서 고객이 생각하는 것을 알고자 한다면, 자신이 고객이라면 무엇을 생각할지 연구해보라. 자신을 연구하여 특정한 행동을 하게 하는 동기는 무엇이고, 특정한 행동을 막는 동기는 무엇인지를 발견한다면 상상력을 더욱 정확하게 사용할 수 있을 것이다.

형사에게 가장 중요한 자산은 상상력이다. 범죄의 실마리를 풀 때 그가 처음 묻게 되는 질문은 '동기가 무엇인가?'다. 동기를 파악하면 대개의 경우 범인을 찾아낼 수 있다.

자신이 기르던 말을 잃어버린 사람이 5달러의 사례금을 내걸고 포스터를 붙였다. 며칠이 지나 지능이 낮다고 간주되던 소년이 말을 끌고 와서 사례금을 요구했다. 주인은 이 소년이 어떻게 말을 발견할 수 있었는지 궁금하여 "어떻게 말을 찾았니?"라고 물었다.

그러자 소년은 "글쎄요, 어렵지 않았어요. 저는 그냥 내가 말이면 어디로 갔을까 생각해봤을 뿐이에요"라고 답하였다.

지능이 낮은 사람이라도 누구나 적절한 추론을 할 수 있다. 똑똑하다고 자부하는 사람들 중에도 상상력을 발휘하지 않고 인생을 살아가는 경우가 허다하다. 다른 사람들이 무엇을 할 것인지 알고 싶다면 상상력을 사용해 그의 처지에 자신을 대입시켜놓고 어떻게 할지 생각해보라. 이것이 바로 상상력이다.

사람은 누구나 어느 정도 공상가가 되어야 한다. 모든 사업에는 이런 공상가가 필요하다. 산업과 기타 전문 분야에도 공상가가 필요하다. 공상가는 동시에 행위자가 되어야 한다. 그렇지 않다면 꿈을 현실로 만들 수 있는 사람과 연대를 구축해야 할 것이다.

운명의 바람이 당신에게 역풍일지라도 상상력을 사용한다면 오히려 불리한 상황을 반전시켜 여러분의 목표를 더욱 쉽게 이룰 수 있다. 연은 바람과 함께 나는 것이 아니라 바람을 타고 나는 것이다. 만약 실패하리라 생각하거나 실패한 사람처럼 행동하면 결국은 실패의 결과를 부르고 말 것이다.

역경도 때로는 축복이다

상상력은 신속하고 확실하게 결정하고 행동을 취해야 하는
긴급한 상황에서 최대로 발동된다.
천재는 상상력의 자극이 필요한 상황에서 탄생한다.

사람의 사고는 기존의 발상을 새롭고 유용하게 결합시킬 수 있을 뿐 아니라 그가 가장 갈망하는 명확한 중점목표를 확립하게 해준다. 명확한 중점목표를 세우면 이는 상상 속에서 즉각 현실화된다.

원하는 것이 명확하다면 성공을 달성하기 위한 전쟁에서 이미 절반은 승리한 것이나 다름없다. 자신이 원하는 것을 알고 어떤 대가를 치르더라도 이를 얻고자 마음먹었다면 이제 승리를 '외칠' 일만 남은 것이다.

명확한 중점목표를 설정하기 위해서는 상상력과 결단력이 필요하다! 결단력은 사용할수록 강화된다. 상상력을 통하여 명확한 중점목표를 창출하도록 하는 신속한 결단력은 어떤 상황에서 내리는 결정보다도 강력하다.

역경과 일시적 패배는 대개 그 본모습을 감추고 있는 '축복'일 경우가 많다. 바로 이들이 상상력과 결단력을 발휘하도록 하기 때문이다. 배수진을 친 경우와 같이 퇴로가 없고 등 뒤에는 벽만이 존재할 때 인간은 어느 때보다도 강력한 힘을 발휘한다. 이런 경우에는 회피하고 도망치는 대신 정면돌파를 결심하게 된다.

> 만약 고객이 생각하는 것을 알고자 한다면 자신이 고객의 입장이라면 무엇을 생각할지 연구해보라. 입장을 바꿔서 생각해보라는 말이다. 가령 자기 자신을 연구하여 특정한 행동을 하게 하는 동기는 무엇이고, 특정한 행동을 막는 동기는 무엇인지를 발견한다면 상상력을 정확하게 사용할 수 있을 것이다. 동기와 상상력은 불가분의 관계이다.

성공은 치밀한 계획과 상상력의 결과물이다

시카고대학교 총장을 역임했던 하퍼Harper 박사는 당시 가장 유능한 총장이었다. 그는 거액의 기부금을 모으는 데 탁월한 재능이 있었다. 록펠러로부터 시카고대학교를 위해 100만 달러의 기부를 받아낸 것도 그의 수완 덕분이다.

게다가 그의 리더십은 운이나 요행에서 비롯된 것이 아니라 치밀한 계획 아래 나온 결과다. 사례를 하나 보자. 다음의 이야기는 거액의 기부금을 모집하기 위해서 하퍼 박사가 상상력을 어떻게 사용하였는지 보여줄 것이다.

하퍼 박사는 학교에 새로운 건물을 짓기 위해 수백만 달러의 자금이 필요했다. 그는 곧 거액의 기부를 할 가능성이 있는 시카고의 유력인사 명단을 작성하였고, 그 가운데 두 명을 골라냈다. 그들은 모두 백만장자였고 또한 영원한 맞수관계에 놓인 사람들이었다. 이 중 한 사람은 당시 시카고 전차회사의 사장이었다.

하퍼 박사는 정오를 택해 사장의 비서가 점심을 먹으러 나간 사이에 태연하게 사장의 사무실로 들어갔다. 바깥에 아무도 지키는 사람이 없는 것을 확인하고 그의 '돈주머니'가 있는 사무실을 찾아간 것이다.

사장은 예상치 못한 시간에 예상치 못한 사람의 방문으로 깜짝 놀랐다. 그는 쉴 틈을 주지 않고 자기소개를 해나가기 시작했다.

"제 이름은 하퍼라고 합니다. 저는 시카고대학교 총장입니다. 불쑥 찾아와 놀라게 해서 죄송합니다만, 밖에 아무도 없어서 (그가 사전에 의도한 바지만) 이렇게 허락도 없이 들어오게 되었습니다.

저는 사장님과 귀사에 대해 수차례 생각해보았습니다. 사장님께서는 훌륭한 전차 시스템을 구축하였고, 자신의 노력을 통해 막대한 이익을 벌어들였으리라 생각합니다. 이처럼 훌륭하신 분이 결국 사후에는 이름을 기념할 만한 아무것도 남기지 못한 채 역사의 뒤안길로 사라질 것이라는 데 저의 생각이 미쳤습니다.

아시다시피 결국 사장님의 돈은 다른 사람의 수중에 넘어갈 것이고, 돈만큼 주인이 바뀌자마자 옛 주인을 기억 못하는 것도 없지요. 그래서 사장님의 이름이 길이길이 남을 수 있는 방법을 생각해보 았습니다. 그 방법은 다름 아니라 현재 시카고대학교에서 새로운 홀을 지으려 하는데, 이 홀의 주춧돌에 사장님의 이름을 새기고 사 장님의 이름으로 홀을 건설하는 것입니다.

이런 제의를 진작 드리고 싶었는데 저희 대학교의 이사회에서는 ○○○ 씨(그는 이 사장의 경쟁상대다)를 그 대상으로 거론하여 왔기 때 문에 말씀드리지 못했습니다. 그러나 저는 개인적으로 사장님을 선호하고 있으며, 현재도 그런 생각에는 변함이 없습니다. 만약 사 장님이 의향이 있으시다면 저는 무슨 수를 다해서라도 반대를 꺾 을 생각입니다.

물론 저는 오늘 그 대답을 듣고자 찾아온 것이 아닙니다. 마침 지 나가던 길에 사장님을 만나 이런 생각을 밝히는 것이 좋겠다고 생 각한 것뿐입니다. 생각해보시고 이 사안으로 저를 만나고 싶으시 면 언제든지 편하신 때 제게 연락을 주십시오. 즐거운 하루되시기 바랍니다! 오늘 사장님을 만나게 되어 정말 기쁩니다."

말을 마치고 그는 전차회사의 사장에게 찬성이다, 아니다 한마디 말할 기회도 주지 않고 사무실을 나섰다. 사실 사장이 말할 기회는 거의 없었다. 하퍼 박사가 끊임없이 말을 계속했기 때문이다. 이는 그가 의도한 바기도 했다.

그는 사장의 사무실에 단지 씨앗을 심어두고 때가 되면 이것이 싹을 틔울 거라고 믿었다. 그의 이런 믿음은 전혀 가능성이 없는 일은 아니었다. 그가 막 총장실에 돌아왔을 때 전화벨이 울린 것이다. 수화기 저편에는 방금 만나고 온 전차회사의 사장이 있었다. 사장은 하퍼 박사와 약속시간을 잡았고, 둘은 총장실에서 다음날 다시 만남을 가졌다.

하퍼 박사는 한 시간 만에 100만 달러짜리 수표를 건네받았다. 하퍼 박사는 왜소하고 주의를 끌 만한 외모를 지니지는 못했지만 '자신이 원하는 것을 얻는 방법을 알고 있는' 사람이었다.

그에게 명성을 가져다준 '그만의 방법'이란 무엇일까? 그의 성공도 상상력의 힘을 이해하고 있었기 때문에 가능했다. 그가 전차회사 비서에게 찾아가 면담을 요청했다고 가정해보자. 그가 다시 연락을 받고 면담이 이루어졌을 때쯤이면 이미 사장은 그의 요청을 거절할 논리적이고 적절한 핑계를 생각할 충분한 시간을 가졌을 것이다.

또 사장과의 면담에서 이렇게 설득했다고 가정해보자.

"지금 시카고대학교는 기금이 모자라 사장님의 도움을 요청하고자 왔습니다. 사장님께서는 돈을 많이 버셨고, 이는 사회에서 벌어들인 만큼 달리 말하면 사회에 빚지고 있다고 할 수 있습니다(맞는 말일 수도 있다). 만약 100만 달러를 기부하신다면 새로 건설되는 홀에 사장님의 이름을 새겨드리겠습니다."

결과가 어떻게 되었을 것 같은가? 우선 여기에서는 사장의 마음을 흔들거나 솔깃하게 할 만한 충분한 동기를 발견할 수 없다. 사장이 돈을 벌어들인 만큼 사회에 빚진 것이 사실이라고 해도 사장은 이런 사실을 인정하지 않을 수도 있다. 게다가 이런 제안은 호의보다는 반감만 사기 쉽다. 그러나 하퍼 박사는 치밀한 상상력을 발동하여 성공을 거둘 수 있었다.

우선 그는 사장에게 사장의 이름을 따 홀을 짓는 것에 이사회가 찬성할지 확실하지 않다고 말하여 사장으로부터 하고 싶다는 동기를 유발하였다. 두 번째로 사장의 적수이자 경쟁상대가 그런 영예를 차지할지도 모른다는 사실에 그로부터 반사적으로 욕구를 끌어냈다. 게다가 하퍼 박사는 사장의 이름을 후세에도 길이 남길 수 있다고 말하여 관심을 끌었다. 이 모든 것이 상상의 법칙을 실제에 적용한 결과다.

하퍼 박사는 세일즈의 명인이다. 그는 사람들에게 기부를 요청할 때 기부해야 할 타당한 이유를 들어 목적을 달성했다.

이유를 제시할 때는 이 기부를 통해 기부자가 얻을 수 있는 이점에 대해 강조하는 방법을 구사했다. 이런 방법은 경영활동에서도 응용될 수 있다. 또 다른 성공 포인트로는 후세에도 자신의 이름을 남기고 싶어 하는 인간의 본성에 호소한 것을 들 수 있다.

기부금을 얻기 위한 그의 노력은 언제나 사전에 주의 깊게 계획되었고, 상상 속에서 충분히 그려봄으로써 다듬어졌다.

상상력의 덕을 보기 위해선 사람을 움직이는 동기가 무엇인지를 면밀히 파악할 수 있어야 한다. 만약 자신의 상상력을 통하여 어떤 사람의 이익에 부합할 때 그 요구가 쉽게 받아들여진다는 것을 인지할 수 있다면 사실상 원하는 모든 것을 가질 수 있다. 사람은 기본적으로 이해에 따라 움직이기 때문이다.

세일즈 달인의 상상력 사용법

지금부터 상상력이 어떻게 판매에 효과적으로 이용되는지 나폴레온 힐의 몇 가지 사례를 통해 알아보자.

"나는 셔츠와 넥타이를 사기 위해 필라델피아에서 가장 잘 알려진 잡화점을 방문했다. 넥타이 진열대 앞에 서자 젊은 점원이 다가와 물었다.
"사고 싶은 것이 있으신가요?"
내가 그였다면 그런 질문은 하지 않았을 것이다. 내가 굳이 말하지 않아도 그가 물을 필요도 없이 내가 넥타이 진열대 앞에 섰다면 넥타이를 사려 한다는 것쯤은 알아야 하는 것이다.
나는 진열대에서 넥타이 두세 개를 골라 간단히 살펴보고 마음에 드는 연청색을 제외하고 나머지는 제자리에 내려놓았다. 그리고 잠시 후에는 마지막 것도 내려놓고 다른 것들을 돌아보기 시작했다.

그때 카운터 뒤에 서 있던 점원은 알았다는 듯이 요란한 노란색 넥타이를 집어 든 후 자신의 손가락에 걸면서 물었다.

"이거, 좋지 않나요?"

사실 내가 제일 싫어하는 색깔이 노란색이다. 그런데 이 점원은 하필이면 뻔쩍이는 노란색 - 나의 어디에서 노란색 넥타이를 좋아하겠다는 생각이 들었는지 - 을 들이밀어서 나의 취향을 간파하기는커녕 역효과만 내고 있는 것이다.

만약 내가 그였다면 고객이 만지작거렸던 연청색 넥타이를 집어 들어 고객의 손가락에 걸어 보이면서 이것을 맨 후에는 어떻게 보일지 힌트를 주려고 했을 것이다. 즉, 손님이 고르고 살피는 것에 관심을 기울이면서 손님의 취향을 파악했을 것이다. 그뿐 아니라 손님이 들여다보는 시간을 관찰하면서 어떤 제품을 특히 마음에 들어하는지 알아챘을 것이다.

마음에 들지도 않는 제품을 만지작거리는 사람은 없다. 센스 있는 점원이라면 이런 행위들에서 고객이 원하는 제품이 무엇이고, 따라서 어떤 제품을 공략하여 중점적으로 판매해야 할지 알아챘어야 한다.

다음으로 나는 셔츠 진열대로 걸음을 옮겼다. 이곳에서는 조금 나이든 점원이 물었다.

"제가 오늘 뭐 도와드릴 일이 있을까요?"

나는 마음속으로 '나를 도와주고 싶으시다면 오늘이 아니면 안 될 거요. 왜냐하면 내가 이 집에 또 올 것 같지는 않으니까'라고 생각하고 있었다. 나는 그에게 셔츠를 보고 싶다며 내가 원하는 스타일과 색상을 설명했다. 그는 설명을 듣자마자 나에 대해 속단을 내렸다.

"죄송합니다만, 선생님이 찾으시는 것들은 유행이 지난 것들이라서 저희 상점에선 취급하고 있지 않습니다."

나도 내가 찾는 것들이 요즘 유행하는 스타일과 다르다는 것쯤은 알고 있었다. 그 때문에 재고분이 있다면 사고 싶다고 말했던 것이다. 고객을 화나게 하는 말은 무엇일까? 아마도 "그것들은 이미 유행이 지난 것들인걸요"라는 말일 것이다. 이런 발언은 고객의 취향이나 기호에 대한 무시에 가까우며, 대부분 스스로 판매에 무덤을 파게 된다.

만약 내가 물건을 판매한다면 고객의 취향을 알게 되었을 때 그처럼 재치 없게 응대하지 않을 것이고, 마치 그가 뭘 모르고 있다는 식으로 대하지는 더더욱 않을 것이다. 만약 그가 요청하는 제품이 남아 있지 않더라도 그를 더 만족시킬 만한 다른 제품을 찾아주었을 것이다.

나는 그 상점에서 본래 사려고 했던 셔츠도 넥타이도 사지 않았고, 색상과 스타일에 대한 기호도 무시당해 기분도 몹시 언짢아져서 문을 나섰다.

거리를 조금 걸어 내려가니 한 사람이 경영하고 있는 조그만 상점이 있었다. 그곳에도 셔츠와 넥타이가 진열되어 있었다. 이곳은 대우가 달랐다! 점원은 쓸데없는 질문이나 판에 박힌 질문들을 하지 않았다. 내가 들어서자 점원은 나를 한 번 바라보더니 재빠르게 꽤 정확한 판단을 내렸다. 그는 "안녕하세요!"라고 인사하고 "셔츠를 보시려고요? 아니면 넥타이를 사시려고 합니까?"라고 물었다. 나는 셔츠를 먼저 보고 싶다고 하였다. 그런데 그는 내가 입고 있는 셔츠의 스타일을 보고는 내가 찾고 있던 바로 그 스타일과 색상을 한마디 물어보지 않고도 골라내는 것이 아닌가!

그는 여섯 장의 셔츠를 내놓고 나에게 맘에 드는 것을 골라보라고 하였다. 나는 하나하나 순서대로 살펴보고선 그에게 다시 돌려주었다. 그는 내가 살피는 동안 특별히 한 셔츠에 더 시간을 들이고 좀 더 가까이 살피는 것을 보고는 그것을 집어 들어 어떤 재질로 만들어졌는지 설명하기 시작했다.

그리고 넥타이 진열장에 가서 깔끔한 연청색 넥타이를 세 개 가져왔다. 모두 내가 찾고 있던 바로 그것이었다. 그는 이 넥타이들을 셔츠에 대어 보이면서 셔츠와 넥타이의 색상이 조화를 이루는지 보여주었다. 상점에 들어선 지 5분도 안 되어 나는 셔츠 석 장에 넥타이 세 개를 샀으며, 이를 들고 나오면서 다음에 셔츠와 넥타이를 살 때도 이곳에 와서 사야겠다고 생각했다.

이 작은 상점은 500달러의 월세를 내고 있었는데, 셔츠와 넥타이만 취급하면서도 상당한 수입을 올리고 있다는 사실은 한참이 지난 후에야 알게 되었다. 만약 고객의 속성과 취향을 파악하지 못하고 판매율마저 낮았다면 문을 닫아야만 했을 것이다."

세일즈의 달인이란 언제나 상상력을 체계적으로 사용하는 사람을 일컫는다. 뛰어난 세일즈맨은 그의 사업 번창을 위한 아이디어를 얻기 위해 상상력에 의존한다. 사람은 누구나 어느 정도 공상가가 되어야 하는 것은 물론이다. 모든 사업에는 이런 공상가가 필요하다. 또한 공상가는 동시에 행위자가 되어야 한다.

상상력과 부가가치의 상관관계

상상력을 잘 펼치기 위해서는 사람을 움직이는 동기가 무엇인지를 면밀히 파악해야 하며, 자신의 상상력을 통하여 어떤 사람의 이익에 부합할 때 그 요구가 쉽게 받아들여진다는 것을 인식해야 한다. 이런 전제가 충족된다면 원하는 모든 것을 가질 수 있다. 왜냐하면 사람은 기본적으로 이해에 따라 움직이기 때문이다.

구체적인 것은《성공의 법칙》에서 나폴레온 힐의 이야기를 통해 알아보자.

"몇 해 전 양복을 사기 위해 뉴욕시에서 가장 큰 신사복 상점에 들어가 내가 원하는 스타일을 설명했다. 가격대는 언급하지 않았다. 그런데 젊은 점원은 내 설명을 듣더니 "손님께서 찾으시는 것은 없는 듯한데요"라고 대답했다. 그때 나는 원하는 바로 그 양복이 마네킹에 입혀져 있는 것을 발견했고, "바로 저거요"라고 말했다.

그런데 그는 "아, 저거요? 저거 아주 비싼 건데요!"라고 하는 게 아닌가! 나는 그의 발언에 놀라기도 하고, 화가 나기도 했다. 그래서 나를 도대체 어떻게 보고 그렇게 말하는지, 나에게 비싼 양복을 살 수 없다는 표시라도 있냐고 물었더니 그는 당황하여 변명을 하기 시작했다. 그의 변명은 모욕적인 그의 언사보다 더 구제불능이었다.

그래서 '이 멍청이 같으니'라고 중얼거리며 막 문을 나서려는 순간, 내가 기분이 나빠져서 나가는 것을 본 다른 점원이 부드럽게 나를 불렀다. 그는 재치 있는 말로 대화를 이끌어냈고, 내 기분을 달래주며 다시 양복을 보여주었다. 이번에 상점을 나설 때는 그 옷을 들고 나왔을 뿐 아니라 애초에는 생각이 없었던 옷도 두 벌 더 사가지고 나오게 되었다.

이것이 바로 진정한 세일즈맨과 손님을 쫓아내는 점원의 차이다. 또한 나는 그 점원에게 친구 두 명을 소개시켜주었고, 그들은 모두 이 상점에서 상당한 구매를 하였다.

그 뒤 어느 날 시카고의 거리를 걷고 있었는데, 상점에 진열되어 있는 회색 양복이 눈길을 끌어 발걸음이 멈추어졌다. 나는 구매할 생각은 없었지만 가격이 궁금해서 문을 열고 고개만 안으로 들이밀고는 양복이 얼마냐고 물어보았다.

영리한 세일즈맨은 내가 상점에 들어와야만 물건을 팔 수 있다는 것을 알고 있었다. 그는 "가격표를 볼 동안 들어와 계시겠어요?"라고 말하는 것이 아닌가.

물론 그가 가격을 모를 리 만무했지만 이렇게 함으로써 내게 물건을 팔려 한다는 경계를 늦추는 데 성공한 것이다. 물론 나도 그에 맞게 예의를 갖춰 "네, 그러지요"라고 하고는 안으로 들어갔다.

세일즈맨은 "여기로 오시지요. 여기 가격을 알려드리겠습니다"라고 말하였다. 채 2분도 안 되어 나는 입고 있던 코트를 벗고 진열되어 있던 코트를 입으려 거울 앞에 선 자신을 발견했다.

코트를 입자 거의 맞춘 것처럼 꼭 맞았고, 부드러운 촉감의 재질에 마음이 끌렸다. 내가 코트의 팔 부분을 손으로 쓸어보자 그는 어떤 재질로 만들어졌는지 설명하기 시작했다. 옷감이 좋은 제품인 것을 알 수 있었다. 나는 50달러라는 가격에 놀랐다. 훨씬 비싸 보였기 때문이다. 사실 내가 이 옷을 밖에서 보았을 때는 35달러 정도를 예상했다. 이 옷의 장점을 최대한 살려서 어필할 수 있는 그를 만나지 않았다면 아마 이만큼이나 지불하면서 사지는 않았을 것이다.

결국 나는 정신학자들이 말하는 '충동구매'를 하였지만, 충동구매를 하는 사람이 어디 나쁘이겠는가. 사실 단 한마디로 세일즈맨은 물건 팔 기회를 놓칠 수도 있었다. 그가 그냥 "50달러입니다"라고 하였다면 나 또한 "알겠습니다" 하고 가던 길을 갔을 것이고, 그랬더라면 거래는 이루어지지 않았을 것이다.

계절이 바뀌었을 때 나는 그에게서 옷 두 벌을 더 샀고, 지금도 시카고에서 옷을 산다면 아마 그곳에서 살 것이다. 그는 언제나 나의 취향에 맞는 옷을 제시하고 추천해주기 때문이다."

한 과일가게가 있는데 이곳에는 손님에게 문을 열어주는 사람이 있다. 그의 업무는 문을 열어주는 것에 불과하지만 환한 미소로(물론 이것도 연구되고 예비 연습을 거친 것이다) 문을 열어주어 상점에 들어가기 전부터 환영받고 있다는 느낌을 준다.

이 과일가게는 바구니 포장이 뛰어나다. 한 블록만 더 가면 나오는 다른 과일가게에서는 3~5달러에 불과한 과일이 여기서는 똑같은 내용물임에도 10~25달러에 판매되고 있다. 포장과 장식에 훨씬 더 정성을 들인 것이다.

과일가게 밖의 메모판에는 항구를 떠나는 대형선박의 항해일자가 적혀 있어 항해를 떠나는 친구를 위해 과일 바구니를 선물하고 싶은 사람들을 주 대상으로 하고 있음을 알 수 있다. 애인이나 친구, 부인이 멀리 떠날 때 아름답게 장식된 먹음직한 과일 바구니를 건네주고 싶기 때문이다. 이런 때는 비싼 것도 마다하지 않게 된다. 이렇듯 작은 과일가게라도 경영의 묘를 살릴 수 있다.

이 가게는 규모가 크지는 않지만 1년에 15,000달러를 임대료로 내고도 다른 과일가게 50여 개를 합친 것보다 더 많은 수입을 올리고 있다. 이는 고객을 끌기 위해 어떻게 물건을 진열하고 배달할 것인가를 연구하고 이를 적극적으로 도입했기 때문에 가능했다. 이 또한 상상력의 가치를 증명하는 것이라 할 수 있다.

사람들은 기본적으로 물건 자체보다는 포장과 배달 또는 양과 질보다는 분위기나 외양에 더 실질적인 가치를 부여하는 경향이 있다. 이러한 속성을 이해하는 사람이라면 자신의 제품에 상상력을 결합하여 풍성한 수확을 거둬들일 수 있다. 그리고 실제로 많은 사람들이 이런 방법을 통해 성공적으로 판매를 하고 있다.

어떻게 하면 자신의 제품이 고객의 구미에 맞을 수 있는지 그 방법을 아는 사람이라면 평범한 물건에도 좋은 가격을 부를 수 있다. 더 중요한 것은 동일한 상품이라도 고객에게 어필하는 방법을 연구하지 않았던 때보다 더 많은 단골을 확보할 수 있다는 점이다.

예컨대 구매심리를 잘 안다는 것인데, 이는 약간의 수고를 들여 어울리는 포장을 하거나 상자에 넣어주는 것만으로도 상당한 이익을 남길 수 있음을 의미한다. 이때 필요한 것이 바로 상상력이다.

> 신속한 결정력은 상상력을 통하여 명확한 중점목표를 창출하도록 한다. 이것은 어떤 상황에서 내리는 결정보다 강력하다. 또한 역경과 일시적 패배는 대개 축복일 경우가 많다. 이들이 상상력과 결단력을 발휘하도록 하기 때문이다. 정리하면 이렇다! 명확한 중점목표를 이루기 위해선 상상력과 결단력이 필요하고, 결단력은 사용할수록 강화된다.

아이디어 발현이 곧 상상력이다

1877년 조지아주 애틀랜타에 나이 지긋한 노인(약제사)이 마차를 타고 도착했습니다. 그는 마차를 멈춘 뒤 뒷문을 통해 약국 안으로 살며시 들어갔습니다. 그리고 그곳에 있던 점원과 한 시간 이상 카운터 뒤에서 작은 목소리로 이야기를 주고받았습니다.

이윽고 이야기가 끝나자 노인 약제사는 자리에서 일어나 마차로 가서 낡은 주전자와 약을 휘젓는 커다란 막대기 하나를 약국 점원에게 가져다주었습니다. 점원은 그 주전자를 세밀하게 살핀 다음 주머니 속에서 지폐 다발을 꺼내 약제사에게 건넸습니다. 그 지폐는 1,750달러로 그 당시 36세이던 점원의 전 재산이었습니다.

그리고 약제사는 어떤 비밀공식이 적혀 있는 종이를 점원에게 건넸습니다. 그 종이에 적힌 공식은 후일 '황제의 몸값'에 필적할 만큼 가치 있는 것이 되었지만, 그 당시 약제사에게는 아무런 의미도 없었습니다. 그 공식은 주전자의 물을 끓이는 데 필요한 것이었는데, 그 자리에 있던 약제사와 점원 모두 끓는 주전자 속에서 얼마만큼의 거대한 부가 생겨날지에 대해서는 전혀 짐작조차 하지 못하고 있었습니다.

노인 약제사(존 펜퍼튼)는 낡은 주전자와 막대기, 그리고 공식이 적힌 종이가 1,750달러에 팔린 것에 대해 크게 기뻐하고 있었습니다. 점원은 점원대로 자신의 모든 저축액을 털어 도구들을 마련한 데 대해 기뻐하고 있었습니다. 하지만 그때는 그 낡은 주전자가 전설 속 알라딘의 램프처럼 황금알을 낳는 거위가 되리라고는 꿈에도 생각지 못했습니다.

점원(아서 캔들러)이 구입한 것은 바로 하나의 아이디어였습니다! 낡은 주전자와 막대기, 그리고 종이는 다만 우연히 한자리에 모인 물건들에 지나지 않았습니다.

그 주전자가 신비한 힘을 발휘하기 시작한 것은 점원이 어떤 비밀의 요소를 혼합한 후부터입니다. 그 비밀의 요소는 약제사조차도 미처 생각하지 못한 것이었습니다. 그 주전자로부터 황금이 흘러넘치게 한 것, 즉 점원이 혼합한 비밀의 요소는 대체 무엇이었을까요?

그럼 여기서 소설보다 더 흥미로운 사실을 소개해보기로 하겠습니다. 먼저 점원이 구입한 아이디어가 얼마만큼의 부를 가져왔는

습관 1 - 상상력

지에 대해 살펴보겠습니다. 주전자의 내용물로 인한 아이디어는 그것을 만들기 위해 일하는 전 세계 수백만 명의 사람들에게 계속해서 막대한 급료를 지불하고 있습니다.

또한 이 주전자의 내용물은 막대한 양의 설탕을 소비하고 있습니다. 따라서 사탕수수 재배나 설탕 정제 및 판매에 종사하고 있는 수많은 사람들에게 일거리를 제공하는 셈이 됩니다. 아울러 이 주전자는 매년 수억 개에 이르는 유리병을 사용하고 있습니다. 그런 만큼 유리공장에서 일하는 사람들의 고용까지도 확보하게 됩니다.

그뿐 아닙니다. 이 낡은 주전자는 많은 점원과 타이피스트를 고용하고, 카피라이터에게 일거리를 제공하며, 이를 아름다운 그림으로 마무리한 아티스트에게도 부와 명예를 가져다주었습니다. 이 낡은 주전자 덕분에 조지아주의 애틀랜타는 남부 유일의 비즈니스 도시로 발전했으며, 이곳에 사는 사람들은 직·간접적으로 커다란 혜택을 입고 있습니다.

이 아이디어에 의해 전 세계 문명도시에 이익이 전해지고 있으며, 이에 관계하는 수많은 사람들에게 쉴 새 없이 계속해서 황금을 전해주고 있습니다. 그리고 주전자에서 흘러넘친 황금에 의해 남부에 한 대학이 세워졌고, 매년 수천 명의 젊은이들이 그곳에서 성공을 위한 훈련을 받을 수 있게 되었습니다.

만일 이 놋쇠로 된 주전자가 이야기를 할 수 있다면 전 세계의 언어로 우리에게 스릴 넘치는 이야기를 들려주었을 것입니다. 달콤한 사랑 이야기에서부터 사업의 성공담, 그리고 이 주전자와 연관되어 제일선에서 일하고 있는 사람들의 이야기를 듣게 될 것입니다.

　당신이 어떤 사람이든 또 어디에 살든 앞으로 '코카콜라'라는 글자를 볼 기회가 있거든 다음의 이야기를 떠올려주기 바랍니다. 주전자를 산 젊은 점원 아서 캔들러가 그 종이에 적힌 공식에 따라 혼합했던 것은 바로 그의 '상상력'이었던 셈입니다.

　약제사 펜퍼튼은 강장제를 만들기 위한 실험을 거듭하고 있었습니다. 거의 완성된 이 재료에 물을 타기만 하면 이제 액체 상태의 강장제가 되는 단계에 와 있었습니다.

　그때 그는 그만 실수로 물 대신 소다수를 넣게 되었는데, 원재료에 녹아든 소다수는 그 특유의 단맛을 내게 했습니다. 그는 이것을 '코카콜라'라는 이름으로 약국에서 팔았습니다. 하지만 거의 소득을 올리지 못했고, 결국 그는 이 사업을 아서 캔들러에게 팔아넘기게 되었던 것입니다.

　그런데 아서 캔들러는 천재적인 '상상력'으로 이를 약으로서가 아니라 청량음료로 팔면 어떨까 생각했습니다. 그의 아이디어는 크게 적중하여 코카콜라는 전 세계 사람들이 즐겨 마시는 음료가 되기에 이르렀습니다.

　여기서 잠시 생각을 다듬어봅시다. 이 이야기의 아이디어는 이미 《성공의 법칙》에서 소개하고 있습니다. 성공철학의 각 단계가 제공하는 아이디어가 바로 '코카콜라'를 세계의 모든 도시와 마을에 보급시킨 원동력이었던 것입니다.

따라서 당신도 이 성공철학을 몸에 익힌다면 코카콜라가 달성했던 만큼의 성공도 충분히 이루어낼 수 있을 것입니다.

아서 캔들러의 성공을 주목해주기 바랍니다. 그의 성공담은 바로 '명확한 목표'와 '완전한 행동계획'이 있으면 그 어떤 아이디어도 부富로 바꿀 수 있다는 놀라운 진실을 알려주는 반증입니다.

만일 당신이 근면함과 정직함만으로 부를 쌓을 수 있다고 믿는다면 그와 같은 생각은 빨리 버려야 합니다. 성실하게 일하기만 하면 큰 부자가 될 수 있다는 생각은 큰 오해입니다. 막대한 부라는 것은 노력만으로는 결코 손에 들어오지 않습니다. 막대한 부는 강렬한 소망과 불변의 법칙이 작용되지 않는 한 손에 들어오지 않는 법입니다. 그것은 우연이나 요행과도 거리가 멉니다.

일반적으로 말해서 아이디어란 '사고의 번뜩임'이며, 그것은 상상력의 작용을 통해 사람에게 행동을 일으키게 합니다. 가령 팔리지 않는 상품의 경우에도 아이디어를 잘 활용하면 충분히 팔 수 있다는 사실을 영업의 대가들은 잘 알고 있습니다. 그러나 평범한 영업인은 그런 사실을 제대로 깨닫지 못한 탓에 그저 평범한 영업인으로 끝나버리고 마는 것입니다.

어느 출판업자는 대단히 흥미로운 사실을 발견했습니다. 그것은 독자의 대부분이 책의 내용을 보고 사는 것이 아니라 제목을 보고 산다는 점입니다. 전혀 팔리지 않던 책이 제목만 바꿨을 뿐인데 10만 부나 팔리는 일도 있습니다. 내용은 전혀 손을 대지 않았는데도 말입니다. 표지와 제목을 바꿈으로써 그 책은 폭발적인 판매고를 기록했던 것입니다.

이런 사례는 아무것도 아닌 것 같지만 하나의 아이디어이자 상상력입니다. 아이디어에는 정가가 매겨져 있지 않습니다. 그것을 생각해낸 사람 자신이 가격을 붙이는 것입니다. 따라서 그 사람이 현명하다면 자신의 생각대로 가격을 책정할 수 있게 됩니다. 상상력의 대가는 큰 것입니다.

습관 2 – 목표

스타트는 명확한
중점목표로부터

명확한 중점목표 없이 일하는 사람은 마치 키를 잃은 배와 같다.

자신이 원하는 확실한 목표조차 없으면서

그것을 이루었다고 확신할 수는 없는 노릇이다.

즉, 근면한 노동과 좋은 의도만으로는 성공을 이루기에 충분치 않다.

인생이라는 경기에서 성공하는 방법

실패자로 분류된 95%는 '인생의 명확한 중점목표'가 없었다.
하지만 성공한 5%는 목표가 명확했고,
그것을 달성하기 위한 확실한 계획도 있었다.

유명 권투선수가 다음 시합을 위해 트레이닝에 임하고 있었다. 그는 트레이닝을 할 때 한 가지 방법에 그치지 않고 여러 가지 훈련을 병행했다.

펀칭백으로는 근육을 단련시키면서 기민한 눈의 움직임을 훈련하였고, 아령으로는 다른 부위의 근육을 키웠으며, 달리기는 그의 다리와 엉덩이의 근육을 단련시켜주었다. 식사 조절을 통해 체중을 늘리지 않고도 근육을 키울 수 있었으며, 적절한 수면과 휴식의 습관이 승리를 위한 다른 자질들도 길러주었다.

당신은 인생이라는 시합에서 성공을 위한 트레이닝에 임하는 사람이다. 이기기 위해서는 주의를 기울여야 할 것들이 많다. 특히 잘 조직되고 기민하면서 에너지가 넘치는 마음의 상태는 다양한 많은 자극들을 통해 생성되는데, 이는 이 책의 전체 내용을 통해 일목요

연하게 잘 기술되어 있다.

신체와 마찬가지로 마음 또한 개발을 위해서는 다양한 훈련이 필요하다. 잘 발달되려면 여러 가지 조직적인 형태의 훈련이 이루어져야 한다. 장애물을 넘는 허들 경주마를 훈련시킬 때는 바람직한 자세를 몸에 배게 하기 위해 반복을 통해 습관이 되게 하고, 이를 통해 달리는 방식을 숙달시킨다. 사람의 마음도 다양한 사고의 자극제를 통해 비슷한 형태로 훈련되어야 할 것이다.

인생에서의 성공은 인간에 대한 이해에 달려 있다! 인간이라는 동물을 효과적으로 연구하기 위해서는 먼저 자신에 대해 정확한 분석을 내릴 수 있어야 한다. 다시 말해 자신에 대한 철저한 평가를 할 수 있어야만 다른 사람에 대한 이해가 한층 수월해진다.

다른 사람을 파악하려 할 때 겉모습이 아닌 실제 모습을 알기 위해서는 다음의 것들을 자세히 관찰해야 한다.

• 자세와 걸음걸이
• 목소리 톤, 높낮이, 성량聲量
• 눈동자, 시선 및 감정이 풍부한 눈인지의 여부
• 용어의 사용, 경향, 수준, 그리고 특성

이러한 것들을 관찰하면 사람을 속속들이 들여다볼 수 있게 될 것이고, 그 사람의 실제 모습에 한발 다가설 수 있을 것이다. 더 나아가 다음과 같은 상황에서 어떻게 행동하는지 관찰할 수도 있다.

- 화가 났을 때
- 사랑에 빠졌을 때
- 돈 문제에 연관되었을 때
- 식사할 때(남들이 보지 않는다고 생각하고 혼자 먹을 때)
- 뭔가를 쓸 때
- 고통을 당하고 있을 때
- 기쁘고 환희에 찼을 때
- 기가 꺾이고 패배했을 때
- 대＊ 파국을 맞았을 때
- 다른 사람에게 좋은 인상을 주려 애쓸 때
- 타인의 불행을 알게 되었을 때
- 타인의 경사를 알게 되었을 때
- 운동경기에서 졌을 때
- 운동경기에서 이겼을 때
- 혼자 명상에 잠겼을 때

한 사람의 실상을 안다고 말하기 전에 앞의 상황에 처했을 때 상대가 어떻게 행동하는지 관찰한 후에 혹은 다른 상황도 관찰한 후에야 비로소 상대에 대해 말할 수 있다. 첫인상만으로 다른 사람을 판단할 권리가 없다는 것을 알아두기 바란다.

물론 외모에서 풍기는 이미지는 중요하며 그것에 대해서는 의심의 여지가 없다. 그러나 외모에 속는 경우도 비일비재하다. 그것들을 이 장을 통해 알게 되길 바란다.

더 이상 자신이나 남을 판단할 때 첫눈에 보고 판단하는 일은 없어야 하며, 목록을 작성하여 종합적인 판단을 내릴 수 있기를 기대한다. 이 원리를 터득한 사람은 타인의 외양을 넘어서서 그 사람의 깊은 내면까지 알 수 있을 것이다.

> 누구나 자기 인생에 영향을 미치는 진실을 알고자 하는 것은 아니다. 많은 사람을 만나면서 발견한 사실은 소수의 사람만이 자신의 약점을 받아들이고 진실을 받아들이려 한다는 것이다. 성공이란 다른 사람의 권리를 침해하지 않고 인생에서 원하는 것을 이룰 수 있게 해주는 힘의 개발이다.

인간에 관한 실상과 허상

인간에 관한 중요한 진실 중의 하나는 '누구나 자기 인생에 영향을 미치는 진실을 알고자 하지는 않는다'는 점이다. 오직 소수의 사람만이 자신의 약점을 받아들이고 진실을 알고자 한다.

또한 사람들은 실상實像 보다는 허상虛像 을 더 좋아한다! 어쩌다 새로운 진실이 받아들여진다 해도 이미 널리 알려진 사실이라는 소금과 함께 섭취된다. 그렇게 되면 소금의 양이 너무 많아서 새로운 아이디어는 그만 쓸모가 없어져버린다. 이미 새로운 것이 아닌 것이다.

《아메리칸 매거진The American Magazine》에 실린 알래스카의 추장 칼 로멘Carl Lomen의 이야기를 보자.

"그린란드의 한 에스키모가 미국의 북극탐사단에 합류하여 도움을 주었다. 이에 대한 보답으로 미국인들이 그에게 뉴욕시를 관광시켜주었다. 눈앞에 펼쳐진 놀라운 광경에 그는 경탄을 금치 못했다.

부락으로 돌아온 그는 하늘을 찌를 듯이 솟은 빌딩과 전차 - 그는 이것을 사람들이 안에 살고 있을 때 선로를 따라 움직이는 집이라고 묘사하였다 - 와 거대한 다리, 인공조명과 기타 도시의 놀라운 광경에 관해 이야기하였다.

그 이야기를 들은 사람들은 그를 냉랭한 시선으로 바라보더니 곧 외면해버렸다. 이후로 그는 마을에서 '새그드룩(에스키모어로 '거짓말쟁이'라는 뜻)'이라고 불리게 되었고, 이런 불명예는 무덤까지 따라다녔다. 이 사건 이후로 마을에서 그의 존재는 잊혀지다시피 하였다.

크누드 라스무센(Knud Rasmussen)이 그린란드에서 알래스카로 여행했을 때 그린란드 에스키모인 마이텍(Mitek)이 안내를 맡았다. 그 인연으로 마이텍은 코펜하겐과 뉴욕을 방문하였는데, 그곳에서 처음 보는 새로운 것들을 많이 접하였고 깊은 인상을 받았다.

귀향한 후에 그는 일전에 한 에스키모가 '거짓말쟁이'로 불렸던 것을 거울삼아 진실을 말하지 않기로 결심했다. 대신 그는 자신이 보고 들은 것들을 부락의 사람들이 쉽게 이해할 수 있는 이야기로 묘사하여 유명해졌다.

그는 부락 사람들에게 매일 아침 라스무센 박사와 허드슨강에 카약을 타고 나가 사냥을 한 이야기를 들려주었다. 오리와 거위와 물개가 넘쳐나 즐거웠다고 하였다. 마이텍은 그 부락 주민의 눈에 정직한 사람으로 비쳐졌고 이웃의 존경을 받았다."

에스키모인의 이야기에서 보듯이 진실을 밝히는 자의 길은 대개 순탄하지 못하다. 소크라테스도 진실 때문에 옥중에서 임종하였고, 그리스도는 순교를 당했으며, 브르노Bruno가 화형에 처해졌고, 갈릴레이도 진술을 번복해야 했다. 이 외에도 진실을 말함으로써 역사를 장식한 희생을 쉽게 발견할 수 있다. 이는 인간 본성에 내재한 그 무언가가 새로운 것을 거부하기 때문이리라.

그가 누구이고 어디에 살든 사람은 조상 대대로 전해져 내려온 신념이나 편견이 교란되는 것을 꺼린다. 성숙한 인격체라고 자부하는 사람들도 동면에 들어간 동물처럼 고대 물신숭배와 같은 오래된 관습에 의존한다. 만약 새로운 아이디어가 침입하면 동면을 방해받은 것처럼 으르렁거리면서 겨울잠에서 깨어난다.

앞의 에스키모인의 경우라면 어느 정도 이해가 된다. 그들은 '거짓말쟁이'가 묘사한 물건들을 시각화할 수 없었기 때문이다. 그들의 삶은 단순하여 너무나 오랫동안 북극의 구름 낀 하늘에 가려져 있었다. 그러나 현대인이 새로운 경향에 대해 경계하는 이유를 설명하기는 어렵다.

정신의 타성만큼 끔찍한 것은 없다. 몸이 게으른 사람보다 정신이 게으른 사람의 숫자가 훨씬 많고, 정신의 게으름에는 두려움이 자리 잡게 마련이다.

> 놀랍게도 95%에 달하는 사람들은 자신에게 가장 적합한 일이 무엇인지에 대해 또 생존을 위한 명확한 대상을 설정해야 할 필요가 있는지에 대해 개념조차도 없다. 더 끔찍한 사실은 그들은 인생에 대해서도 아무런 목적 없이 표류하고 있다는 것이다.

새로운 사고를 두려워하지 마라

당신은 일상의 삶과 업무에서 새로운 아이디어를 모을 수 있도록 힘써야 한다. 새로운 아이디어를 얻으려 노력하지 않는다면 마음은 생기를 잃고 게으르고 편협하고 닫힌 마음이 되어버릴 것이다.

농부라면 도시로 자주 나가 바람을 쐬고 낯선 사람과 높은 빌딩 사이를 걸어보라. 그러면 신선해진 마음으로 돌아가 용기를 얻고 열의를 일으킬 수 있을 것이다. 도시에 사는 사람이라면 가능한 한 자주 교외로 나가 일상의 업무와는 전혀 다른 새로운 환경을 접하면서 마음을 깨끗이 정화하라.

일반적으로 건강을 위해 다양한 영양소의 보충이 필요한 것처럼 정신도 정기적으로 변화를 줄 필요가 있다. 일상에서 벗어나 새로운 환경을 접한 후에 정신을 가다듬고 쾌활하게 업무에 임할 자세를 갖추게 되면 더 빠르고 정확하게 일할 수 있다.

이 책을 읽고 있는 당신도 잠시 일상의 사고에서 벗어나 완전히 새로운 - 지금까지는 들어보지 못한 - 사고思考의 세계를 경험해보길 바란다. 얼마나 멋질지 상상해보라! 이 책을 모두 읽고 나면 현재 무슨 일에 몸담고 있든지 관계없이 당신은 새로운 아이디어에 따라 좀 더 능률적이고 열의에 넘칠 것이며, 더욱 용기를 가지게 될 것이다.

새로운 사고를 두려워하지 마라! 바로 여기에서 성공과 실패가 판가름난다. 앞으로 이 책에서 다루어질 내용 가운데 일부는 이미 널리 알려진 것이기 때문에 따로 부연 설명이 필요 없을 것이다. 그러나 어떤 것들은 전혀 새롭다는 이유로 그것을 받아들이기에 주저하는 사람도 분명 있을 것이다.

그러나 명심하라. 대부분의 사람이 범하는 우愚 가운데 하나가 바로 확실한 근거도 없이 속단하는 것이다. 이에 대해서는 이미 허버트 스펜서 Herbert Spencer가 그 유명한 말을 하였다.

"모든 지식에 장애가 되고 모든 논쟁의 원인이 되며 인간을 영원히 무지에서 벗어나지 못하게 하는 주범이 있다. 그것은 실험이 이루어지기도 전에 경멸부터 하는 것이다."

성공이란 다른 사람의 권리를 침해하지 않고도 인생에서 원하는 것을 이룰 수 있게 해주는 힘의 개발이다. 나는 특별히 '힘'을 강조하고 싶다. 성공과 힘은 떼려야 뗄 수 없는 관계이기 때문이다.

우리는 격심한 경쟁의 시대에 살고 있으며 세상은 적자생존의 법칙이 적용되는 냉정한 곳이다. 이와 같은 세상에서 지속적인 성공을 누리기 위해서는 힘을 사용해 성공을 획득해야 한다.

그렇다면 힘이란 무엇인가? 힘은 조직화된 에너지 또는 노력을 의미한다. 이 책을 통해 말하고자 하는 것도 결국은 지식과 진실, 그리고 인간 마음에 내재한 능력을 어떻게 힘으로 조직화시키는지를 보여주고자 하는 것이다.

> 정신의 타성만큼 끔찍한 것은 없다. 몸이 게으른 사람보다 정신이 게으른 사람의 숫자가 훨씬 많다. 정신적인 게으름에는 두려움이 자리 잡게 마련이다. 따라서 새로운 아이디어를 얻으려 노력하지 않는 한 마음은 생기를 잃고 게으르고 편협하고 닫힌 마음이 되어버린다.

사람을 움직이는 능력이 성공을 낳는다

성공적인 리더는 상황에 따라 자신의 마음을 바꿀 수 있다.
이때 자신감 없는 모습을 보여서는 안 된다.
힘이 없는 리더는 오래 지속될 수 없다.

나폴레온 힐은 그의 책 《성공의 법칙》에서 앤드류 카네기를 취재할 당시의 에피소드를 전해준다.

"인터뷰 중에 나는 그에게 성공의 비결을 물었다. 그는 눈을 반짝이더니 나에게 이렇게 반문하였다.

"그래, 젊은이! 질문에 답하기 전에 묻고 싶은 게 있다네. 대체 '성공'이란 뭐란 말인가? 자네가 정의해줄 수 있겠나?"

내가 당황하는 기색을 보이자 그는 말을 이어나갔다.

"내가 벌어들인 돈을 보고 성공했다고 말하고 싶은 거겠지?"

나는 그의 말에 시인하고 사람들이 성공했다고 말할 때는 일반적으로 돈을 의미한다고 답하였다.

"음, 그게 자네가 말하는 성공의 의미라면 내가 돈을 어떻게 벌었는지 말해주지. 우리 사업체에는 '마스터 마인드'라는 게 있는데 회사의 감독자, 경영진, 회계사, 실험실 연구원, 그리고 다른 여러 사람들로 이루어진 마음을 말하네. 조직에 속해 있는 한 사람만으로는 이 마음이 생기지 않고, 전 조직원의 마음이 조화로운 협력의 정신으로 확실한 목표를 향해 협력되고 조직되어 이끌어질 때 돈을 버는 힘이 생기는 거지. 조직에 속한 사람 중에는 똑같은 사람이 하나도 없네. 이들은 모두 주어진 일에 최선을 다하고, 그 결과 다른 어떤 사람보다 그 일을 잘해내게 되는 거지."

이때의 대화로 이 '성공'이라는 씨앗이 나의 마음에 심어졌고, 이로부터 많은 시간이 흐르면서 그 씨앗은 나의 마음에서 뿌리를 내리며 자라나기 시작했다. 그 결과 인터뷰 후에 수년간의 조사를 통해 결국《성공의 법칙》의 주제 중 하나인 '마스터 마인드' 철학의 원리를 발견하게 된 것이다."

마스터 마인드를 구성한 카네기 그룹의 사람들은 확실한 목표를 향해 잘 조직되고 협력 또한 잘 이루어져 산업과 경영활동을 통해 실질적으로 카네기에게 수백만 달러를 벌어다주었다. 마스터 마인드를 바탕으로 한 철강산업은 카네기의 부富가 가능했던 하나의 예에 불과하다.

이러한 마음을 이루는 근간은 힘 - 명확한 중점목표의 달성을 위해 자신과 함께 연계된 다른 사람을 조직화시키는 힘 - 이기 때문에 마스터 마인드를 석탄경영이나 은행업무, 판매업무 등에 적용해도 동일한 부를 축적할 수 있는 것이다.

카네기가 이룬 성과를 주의 깊게 살펴보면 '마스터 마인드' 법칙의 존재를 알 수 있을 뿐 아니라 이 법칙이 카네기 성공의 주된 원천이었음을 알 수 있다.

카네기와 연계된 사람 중 아마도 찰스 슈왑Charles M. Schwab만큼 카네기를 잘 아는 사람도 드물 것이다. 그에 따르면 카네기의 특별한 성격이 카네기를 성공으로 이끌었다고 하는데, 그는 그것을 이렇게 묘사하였다.

"나는 그처럼 탁월한 지능과 본능적인 이해력을 지니고 있으며 동시에 상상력이 풍부한 사람을 본 적이 없습니다. 그는 상대방의 생각을 정확히 읽고 상대방이 해왔거나 앞으로 할 가능성이 있는 모든 일들을 파악할 줄 알았습니다. 상대가 말하기 전에 다음 말을 미리 알고 있었지요.

그의 능력은 정말 놀라운 것인데 이는 주의 깊은 관찰력 덕이지요. 이런 습관화된 관찰력 덕분에 여러 사안들에 대한 풍부한 지식을 쌓을 수 있었다고 해요.

그러나 그를 더욱 뛰어나게 만든 것은 따로 있습니다. 그에게는 다른 사람에게 영감靈感을 불어넣고 고취시키는 탁월한 능력이 있었습니다.

만약 당신이 뭔가 미심쩍은 일이 있어서 카네기와 상의를 한다고 합시다. 그는 순식간에 그것이 옳은 일이라고 믿게 만들든가 아니면 당신의 의심을 가라앉혀줍니다. 타인을 끌어당기고 격려해서 질주하도록 하는 것이 그의 장점입니다.

또한 그는 정말 탁월한 리더십의 소유자입니다. 자신이 경영하는 사업에 대해 자세히 알지도 못하고, 철이니 엔지니어링이니 하는 데 대한 기술적 지식도 없이 이런 기업을 만들어낼 수 있는 사람은 아마 역사상 카네기 말고는 없을 겁니다. 카네기의 사람을 움직이는 능력은 어떤 판단능력도 넘어서는 그 무엇이었습니다."

마지막 문장에서 슈왑은 카네기의 힘의 원천으로 이 장에도 소개하고 있는 '마스터 마인드' 이론의 사고를 드러내고 있다. 아울러 슈왑은 카네기가 철강사업에서 성공을 거둔 것처럼 다른 사업에서도 성공을 거두었을 거라고 말하였다.

간단히 말해서 카네기의 성공 요인은 단순히 철강산업 자체의 지식에 있는 것이 아니라 자신의 마음과 다른 사람의 마음을 이해하는 데서 비롯되었음을 의미한다.

결국 카네기는 '마스터 마인드' 법칙을 어떻게 적용해야 하는지를 터득한 사람이며, 그 결과 자신의 마음과 다른 사람들의 마음을 한마음 한뜻으로 조직, 협력시켜 명확한 중점목표를 획득할 수 있었던 것이다.

이러한 사고는 아직 뚜렷한 성공을 거두지 못한 사람들에게 큰 위안이 될 것이다. 왜냐하면 성공은 모두에게 열려 있는 것이며, 그 원리와 법칙을 올바르게 적용하는 데 달린 것이기 때문이다.

우리는 인생이라는 길에서 명확한 목표를 선택하지 않았기 때문에 자신의 에너지를 낭비하면서 이것저것 생각하는 데 주의력을 분산시킨다. 그 결과 우유부단과 무력함으로 인해 힘이 모아지지 않는다. 전 조직원이 확실한 목표를 향해 협력하고 이끌어갈 때 성공으로 가는 힘이 생긴다. 마스터 마인드 원리가 작용하는 것이다.

조직화된 노력만이 승리를 가져다준다

유능한 전략가라면 사업이나 전쟁의 상황에서 또는 어느 집단에 소속되어 있든 조직화되고 협력된 노력의 가치에 대해 잘 이해하고 있을 것이다. 조직화된 힘은 여러 상황에서 다른 목적으로 쓰일 수 있다.

먼저 조직화된 힘의 가치는 우리 주변에서도 얼마든지 쉽게 발견할 수 있다.

예컨대 현대의 철교를 살펴보자. 철교는 작은 철강자재들이 조직적으로 배치, 결합되어 수천 톤에 달하는 기차의 무게를 지탱할 수 있도록 전체의 무게를 고루 분산시켜준다.

이번엔 모두가 익히 알고 있는 다음의 이야기를 살펴보자.

한 마을에 일곱 아들을 둔 사람이 있었는데 자식 간에 항상 다툼이 끊이지 않았다. 어느 날 그는 일곱 개의 막대를 하나로 묶어 한 명 한 명에게 이를 다발째 꺾어보라고 하였다. 각자 시도해보았지만 모두 허사로 돌아갔다.

그는 이번엔 묶음을 풀고 막대를 하나씩 건네주고는 꺾어보라고 하였다. 그러자 이때는 모두 쉽게 부러뜨릴 수 있었다. 그는 이것의 의미를 설명하였다.

"조화의 정신으로 뭉쳤을 때 너희는 꼭 하나의 다발과 같아서 누구도 너희를 패배시킬 수 없다. 그러나 서로 분열되어 싸운다면 누구든 너희를 단번에 굴복시킬 수 있을 것이다."

이 이야기는 여러 단체나 고용인, 고용주 간에, 그리고 우리가 살고 있는 지역과 나라 전체에 적용될 수 있다.

적의 조직화된 힘을 와해시키는 방법도 있다. 군사전략가는 적진에 불신의 씨앗을 심어놓는 작전의 위력에 대해 잘 알고 있다. 불신은 곧 적의 협력을 와해시키는 작용을 하기 때문이다.

세계대전에서 선전활동의 효과가 어떤 결과를 야기했는지에 대해 들어본 적이 있을 것이다. 사실 전쟁에서는 총과 폭약 등의 무기보다도 선전의 위력이 더욱 파괴적일 수 있다.

후일담이지만 1차 세계대전의 가장 중요한 전환점은 연합군이 프랑스의 포슈Foch 원수 산하로 집결했을 때다. 그 집결이 적군 진영에는 패배의 암시로, 연합군 병사들에게는 승리의 희망으로 받아들여졌다고 한다.

조직화된 노력은 힘이 될 수 있다. 그러나 이 힘이 지혜롭게 쓰이지 않으면 부작용을 초래할 수도 있다.

이런 이유로 이 책에서는 어떻게 하면 조직화된 힘을 잘 유도하여 성공에 이르게 할 것인지를 다루고 있다. 이렇게 얻어진 성공은 진리와 정의, 그리고 공정함에 기초하며, 당신을 궁극적인 행복에 이르게 할 것이다.

경쟁이 심하고 황금만능주의가 팽배한 오늘날에 커다란 비극 중 하나는 자신이 좋아하는 일에 열정을 쏟는 사람이 극히 적다는 사실이다. 그런 점에서 이 책이 당신이 자신에게 잘 어울리는 업무를 발견하고, 이를 통해 경제적인 부와 행복을 함께 맛보는 데 도움이 되길 바란다.

또한 자신을 보는 안목을 기르고 숨겨진 힘을 발견하며, 야망과 비전을 일깨우고 앞을 향해 나아갈 결심을 하길 바란다.

헨리 포드가 상점에서 일하고 있을 때 같은 일을 하는 다른 점원이 있었다. 그런데 그 업무에서는 그 점원이 헨리 포드보다 훨씬 뛰어났다고 한다.

그러나 이후에도 그 점원은 주당 100달러에 못 미치는 보수를 받으며 여전히 그 일에 머물러 있었지만, 포드는 세상에서 가장 성공한 부자가 되었다.

둘 사이에 물질적인 격차가 이렇게나 크게 벌어지게 된 이유는 무엇일까? 포드는 조직화된 노력의 원리를 알고 그것을 적용한 반면 그 점원은 그렇지 못했다는 데 있다.

힘은 조직화된 노력이다! 그리고 성공은 힘에 기반을 두고 있다! 앞서의 설명을 통해 당신은 이미 '조직화된 노력'이 무엇을 뜻하는지 확실히 알게 되었을 것이다. 막대한 부와 성공이라고 불리는 인생의 성취는 이 책에서 밝혀나갈 주요 원리를 어떻게 적용하느냐에 달려 있다.

> 자석이 철을 끌어당기듯 성공한 사람은 언제나 성공한 사람을 곁에 두기를 원한다. 반면 패배자는 비슷한 상황의 사람들과 어울리게 된다. 유유상종이다. 수면이 평형을 이루는 것처럼 사람도 자신과 경제적으로 혹은 정신적으로 비슷한 사람을 곁에 두고자 한다.

5%의 성공자와 95%의 실패자

앞에서 성공은 힘에 기반을 두고 있으며, 그 힘은 조직화된 노력에 바탕을 두고 있다고 하였다. 한편 어떤 목표가 실행될 수 있도록 행동을 촉발하며 잠재의식을 그 목표에 집중시키는 데 도움을 주는 것이 바로 명확한 중점목표다.

나폴레온 힐은《성공의 법칙》에서 이 부분을 강조하면서 사람의 행동은 자신의 마음에 내재된 지배적인 사고와 조화를 이루면서 나타난다고 설명한다. 다음은 나폴레온 힐의 말이다.

"이 책에서 서술하게 될 이야기는 경제의 원리와 응용심리학의 원리가 완벽하게 조화를 이룬 것이다. 여러분은 앞으로 심리학적 원리에 관한 설명을 충분히 보게 될 것이다. 이는 이 책의 원리를 쉽게 이해시키기 위한 목적이다.

이 책의 원고가 편집되기 전에 미국에서 가장 성공한 사업가와 은행가들이 - 가장 현실적인 시각으로 - 검토 및 분석을 하고 의견을 제시했다. 그중 뉴욕시의 유명한 은행가는 다음과 같은 평가와 함께 원고를 돌려주었다.

"나는 예일대학교에서 박사학위를 받았다. 그러나 나는 그곳에서 연구하며 얻은 것들을 기꺼이《성공의 법칙》에서 얻은 성과와 바꾸겠다. 내 아내와 딸아이도 원고를 읽어보았는데, 아내는 이 책을 '인생의 만능 건반'이라고 이름 지었다. 왜냐하면 누구든지 이 책의 원리를 활용하기만 하면, 피아니스트가 건반과 음악의 기초를 터득하면 어떤 곡이라도 연주할 수 있는 것처럼 각자의 분야에서 완벽한 화음을 이룰 것이기 때문이다."

나는 20년 넘게 저술에 사용될 자료를 수집·분류·조직해왔다. 지난 14년간 16,000명에 달하는 개인을 분석하였고, 이러한 분석을 통해 이 강좌가 실제적이고 유용성을 가지게 된 것이다.

예를 들어 전체 분석대상자 중 95%가 실패자이고 5%만이 성공한 사람들이었다(여기서 '실패'란 힘겨운 투쟁 없이는 삶의 일상적 필요를 만족시키지 못하며 더 나아가 행복을 발견하지 못한 상태를 의미한다). 아마 전 세계의 모든 사람들을 정확하게 분석해도 성공자와 실패자의 비율은 여기에서 크게 벗어나지 않을 것이다.

성공자, 이른바 조직화된 노력의 원리를 터득한 사람들에게는 필수품의 획득 – 많은 사치품, 즉 고급품의 획득도 마찬가지다 – 이 상대적으로 쉬운 일인 데 반해, 실패자들은 타고난 재능이 있음에도 그것을 조직하고 이끄는 방법을 몰라 단순히 생존을 위해 투쟁해야 한다. 끔찍하기 그지없는 사실이다.

그런데 지난 14년간 16,000명의 분석을 통해 도출된 사실 가운데 가장 놀라운 것은 실패자로 분류된 95%의 사람들은 '인생의 명확한 중점목표'가 없었기 때문에 이런 부류에 속하게 되었다는 사실이다. 이와 반대로 성공한 사람으로 분류된 5%는 목표가 명확했을 뿐 아니라 그 목표를 달성하기 위한 확실한 계획도 있었다.

분석을 통해 얻어진 또 다른 중요한 사실은 실패자로 분류된 95%의 사람들은 자신이 원하지 않는 일에 종사하고 있는 반면, 나머지 5%는 자신이 좋아하는 일을 하고 있었다는 것이다. 이런 사실로부터 '자신이 원하는 일을 하면서 성공할 수 있을까?' 하는 물음은 괜한 의심임이 증명되었다.

또한 5%에 해당하는 사람 모두가 체계적인 저축 습관을 형성하고 있었지만, 나머지 95%의 사람들은 거의 저축을 하지 않았다. 이는 심각하게 숙고해야 할 여지가 있는 문제다.

내가 이 책을 쓴 이유, 즉 《성공의 법칙》의 주요 저술 의도 가운데 하나는 독자들이 자신의 분야에서 막대한 물질적인 부와 함께 행복 또한 거머쥐도록 도움을 주는 데 있다. 이를 위해 직업을 선택하고 그 일에 종사하는 것을 도와줄 것이다.

이 장의 요지는 '명확한'이라는 단어에 있다. 그런데 놀랍게도 95%에 달하는 사람들은 자신에게 가장 적합한 일이 무엇인지, 또 생존을 위해 명확한 대상을 설정해야 할 필요가 있는지에 대한 개념조차도 없다. 그다음은 요원할 수밖에 없다.

더 끔찍한 것은 그들은 인생에 대해서도 아무런 목적 없이 표류하고 있다는 점이다. 인생에서 명확한 중점목표를 선택해야만 하는 데는 심리학적 이유뿐 아니라 경제학적 이유도 있음에도 말이다.

그러면 우선 명확한 중점목표를 선택해야 하는 심리학적 측면에 대해 알아보도록 하자.

사람의 행동이 자신의 마음에 내재된 지배적인 사고와 조화를 이루면서 나타난다는 것은 이미 잘 알려진 원리다. 명확한 중점목표는 마음 속에 굳게 자리를 잡고, 목표를 실행하기 위해 행동할 때까지 전체 잠재의식을 그 목표에 집중시킨다. 이때는 그것을 실현시키려는 결심이 함께해야 한다."

실패자로 분류된 95%의 사람들은 '인생의 명확한 중점목표'가 없었기 때문에 이 부류에 속하게 되었다. 이와 반대로 성공자로 분류된 5%는 목표가 명확했을 뿐 아니라 그들의 목적을 달성하기 위한 확실한 계획도 있었다. 결국 성공과 실패의 차이는 명확한 목표의 유무에서 비롯된다.

성공을 부르는 자기암시의 원리

명확한 중점목표를 잠재의식에 새기는 심리학의 원리를 '자기암시'라고 부른다. 이것은 일종의 자기최면에 해당하는데, 단어가 난해하다고 해서 두려움을 가질 필요는 없다.

나폴레옹도 바로 이 원리를 통해서 가난한 범인凡人에서 프랑스의 최고 권력자가 되었다. 에디슨 또한 신문팔이에서 시작하여 자기암시의 원리로 세계적인 발명가가 되었다. 켄터키주 산중의 통나무집에서 가난하게 태어났지만 대통령이 된 링컨도 이 원리를 적용하였으며, 루스벨트가 미국의 대통령이 된 것도 다름 아닌 이 원리 덕분이었다.

당신이 얻고자 하는 대상 자체가 행복을 가져다주는 것이라면 자기암시의 원리에 대해 두려움을 가질 필요는 없다. 단, 당신의 목표가 건설적이어야 한다는 사실을 명심하라. 그러면 그 목표를 달성한 후에 어느 누구에게도 고통과 불행을 초래하지 않을 것이고, 결과적으로 평화와 번영을 누리게 될 것이다.

이제 목표가 정해졌다면 조속한 성취를 위해 자기암시의 원리를 적용할 일이다. 이 부분에 도움을 주기 위해 《성공의 법칙》중 나폴레온 힐의 이야기를 인용해보겠다.

"내가 집필하고 있는 방의 맞은편 길모퉁이에 서서 하루 종일 땅콩을 파는 젊은이가 있다. 그는 잠시도 쉴 틈이 없이 바쁘다. 땅콩을 팔지 않을 때는 땅콩을 굽고 봉지에 채워놓느라 바쁘다.

그는 자기가 할 수 있는 다른 일들보다도 땅콩을 파는 일이 좋았을까? 그보다는 자신의 노동에 대해서 좀 더 많은 보수를 가져다줄 명확한 목표에 대해 아직까지 진지하게 생각해본 적이 없어서 그 일을 하고 있다고 말하는 것이 더 정확할 것이다. 그는 인생에 대한 명확한 중점 목표 없이 사는 95%에 속하는 사람들 중 하나다.

그는 무의식적으로 자기암시의 원리를 사용하고 있는데, 같은 노력을 다른 일에 기울인다면 더 좋은 결과를 얻을 수 있을 것이라는 개연성

습관 2-**목표**

은 충분하다. 그의 머릿속을 들여다볼 수 있다면 아마도 땅콩 굽는 기계와 종이봉지, 그리고 땅콩을 사려는 사람들로 가득 차 있을 것이다. 만약 그가 좀 더 수지맞는 다른 일을 하는 자신을 상상해보는 비전과 야망을 지녔다면 그의 마음은 그 상상한 일에 발걸음을 내디딜 때까지, 그리고 그 상상이 현실로 실현될 때까지 영향을 미칠 것이다. 또한 더 많은 보상을 약속해주는 명확한 목표를 위해 자신의 노동력을 쓴다면 그는 충분한 보상을 얻을 수 있을 것이며, 이는 가치 있게 노동력을 사용한 것이다.

나에겐 미국에서 가장 유명한 작가이자 대중연설가인 막역한 친구가 하나 있다. 10여 년 전에 그는 자기암시 원리의 가능성을 알아보고 그 즉시 실행을 위한 준비에 들어갔다. 그는 이것을 적용하기 위한 방안을 작성하였는데 상당히 실제적이었다.

그는 매일 밤 잠자리에 들기 전에 눈을 감고 상상 속에서 긴 회의탁자 둘레에 닮고 싶은 유명인사를 앉혀놓았다. 테이블 끝에 링컨을 앉히고 양옆으로는 나폴레옹, 워싱턴, 에머슨과 엘버트 허버드를 앉혔다. 이어 그는 탁자 주위에 앉힌 상상 속의 인물들과 대화를 나누기 시작했다. 당시 그는 작가도 연사도 아니었다.

링컨에게 : 내 성품을 바탕으로 당신의 탁월한 자질인 인내력과 공정함, 유머감각을 심기를 원합니다. 나는 그러한 자질들을 갖추길 바라

며 그것이 완벽하게 갖추어질 때까지는 결코 만족하지 못할 것입니다.

워싱턴에게 : 귀하의 장점인 애국심과 자기희생, 리더십의 자질을 배우고 싶습니다.

에머슨에게 : 당신처럼 감옥의 벽에서, 자라나는 나무에서, 흘러가는 시내에서, 피어나는 꽃송이와 어린아이의 얼굴에서 자연의 법칙을 읽어낼 수 있는 능력과 안목을 갖고 싶습니다.

나폴레옹에게 : 당신의 자신감과 장애를 극복하고 실수와 패배로부터 강해지는 전략적 능력을 배우고 싶습니다.

허버드에게 : 자기 자신의 생각을 간명하고 정확하게, 그리고 힘찬 언어로 표현할 수 있는 당신의 능력을 가지고 싶습니다. 그 능력 이상을 발휘하고 싶습니다.

이 친구는 수개월 동안 잠자리에 들기 전에 눈을 감고 상상의 탁자에 역사적 인물들을 앉혀놓고 그들과 대화를 나눴다. 그리고 결국에는 그들의 특출난 자질이 그의 잠재의식에 뚜렷하게 각인되어 자신의 성격으로 개발되었다."

잠재의식은 자석과도 같아서 확실한 목적으로 충전된다면 그 목적을 달성하기 위한 모든 것을 끌어당기는 경향이 있다. 한낱 풀잎과 나무에서도 이러한 법칙을 이끌어낼 수 있다.

자연 속에서 도토리는 참나무로 자라기 위해 필요한 성분들을 공기와 토양으로부터 끌어낸다. 같은 흙이라고 해서 반은 참나무, 반은 포플러나무로 자라는 일은 결코 없다. 한 알 한 알 흙 속에 심어진 밀은 그 밀이 자라는 데 필요한 성분만을 흙에서 빨아들인다.

이 법칙에 예외란 없다. 그런 이유로 콩 심은 데 콩 나고 팥 심은 데 팥이 난다. 두 가지가 한 줄기에서 자랄 수는 없는 것이다.

같은 원리로 인간도 유유상종類類相從의 법칙을 따른다. 어느 도시나 판잣집 촌에 가보면 비슷한 사람들이 모여서 함께 살고 있다. 반대로 부촌에 가면 그곳 또한 비슷한 사람끼리 연대해서 살고 있는 것을 쉽게 볼 수 있다.

성공한 사람은 언제나 성공한 사람을 곁에 두기를 원하기 마련이다. 반면 패배자는 비슷한 상황의 사람들과 어울리게 된다. 그래서 초록은 동색이라지 않던가. 수면이 평형을 이루는 것처럼 사람도 자신과 경제적으로 혹은 정신적으로 비슷한 사람을 곁에 두고자 한다.

예일대학교의 교수와 무식쟁이 날품팔이는 아무런 연관성이 없다. 이 둘이 오랜 기간 함께 있어야 한다면 두 사람 모두 견디기 어려울 것이다.

공통분모가 없는 사람들은 물과 기름과 같다. 서로 공통점이 없는 사람들은 친구가 되기 어렵다.

명확한 중점목표를 잠재의식에 새기는 심리학의 원리를 '자기암시'라고 부른다. 이것은 일종의 자기최면에 해당하는데, 잠재의식은 자석과도 같아서 확실한 목적으로 충전된다면 그 목적을 달성하기 위한 모든 것을 끌어당기는 경향이 있다. 명확한 중점목표는 마음속에 굳게 자리를 잡고 잠재의식을 그 목표에 집중시키도록 도와준다.

중점목표를 명확히 세워라

필생의 목표는 반드시 세심한 주의를 기울여 선택해야 하며,
그 후에는 잘 보이는 곳에 써붙이고
적어도 하루에 한 번 이상 시각화해야 한다.

지금까지 설명한 것을 요약하면 다음과 같이 정리할 수 있다.

어떤 사람이 원하든 원하지 않든 간에 그의 주위에는 인생철학이 비슷한 부류의 사람들이 모이게 마련이다. 하지만 이때 명확한 중점목표로 무장하고 자신에게 도움을 줄 수 있는 사람을 만나는 것이 무엇보다 중요하다.

가령 당신의 명확한 중점목표가 당신의 현재 수준보다 높다고 가정해보자. 인생의 목표를 크게 잡는 것은 당신의 특권이다. 아니, 인생의 수준을 높여야 하는 것은 당신의 의무다.

이해하는가? 자신을 위해 높은 기준을 세우는 것은 본인과 사회에 대한 의무인 것이다. 명확한 중점목표만 잘 개발되어 있다면 목표달성은 어려운 일이 아니다. 이를 증명하는 증거는 도처에 널려 있다. 한 예를 보자.

루이스 빅토르 아이틴지Louis Victor Eytinge는 종신형을 선고받고 애리조나 교도소로 수감되었다. 수감 당시 그는 개선의 여지없는 그야말로 – 그 자신의 말을 빌려 – '악당'이었다고 한다. 설상가상으로 사람들은 그가 약물오용에 따른 결핵으로 1년을 넘기지 못하고 죽게 될 거라고 말했다.

그 상황에서라면 누구나 그렇겠지만 아이틴지도 좌절할 이유가 충분했다. 여론은 그에게 적의를 품고 있었고, 그를 격려해주거나 그에게 도움을 줄 친구 하나 없었다. 그러나 그의 마음속에 무언가가 일어나서 결핵을 굴복시키고 건강을 되찾았으며, 마침내 출감하여 자유의 몸이 될 수 있었다.

이것이 가능했던 이유는 무엇일까? 무엇이 그런 결과를 야기한 것일까? 바로 이것, 결핵을 무찌르고 건강을 회복할 결심을 하였다는 것이다. 그것은 매우 명확한 중점목표였다. 목표가 확실해지자 1년이 채 못 되어 건강 회복이라는 그의 목표는 성공하였다. 마침내 그는 자신의 명확한 중점목표를 자유의 몸이 되는 것에 두었다. 그리고 머지않아 감옥의 벽은 눈 녹듯 사라져버렸다.

아무리 견딜 수 없는 상황일지라도 명확한 중점목표를 설정하고 자기암시의 원리를 적용할 줄 아는 사람을 묶어둘 수는 없다. 이러한 사람은 가난의 사슬을 끊어버리고 치명적인 질병 또한 극복하며, 변두리 삶에서 힘과 부의 삶으로 상승할 수 있다.

모든 위대한 지도자들의 리더십은 명확한 중점목표에 그 토대를 두고 있다. 추종자들은 그들의 지도자가 명확한 중점목표가 있고 이를 행동화할 수 있는 용기를 가진 자라면 기꺼이 그의 뒤를 따른다. 길들여지지 않은 말도 명확한 중점목표를 가진 기수가 고삐를 잡으면 순순히 그의 말을 듣게 된다.

명확한 중점목표를 지닌 사람이 군중 사이를 뚫고 지나가려 하면 사람들은 한쪽으로 비켜서서 그를 위해 길을 터줄 것이다. 하지만 우물쭈물하고 도무지 갈피를 잡지 못하는 자가 있다면 군중은 그의 어깨를 부딪치며 자신의 길을 내주려하지 않을 것이다.

부모와 자식 관계에서도 명확한 중점목표는 중요하다. 중점목표가 명확하지 않거나 결여되어 있을 경우 아이들은 눈치가 빨라서 상황에 따라 부모에 대한 태도를 바꾸고 자신에게 이로운 방향으로 끌고 간다. 이런 경향은 평생 지속된다. 결론적으로 말하면 명확한 중점목표를 지닌 사람은 언제나 존경을 받고 관심의 대상이 된다.

이제까지 명확한 중점목표의 심리학적 측면에 대해 살펴보았다. 지금부터는 경제학적 관점에서 살펴보도록 하자.

증기선이 망망대해에서 키를 잃으면 제자리를 빙빙 돌다가 육지에 도착하지도 못하고 연료를 다 써버리고 말 것이다. 아무리 충분한 양의 연료가 있다고 해도 말이다.

명확한 중점목표 없이 일하는 사람은 마치 키를 잃은 배와 같다. 자신이 원하는 확실한 목표조차 없으면서 그것을 이루었다고 확신할 수는 없는 노릇이다. 즉, 근면한 노동과 좋은 의도만으로는 성공을 이루기에 충분치 않다.

너무 당연한 얘기로 집을 제대로 짓기 위해서는 명확한 목표와 확실한 계획이 있어야 한다. 계획도 없이 되는대로 집을 짓는다면 무슨 일이 벌어질지 생각해보라. 노동자는 각자 자신의 방식대로 일을 할 것이고, 건자재는 기초 부분이 완성되기도 전에 공사장 여기저기에 흩어져 있게 된다.

'사공이 많으면 배가 산으로 간다'는 말이 있다. 집을 어떻게 지어야 할지 각자의 의견이 다르면 혼돈과 오해가 발생하고, 그 결과 막대한 비용을 지출하게 될 것이다.

> 명확한 중점목표를 지니고 일을 진행한다면 그것을 획득할 때까지 주어진 모든 일에 자신의 주의력을 집중시키게 된다. 그렇기 때문에 집중적인 노력과 명확한 중점목표를 가지고 일을 진행하는 습관은 성공을 위한 필수적인 요소라고 할 수 있다.

어떤 일을, 어디서, 어떻게 할 것인가?

많은 사람들이 졸업 후 직업전선에 뛰어들거나 여타 일을 도모할 때 명확한 중점목표나 확실한 계획 없이 그저 일에 뛰어들기만 한다. 오늘날과 같이 과학적인 방법으로 정확하게 자신의 성격과 적성을 분석하는 시대에 95%에 달하는 사람들이 자신에게 적합한 일을 찾지 못해 실패자가 된다는 사실 또한 아이러니하다.

성공이 힘에 기반을 두고 있고 이 힘이 조직화된 노력에 바탕한 것이며, 조직의 방향을 결정하는 첫 번째 단계가 확실한 목표라면 왜 목표가 중요한지는 쉽게 이해될 것이다. 인생이라는 길에서 명확한 목표를 선택하지 않아서 에너지를 낭비하고 이것저것 생각하느라 주의력이 분산되며, 그 결과 우유부단함과 무력함으로 인해 힘이 모아지지 않는 사람 또한 셀 수 없이 많다.

가령 돋보기의 경우만 보더라도 조직화된 노력의 가치를 충분히 깨달을 수 있다. 돋보기를 통해서 햇빛을 확실하게 한 점으로 집중시키면 두꺼운 판자에도 구멍을 낼 수 있다. 하지만 돋보기(명확한 목표를 상징)를 제거하면 똑같은 광선이 똑같은 판자 위에 내리쪼인다 하더라도 연기는 한 줄기도 나지 않는다.

건전지 1,000개를 조직적으로 배치하고 전선으로 연결하면 대형 기계도 몇 시간을 돌릴 수 있을 만큼의 에너지가 발생하지만, 똑같은 건전지도 연결된 상태가 아니라면 결코 기계를 작동시키지 못한다. 사람 마음의 재능도 건전지와 같다.

이 책에서 소개하고 있는 각 장의 내용에 따라 정신 능력을 조직하고 인생의 명확한 목표를 달성하는 데 집중한다면 조직화된 노력이라 불리는 '힘'이 발생되는 원리를 이용할 수 있다.

여기서 카네기의 충고를 들어보자.

"모든 달걀을 전부 한 바구니에 담아보라. 그러면 어느 것도 굴러 다니지 않을 것이다."

우리는 지엽적인 일에 에너지를 낭비해서는 안 된다. 말하자면 카네기는 탁월한 경제학자였다. 그는 모든 사람들이 자신의 에너지를 한 가지 일에 집중하면 크게 두각을 나타낼 것이라는 사실을 잘 알고 있었다.

다리가 없는 사람이 앞을 보지 못하는 사람을 만났다. 다리가 없는 사람은 앞을 볼 수 있었기 때문에 앞을 보지 못하는 사람에게 둘이 연대하면 서로에게 이익이 될 것이라고 말하였다.

"당신의 등에 나를 업으세요. 그러면 나는 당신의 발을 이용할 수 있고, 당신은 나의 눈을 이용할 수 있지요. 우리 둘이 힘을 합하면 잘 해낼 수 있을 거요."

축구경기에서도 승리는 선수들 간의 협력이 잘 이루어지는 팀의 몫이다. 팀워크가 승리를 가져다주는 것이다.

인생이라는 게임도 이와 같다. 성공을 위한 투쟁을 수행할 때 한시라도 절대 잊지 말아야 할 것은 자신이 원하는 것이 무엇인지 아는 것 - 자신의 명확한 목표가 무엇인지 정확하게 아는 것 - 과 자신의 명확한 목표를 달성하는 데 필요한 조직화된 노력의 가치를 깊이 명심하는 것이다.

막연하게나마 거의 모든 사람들이 인생의 확실한 목표로 돈에 대한 욕망을 꼽는다. 그러나 이 책에서 의미하는 명확한 목표는 그런 것이 아니다.

돈을 버는 것이 목표인 경우라도 자신의 목표가 명확하다고 말하려면 적어도 어떻게 돈을 축적할 것인지 명확한 수단 또한 생각해 놓아야 한다. 돈을 벌기 위해 뭔가 일을 해야겠다고 생각하는 것만으로는 충분하지 않다. 정확히 어떤 일을 할 것인지, 어디서 할 것인지, 어떻게 할 것인지 등을 결정해야 한다.

16,000명을 상대로 설문조사를 했다. 설문 내용 중에 "당신은 인생의 명확한 목표가 있습니까?"라는 질문 항목이 있었는데, 대부분이 이렇게 답했다.

"내 인생의 명확한 중점목표는 가능한 한 사회에 공헌을 많이 하고 풍요롭게 사는 것이다."

이러한 대답은 마치 우물 안 개구리가 우주의 크기를 논하는 것처럼 모호할 뿐이다.

이 책은 여러분의 인생이 또는 여러분의 목표가 어떠해야 한다는 것을 논하기 위한 것이 아니다. 그것들은 여러분 자신에 대한 철저한 분석을 통해서만 정확하게 세워질 수 있는 것들이다. 정말 중요한 것은 어떤 일을, 어디서, 어떻게 할 것인지를 명확히 하는 것이다.

아무리 견딜 수 없는 상황일지라도 명확한 중점목표를 설정하고 자기암시의 원리를 적용할 줄 아는 사람을 묶어둘 수는 없다. 이런 사람은 가난의 사슬을 끊어버리고 치명적인 질병 또한 극복하며, 변두리 삶에서 힘과 부가 넘치는 파워 있는 삶으로 상승할 수 있다.

불타는 욕망이 행동을 유발한다

각자의 분야에서 특출하게 성공을 거둔 100여 명의 경영철학을 면밀히 조사한 결과, 이들 모두가 '신속하고 명확하게' 결정을 내리는 사람들이라는 사실을 밝혀낼 수 있었다. 명확한 중점목표를 세우고 일을 진행하는 습관은 당신이 신속하게 결정을 내리도록 도와줄 것이며, 이러한 습관은 자신이 원하는 모든 것을 얻게 해줄 것이다.

뿐만 아니라 명확한 중점목표를 세우고 일을 진행하면 그것을 획득할 때까지 주어진 모든 일에 자신의 주의력을 집중시키게 된다. 집중적인 노력과 명확한 중점목표를 가지고 일을 진행하는 습관은 성공을 위한 필수적인 요소로 이 둘은 불가분의 관계에 있다.

누구에게나 자신이 남보다 더 잘할 수 있는 일이 있게 마련이다. 그 분야를 발견하고, 그것을 명확한 중점목표로 삼아서 자신의 온 전력을 집중하라. 이때 반드시 달성해낼 수 있을 것이라는 믿음으로 공략에 나서야 한다.

자신에게 가장 적합한 일을 찾았을 때, 그리고 자신이 좋아하는 일을 발견했을 때 성공을 거둘 가능성이 커진다는 사실을 염두에 두어야 한다. 자신의 마음과 영혼을 전부 쏟아부을 수 있는 분야에서 가장 성공하기 쉽기 때문이다.

여기서 강조하는 의미로 재차 분명히 해두고 싶은 것이 있다. 그것은 이 장의 토대가 되는 다음과 같은 심리학적 원리다.

첫째, 인간의 모든 행위는 마음의 작용을 통한 사고로부터 발생하고 통제되고 이끌려진다.

둘째, 자신의 의식 속에 있는 사고나 아이디어는 그와 연계된 감정을 일으키며, 이것을 적절한 실제 행동으로 변환시키려는 경향이 있다. 예를 들어 윙크를 하고 싶다고 생각하면 – 그 순간에 그 행동을 제어할 반대의 생각이나 사고가 형성되지 않는 한 – 운동신경은 두뇌의 사령탑으로부터 명령을 전달받아 적절한 운동 행위가 즉각적으로 발생하게 된다.

이 원리를 다른 각도에서 설명해보자. 예를 들어 당신이 어떤 명확한 목표를 필생의 작업으로 선택하여 그 목적을 수행하려고 마음먹었다고 하자. 선택을 한 바로 그 순간 이 목표는 자신의 의식을 지배하는 사고가 되고, 목표를 달성하기 위한 지식과 정보에 끊임없이 촉각을 곤두세우게 될 것이다.

이렇게 명확한 목표를 마음에 품은 순간부터 당신의 마음은 의식적으로 또는 무의식적으로 목표를 달성하기 위한 재료를 모으고 쌓아가기 시작한다.

인정을 하든 안 하든 인간의 욕망은 인생의 명확한 목표를 결정짓는 요인이다. 누구도 당신을 대신해서 당신의 욕망을 골라줄 수 없다. 스스로 선택해서 그 욕망이 자신의 명확한 목표가 된다면, 이때 이것이 다른 욕망과 충돌을 일으키도록 방치하지 않는 한 이 목표가 실현될 때까지 욕망은 당신의 마음속에서 가장 큰 자리를 차지할 것이다.

그런 이유로 이 책, 특히 이 장에서 강조하고자 하는 원리는 성공적인 목표달성을 위해서는 '불타는 욕망'과 함께 인생의 '명확한 중점목표'가 뒷받침되어야 한다는 것이다.

나의 경험에 따르면 대학에 진학한 학생 중 등록금을 마련하기 위해 아르바이트를 하고 스스로 문제를 해결해나가는 학생이 집안에서 학비를 대주는 학생보다 얻는 것이 더 많다. 그것은 아마도 자신의 힘으로 등록금을 마련해야 하는 학생이 그렇지 않은 학생보다 학업에 대한 '불타는 욕망'이 강하며, 그 욕망의 대상이 합리적이라면 강력한 욕망은 틀림없이 실현되기 때문일 것이다.

과학으로도 입증된 바에 따르면 '자기암시'의 원리를 통해 깊숙이 뿌리내린 어떤 '욕망'이 육체와 정신을 강력한 자성체磁性體로 전환시키는데, 이 자석은 욕망의 – 합리적인 – 대상을 강하게 끌어당긴다는 것이다. 성취의 메커니즘이다.

이 원리가 아직 잘 이해되지 않는다면 다른 예를 들어보자. 가령 단지 자동차를 갖고 싶다는 욕망만으로 자동차가 굴러들어 오는 것은 아니다. 이는 감나무 밑에 누워 감이 떨어지길 기다리는 것과 하등 다를 바 없다.

그러나 자동차를 소유하고 싶은 '불타는 욕망'을 갖게 되면 이야기가 달라진다. 이 욕망은 적합한 행동을 유발시켜 결국 자동차를 구입하기에 이른다는 것이다. 자유를 획득하기 위해 어떤 행동을 취할 만큼 자유에 대한 욕망이 강하지 않다면 단순히 갈망하는 것만으로는 교도소에 갇힌 죄수가 자유의 몸이 될 수는 없는 것과 같은 이치다.

모든 위대한 지도자들의 리더십은 명확한 중점목표에 그 토대를 두고 있다. 추종자들은 그들의 지도자가 명확한 중점목표가 있고 이를 행동화할 수 있는 용기를 가진 자라면 기꺼이 그의 뒤를 따른다. 불타는 욕망과 행동이 뒷받침된 용기는 인생의 명확한 목표를 결정짓는 요인이다.

욕망에서 성취로 나아가라

수많은 사람들이 오늘도 어김없이 빈곤과 실패로 고통받고 있다.
이는 목표의식이 부족하고, 설령 있다고 해도
그를 위해 전력투구하지 않기 때문이다.

다음에 제시하는 것은 욕망에서 성취로 가는 단계다.

앞에서 반복하여 설명하고 있듯이 성공으로 가기 위해서는 우선 '불타는 욕망'이 있어야 하고, 다음으로 그 욕망을 '명확한 중점목표'로 구체화시켜야 하며, 마지막으로 그 목표를 달성하기 위해 충분하고도 적절한 '행동'을 취해야 한다. 부연하자면 성공을 이루기 위해 이 세 단계는 반드시 거쳐야 할 필수요건이다.

무척 가난한 한 소녀가 있었다. 그녀에게는 돈 많은 남자를 만나 결혼하고 싶은 불타는 욕망이 있었고, 그녀는 결국 이 목적을 달성할 수 있었다.

하지만 만약 그녀가 자신이 원하는 남편감이 자신에게 호감을 느끼고 이끌릴 수 있도록 매력적인 성격으로 변환시키지 않았다면 이 욕망을 이루는 일은 불가능했을 것이다.

조지 파커 George S. Parker 는 세상에서 가장 좋은 만년필을 만들었다. 그의 사업은 위스콘신주 제인스빌 Janesville 이라는 소도시에서 시작되었다. 하지만 그의 상품은 전 세계로 팔려나갔고, 글을 쓰는 사람이 있는 곳이라면 세계 어디서든 사용하게 되었다.

20여 년 전만 해도 파커가 마음에 품은 '명확한 목표'는 돈 주고 살 수 있는 최고의 만년필을 만드는 것이었다. 그는 이 목표를 실현하기 위해 '불타는 욕망'을 가지고 그것을 가슴에 품었다. 만약 당신이 파커 브랜드의 만년필을 가지고 있다면 그에게 성공을 가져다준 물증을 지니고 있는 셈이다.

당신이 계약자이면서 동시에 건축가라고 가정해보자. 이제 목재와 벽돌, 철근을 가지고 집을 지어야 한다. 성공적인 건설을 위해서는 우선 바탕이 되는 설계도가 있어야 한다. 마찬가지로 우리 인생에서도 설계도가 필요하다.

현대 사회는 '성공'을 위한 재료가 풍부하면서도 저렴한, 매우 풍요로운 시대다. 도서관에 가면 모든 인간활동 영역에 대해 2,000여 년 동안 선조들이 이루어놓은 연구 결과를 찾아볼 수 있다. 이것이 인생의 설계도 역할을 할 수 있다. 당신이 원하는 분야도 그중에서 찾아볼 수 있을 것이다.

만일 설교자가 되고 싶다면 앞서 그 길을 밟은 사람들의 궤적軌跡을 살펴볼 수 있다. 기계공이 되고 싶으면 기계 발명의 역사에서부터 금속의 발견과 사용 등에 관해 손쉽게 정보를 구할 수 있다.

변호사가 되고 싶으면 법률의 역사를 살펴볼 수 있고, 농부가 되고 싶으면 워싱턴 농업부를 통해 경작과 농업에 관해 알아낼 수 있다. 뿐만 아니라 인터넷을 통해 자신이 몸담고 싶은 분야의 정보를 거의 무제한으로 발견할 수 있는 세상이다.

오늘날처럼 '기회'가 넘쳐나는 때도 일찍이 없었다. 번뜩이는 아이디어를 활용한 더 좋은 제품, 업무능력이 더 뛰어난 사람, 좀 더 감동적인 설교를 하는 사람, 고객의 편의를 최우선으로 고려하는 은행 등 어디에서나 더 나은 상품과 서비스에 대한 수요가 각광받는 시대다.

하지만 당신이 인생에서 명확한 중점목표가 무엇인지 정하기 전까지는, 그리고 그것을 적어 아침저녁으로 눈에 띄는 곳에 붙여놓고 끊임없이 상기하지 않는 한 이 장의 내용은 완성되지 않을 것이다.

이 책을 읽고 있는 당신은 이미 자신만이 자기 인생의 명확한 중점목표를 형성할 수 있는 사람이라는 것을 알고 있을 것이다. 꾸물거릴 하등의 이유가 없다. 명확한 목표는 자기 자신을 위해 설정되어야 한다. 어느 누구도 대신해서 설정해주지 않는다.

이를 위해 당신은 무엇을 할 것인가? 언제, 그리고 어떻게? 지금 당장 자신의 욕망을 분석해서 자신이 원하는 것이 무엇인지 찾아내고 그것을 얻기 위해 결심하라.

분명히 말하건대 이 책에서는 어느 것도 우연히 발생되는 것에 의존하지 않는다. 모든 단계는 분명하고 명료하게 서술될 것이다. 당신이 할 일은 최종 목적지 – 당신의 명확한 중점목표 – 에 다다를 때까지 지시를 따르는 것뿐이다.

따라서 목표를 명확히 하고 '불가능이란 없다'는 정신으로 끈기를 가지고 목표를 추구해야 한다. 단, 이때 명심할 것은 명확한 중점목표를 설정할 때 막연히 높게 잡아서는 안 된다는 것이다.

세월이 변해도 결코 변할 수 없는 진리 하나는 '시작하지 않으면 어느 곳에도 이를 수 없다'는 것이다. 만약 당신의 인생 목표가 막연하다면 성취과정도 모호하게 될 것이고, 그 결과 성과 또한 미미할 것이다.

무엇을 언제까지 원하는지, 그리고 왜 원하는지 파악하고 그것을 얻기 위해 어떻게 해야 할지를 고민하라. 이것은 'WWWH 공식' – 무엇what, 언제when, 왜why, 그리고 어떻게how – 으로 알려져 있다.

> 욕망은 인생의 명확한 목표를 결정짓는 요인이다. 그러므로 욕망으로부터 성취로 가기 위해서는 다음 단계를 거쳐야 한다. 우선 '불타는 욕망'이 있어야 하고, 다음으로 그 욕망을 '명확한 중점목표'로 구체화시켜야 하며, 마지막으로 그 목표를 달성하기 위해 충분하고도 적절한 '행동'을 취해야 한다.

우호적인 사람들과의 연대 '마스터 마인드'

목표를 실현시킬 명확하고 실제적인 계획이 없으면 명확한 중점 목표가 있다고 해도 아무 소용이 없다.

따라서 첫째 단계는 인생의 가장 중요한 목표를 결정하는 것이고, 그다음 단계는 이 목표를 간결하고 분명하게 적는 것이다. 이때 목표를 달성하기 위한 수단과 계획도 함께 적어놓아야 한다. 최종 단계에서는 이러한 계획을 실행하고 당신의 명확한 중점목표를 실현시키는 데 협조해줄 사람들과 연대를 형성해야 한다.

연대 결성 - 우호적인 사람들과 - 의 목적은 당신의 계획을 지지해줄 '마스터 마인드'의 파워를 활용하기 위해서다. 이러한 연대는 당신과 정신적으로 긴밀한 사람 사이에 형성되어야 한다.

가령 기혼자라면 - 그 부부 사이에 사랑과 신뢰가 존재한다면 - 배우자와 연대를 결성하여 자신감과 공감을 얻을 수 있다. 이외 다른 구성원으로는 부모, 형제 혹은 가까운 친구 등이 적합하다. 미혼인 경우 애인이 있다면 그와 연대를 이루어라.

지금 당장은 이러한 연대가 과연 무엇을 가져다줄지 반신반의할 수도 있다. 하지만 이는 인간 마음의 가장 강력한 법칙 중 하나를 학습하는 것이므로 진지하고 성실하게 법칙들을 따라야 한다.

당신을 도와 '마스터 마인드' 생성을 위해 호의적 연대 형성에 참여한 사람들은 당신의 명확한 중점목표를 적은 종이에 당신과 함께 서명해야 한다. 그들은 당신의 목표에 대해 충분히 알고 있어야 하며, 진심으로 그 목표에 찬성하고 전적으로 공감해야 한다. 그리고 당신은 그들에게 명확한 중점목표가 적힌 사본을 제공해야 한다. 물론 자신의 중점목표에 대해 확신해야 하는 것은 두말할 필요도 없다.

세상은 의심 많은 사람으로 가득 차 있으므로 생각 없는 사람들이 당신의 야망을 비웃을 수도 있다. 속 좁은 사람들의 조소는 당신에게 전혀 도움이 안 된다. 당신에게 필요한 것은 호의적인 격려와 도움이지 조소와 의심이 아니라는 것을 기억하기 바란다.

만약 기도의 효험을 믿는다면 적어도 매일 혹은 그 이상 자주 명확한 중점목표에 대해 기도를 올리는 것이 좋다. 건설적인 삶을 살고자 애쓰는 자에게 도움을 줄 수 있고 또 그렇게 하는 신이 있다고 믿는가? 그렇다면 삶에서 가장 중요한 것을 이루는 데 도움을 달라고 청원할 권리가 있다. 더 나아가 우호적인 연대에 참여한 사람들이 기도를 하고 있다면 그들에게도 함께 당신의 목표달성을 기원하는 기도를 해달라고 부탁할 일이다.

자, 이제 성공을 원하는 사람들이 반드시 따라야 할 필수적인 원칙을 알아야 할 때다. 이때는 연대한 사람들에게 그들이 할 수 있는 가장 긍정적이고 분명한 단어를 사용하여 당신의 '명확한 중점목표'를 실현할 수 있고 또 잘해낼 것을 믿는다고 말해달라고 요청하라. 이런 확신이나 격려는 하루에 한 번 이상 가능한 한 자주 들을수록 좋다.

앞에 제시한 단계는 반드시 지속적으로 지켜져야 하며, 당신이 원하는 모든 것을 얻게 해주리라는 확신을 가지고 수행되어야 한다. 며칠 혹은 몇 주 동안 해보고 그만두어서는 안 된다. 기간이 소요되더라도 '명확한 중점목표'를 달성할 때까지는 반드시 이 단계를 따라야 한다.

그러나 때때로 명확한 중점목표를 달성하기 위한 계획에도 수정이 필요할 때가 있다. 그때는 주저하지 말고 계획을 수정하라. 사람은 항구불변의 계획을 짤 수 있을 만큼 선견지명을 갖추지 못했다. 그리고 만일 당신과 연대한 사람 가운데 누군가가 '마스터 마인드'에 대한 믿음을 잃는다면 즉각 그를 다른 사람으로 대체하라.

카네기도 마스터 마인드 그룹의 구성원을 바꿀 필요성을 느꼈다고 한다. 사실상 초기에 그와 연대했던 거의 모든 구성원을 목표에 좀 더 충성스럽고 열의가 넘치는 사람들로 교체했다는 것이다.

명확한 중점목표가 무엇이든 간에 불성실하고 적대적인 사람들에 둘러싸여서는 결코 성공을 거둘 수 없다. 성공은 충성, 신뢰, 성실, 협력과 기타 긍정적인 요소의 토대 위에서만이 이루어질 수 있는 것이다.

포드와 에디슨, 그리고 파이어스톤은 개인적으로 친한 친구였다.

그들이 1년에 한 번씩 숲을 찾아가 휴식을 취한다는 사실은 이미 많은 사람들이 알고 있다.

그러나 '세 사람 각자의 마인드가 서로 조화롭게 융화되었다. 그로 인해 마스터 마인드가 생성되어 세 사람 각자가 그것을 이용하고 있었다'는 사실은 잘 알려져 있지 않다. 이렇게 초인간적인 능력을 지닌 마스터 마인드는 대부분 사람들은 모르는 엄청난 힘을 만들어내기도 한다.

다시 한 번 말하지만 둘 이상(12~13개 정도가 가장 바람직하다고 생각된다)의 정신이 조화롭게 융화되면 하나의 새로운 정신이 생성되며, 그것은 에테르의 진동주파수에 동조하여 어떤 사물이나 주제에 대해서도 같은 사고를 포착해낼 수 있는 능력을 지니게 된다.

정신의 조화법칙을 통해 포드, 에디슨, 파이어스톤은 각자의 노력을 배가해주는 마스터 마인드를 형성했으며, 그것은 세 사람 각자의 노력을 도와주었다. 그리고 이들이 이런 사실에 대해 의식하든 안 하든 간에 바로 이 마스터 마인드 덕분에 성공할 수 있었다.

이들에게 위대한 힘이 있었는지, 아니면 각자의 노력으로 성공을 거두었는지에 대해서는 각자 해석이 다를 수 있다. 확실한 것은 이 세 사람은 자신들에게 마스터 마인드가 있었는지 혹은 그것을 만드는 힘이 있었는지 알지 못함에도 불구하고 이 말은 사실이라는 것이다.

오래전 시카고에는 '빅 식스Big Six'라고 불리는 여섯 명의 힘있는 사람들이 살았다. 이 여섯 명은 중서부 지역에서 가장 힘있는 사람들이라 불렸다. 그들의 연 수입을 모두 다 합치면 2,500만 달러가 넘는다는 말도 있었다.

이 여섯 명 모두 처음에는 힘든 환경에서 출발했다. 그들의 이름을 나열해보면 우선 연 소득만 1,500만 달러가 넘는 것으로 알려진 추잉검 회사의 사장인 윌리엄 리글리 2세Wm. Wrigley, Jr., 미국 전역에 톰슨 셀프서비스 식당을 체인으로 경영하는 존 톰슨John R. Thompson, 로드 앤 토머스Lord & Thomas 광고회사를 소유한 래스커Lasker, 전 세계적으로 가장 큰 운송회사를 경영하고 있는 매컬로프McCullough, 전국적인 택시 사업을 하고 있는 리치Ritchie와 헤르츠Hertz다.

물론 단순히 백만장자가 된 사람들에 대해서는 그리 놀랄 만한 점이 없다.

그러나 이들 여섯 백만장자의 성공 뒤에는 놀라운 연관성이 있다. 이들 사이에는 우정이라는 연결고리가 있고, 이 연결고리가 서로 조화를 이루어 마스터 마인드가 형성된 것이다.

계획적이든 우연이든 이 여섯 사람은 마스터 마인드를 통해 각각의 마음을 보충하는 방향으로 서로의 정신을 융화시켰다. 그 결과로 개개인의 능력으로는 불가능한 성공 그 이상의 성공을 거두었던 것이다.

명확한 중점목표는 '취미'가 되어야 한다. 당신은 그 취미를 가지고 함께 자고, 함께 먹고, 함께 놀아야 한다. 더 나아가 함께 일하고, 함께 살고, 함께 사고하는 것, 이른바 생활의 일부분이 되어야 한다. 그리고 어떤 일에서든 '행동하는 사람'은 '믿음을 가진 사람들'이다.

중점목표가 '취미'가 되게 하라

이 책을 읽고 있는 대다수 독자들은 자기가 몸담고 있는 직장이나 자기 분야에서 성공을 거두고 싶어 하고 또 그 분야의 구성원들과 호의적인 연대를 구축하기를 원할 것이다. 그런 경우라도 앞서 공부한 것과 동일한 단계를 밟아나가야 한다. 그러면 당신의 명확한 중점목표가 당신 자신에게 도움이 될 수도 있고, 당신이 속한 그룹 – 직장을 포함한 – 에 이득이 될 수도 있다.

'마스터 마인드' 법칙은 관련된 모두에게 동일한 효력을 일으킨다. 이 법칙을 적용하는 데 일시적이든 영구적이든 실패하게 된다면, 그것은 당신과 연대한 구성원 가운데 신뢰와 충성과 성실함의 정신으로 무장되지 않은 사람이 있기 때문이다.

마스터 마인드와 함께 명확한 중점목표는 당신의 '취미'가 되어야 한다. 그 취미를 가지고 함께 자고, 함께 먹고, 함께 놀아야 한다.

더 나아가 함께 일하고, 함께 살고, 함께 사고하는 것, 이른바 생활의 일부분이 되어야 한다. 당신이 원하는 것이 무엇이든 온 마음으로 원하고 끊임없이 추구해야 한다. 당신의 목표가 합리적이라면, 그리고 '정말로 얻을 수 있다고 믿는다면' 이뤄낼 수 있을 것이다.

단순히 무언가를 얻고 싶다고 '소망하는 것'을 얻게 될 것이라고 '실제로 믿는 것' 사이에는 큰 차이가 있다. 수많은 사람들이 이 차이를 몰라서 실패의 쓴 잔을 마신다. 어떤 일에서든 '행동하는 사람'은 '믿음을 가진 사람들'이다.

명확한 중점목표를 달성할 수 있다고 믿는 사람들의 사전에는 불가능이란 없다. 그들은 일시적인 좌절도 모르는 사람들이다. 그들은 단지 성공할 것이라는 사실을 알 뿐이고, 계획이 실패하면 재빨리 다른 계획으로 대체할 뿐이다.

빛나는 성취의 바탕에는 언제나 어느 정도의 일시적 후퇴가 있었다. 에디슨도 수천수만 번의 실패와 재시도 끝에 "메리에겐 작은 양이 있어요"라고 세계 최초로 녹음기에 녹음할 수 있었다. 즉, 성공할 수 있었다. 이 교훈과 연관해 이를 집약할 수 있는 요인은 바로 '끈기'다.

이제 당신에게 성공으로 가는 열쇠가 쥐어졌다. 호랑이를 잡으려면 호랑이 굴로 들어가야 하듯이 지식으로 가득 찬 사원寺院의 문을 열기 위해서는 그 안으로 걸어 들어가야 한다. 가만히 생각만 하고 있다고 하여 사원이 당신에게 와주지는 않는다.

물론 이런 법칙이 전혀 새로운 것이라면 처음에는 걸어가는 것이 쉽지 않을 것이다. 아마 여러 번 넘어지게 될 것인데, 그렇더라도 앞으로 가는 것을 포기해선 안 된다. 그러면 머지않아 신뢰와 노력의 대가로 산마루에 올라 지식의 계곡을 내려다보는 자신을 발견하게 될 것이다.

모든 것에는 상응하는 대가와 희생이 따른다. 아무런 노력도 들이지 않고 얻어지는 것은 없다. 마스터 마인드 법칙을 실험하면서 여러분은 고귀하고 공정한 자연의 법칙과 마주하게 될 것이다.

자연에는 사기와 편법이 통하지 않는다. 당신이 지속적으로 굽히지 않으면서도 끈기 있는 노력을 기울일 때만이 그 노력에 대한 성과를 내줄 것이다.

> 단순히 무언가를 얻고 싶다고 '소망하는 것'을 얻게 될 것이라고 '실제로 믿는 것' 사이에는 커다란 차이가 있다. 또 당신의 명확한 중점목표가 무엇이든 간에 불성실하고 적대적인 사람들에 둘러싸여서는 절대 성공을 거둘 수 없다. 성공은 충성, 신뢰, 성실, 협력과 기타 긍정적인 요소의 토대 위에 이루어지는 것이다.

'디딤돌 이론'을 사용하여 열의를 키워라

자기의 일에 있어서 열의를 갖는 것에 대해 강의하고 있을 때였습니다. 강의실 뒤쪽에 있던 한 젊은 여성이 손을 들었습니다. 그녀는 일어서서 이렇게 반론을 했습니다.

"저는 오늘 남편을 따라서 여기 왔습니다. 여러분이 말씀하시고 있는 것은 직장에서 일하고 있는 분들에게는 들어맞을지 모릅니다만, 가정주부에게는 해당되지 않습니다. 여러분은 매일 새로운 도전과 흥미를 끄는 사건에 부딪치고 있습니다. 그러나 가정에는 그런 것이 없습니다. 가정에서는 매일 너무나도 어처구니없는 일들이 되풀이될 뿐입니다."

우리에게는 이것이야말로 진정한 도전처럼 여겨졌습니다. 실제로 매일 그 '너무나도 어처구니없는' 직업에 종사하고 있는 사람이 많기 때문입니다.

이 젊은 여성을 구할 방법을 찾아낼 수 있다면 매일 똑같은 일이 반복된다고 생각하는 사람들을 구하게 될 수 있을지 모릅니다. 무엇이 집안일을 그와 같이 '매일'처럼 하게 하는 것이냐고 물어보았습니다. 그러자 그녀는 이렇게 대답했습니다.

"침대가 흩어졌다고 하면 침대를 정리하고, 접시가 더럽다고 하면 접시를 닦고, 방바닥이 흙투성이가 되었다고 하면 방바닥을 훔치고, 그러한 일들의 되풀이입니다."

그러면서 그녀는 덧붙였습니다.

"여러분이 이 일들을 한다고 해도 어쩔 도리가 없을 겁니다."

"그렇죠. 제대로 안 될 테지요."

강사도 그녀의 의견에 동의할 수밖에 없었습니다.

"그런데 집안일을 즐겁게 하고 있는 여성도 있습니까?"

"물론 있다고 생각합니다."

"그러면 그들은 무엇 때문에 집안일을 재미있다고 여기고, 가사에 대한 열의를 잃지 않는 것입니까?"

그녀는 한참을 생각한 뒤에 이렇게 대답했습니다.

"아마도 그것은 태도에 달려 있다고 생각합니다. 그와 같은 여성은 자기의 일을 좁게 한정시켜 생각하지 않고, 일상적인 것을 초월한 무엇인가를 보고 있는 듯합니다."

이것이 문제의 핵심입니다. 직업에 만족을 느끼는 비결의 하나는

'일상적인 것을 초월하여 무엇인가를 볼 수' 있어야 하는 것입니다. 가정주부든, 경리사원이든, 가솔린 펌프의 조작공이든, 대기업의 사장이든 상관없습니다. 일상의 자질구레한 일도 하나의 디딤돌이라고 본다면 그 속에서 만족을 찾을 수 있을 것입니다. 작은 일 하나하나가 각각 하나의 돌이라면 그것들은 어떻든 자신이 선택한 어느 한 방향으로 쌓여져가는 것입니다.

결국 그 젊은 여성의 질문에 대한 답은 달성하고자 생각하고 있는 목표가 무엇인지를 찾아내서 매일 행하고 있는 일정한 집안일도 그 목표의 달성을 위한 디딤돌로 이용하는 것이었습니다. 그녀는 언젠가는 가족과 함께 세계일주 여행을 하고 싶다고 털어놓았습니다.

"좋습니다. 그렇다면 그것을 목표로 합시다. 스스로 기한을 정해주십시오. 언제쯤 출발하고자 합니까?"

"아이가 12세가 되었을 때입니다."

"지금부터 약 6년 뒤인 셈이겠네요. 그렇다고 하더라도 좀 벅찬 계획인 것 같군요. 우선 돈이 듭니다. 또 남편은 1년간 휴가를 얻지 않으면 안 될 뿐더러 여행 계획도 세워야 합니다. 방문하는 나라들에 관한 조사도 해야겠지요. 침대를 바로잡든가 접시를 닦고 방바닥을 훔치는 등의 일들을 목표를 달성하기 위한 디딤돌로 만들 방법을 찾을 수 있겠습니까?"

그로부터 몇 달 뒤 이 이야기의 주인공이 우리 강의실에 찾아왔습니다. 그녀가 강의실에 들어온 순간 성공했다는 것을 알 수 있었습니다.

"디딤돌 이론의 효과가 얼마나 훌륭한지 여간 놀란 게 아닙니다. 아무리 조그만 일이라도 디딤돌이 되지 않는 일은 하나도 없었어요. 저는 청소시간을 여행에 대해 생각하거나 계획을 세우거나 하는 시간으로 쓰고 있습니다. 장보는 시간은 시야를 넓히기에 적당한 시간입니다. 여행 중에 먹으리라 여겨지는 음식을 수입품으로 사려고 하고 있기 때문입니다. 식사시간은 교육시간으로 사용하고 있습니다. 중국의 달걀국수를 먹으려고 할 때에는 중국이나 중국인에 관해서 씌어져 있는 것을 될 수 있는 대로 많이 읽고, 식사 때 그 일을 모두에게 이야기합니다. 저에게는 이미 지루한 일이나 재미없는 일은 하나도 없습니다. 디딤돌 이론 덕분에 다시 전처럼 무료한 일상으로 되돌아가는 일은 없을 것입니다."

당신의 직업이 아무리 단조롭고 지루하더라도 지향하는 최후의 목표가 있다면 그 직업은 당신에게 만족을 줄 수 있습니다. 이것은 특정 직업에만 한한 것이 아니라 더 많은 사람들에 대해서도 적용할 수 있습니다.

어떤 젊은이가 의사가 되고 싶다고 생각한다면 그 목표를 위해 학교교육을 받아야만 합니다. 그가 선택한 직업은 시간, 개업, 장소, 보수의 정도 등 많은 요인에 따라서 성공이 좌우됩니다. 이때 성공을 위해 소질은 부차적인 것이 됩니다.

아무리 머리가 좋고 야심적인 젊은이일지라도 한평생을 커피 스탠드에 서 있거나 차를 닦거나 땅을 파면서 끝낼 수도 있습니다. 이때 그의 직업은 목적을 달성하기 위한 수단에 지나지 않는 것입니다. 더구나 자기의 희망을 향해 나아가고 있는 것이 확실하다면 직업에 의해 어떠한 고생이 따를지라도 최종 결과는 그 사람을 웃게 할 것입니다.

그러나 때로는 주어진 직업 때문에 치러야 하는 희생이 목표한 결과에 비해 너무 클 수도 있습니다. 우연히 그런 직업에 종사하고 있다면 직업을 바꾸십시오. 비참하다는 생각을 하면서 일하고 있으면 그 불만의 독소가 생활의 모든 면으로 퍼지고 맙니다.

직업에 따르는 희생을 감수한다고 해도 여전히 자신의 직업이 못마땅해서 견딜 수 없다면 번득임을 주는 불만을 키우십시오. 불만도 경우에 따라서는 플러스가 되기도 하고 마이너스가 되기도 하며, 잘되기도 하고 못되기도 합니다. 적극적인 마음가짐이란 주어진 상황에 적합한 마음가짐입니다.

습관 3 – 호감력

호감 얻는 성품으로의
포지셔닝

남에게 호감을 줄 수 있는 사람이 되도록 노력하여

얻을 수 있는 가장 큰 이점은 결코 금전적인 것만은 아니다.

자신의 인격을 수양하여 유쾌한 성품을 가질 수 있다.

호감을 주는 성품으로 거듭나라

우리는 맘에 와닿는 진심어린 말을 하는 사람에게 귀 기울인다.
대화를 하는 동안 서로에게 전해지는 교감을 느낄 수 있다.

'매력적인 성품性品'이란 무엇일까? 물론 말 그대로 남에게 매력
적으로 보이며 호감이 가는 성품을 말한다. 그러면 인간의 성품을
매력적으로 만드는 것은 무엇일까?

어떤 사람의 성품이란 다른 사람과 구별되는 성격과 외모가 조화
된 것을 말한다.

가령 어떤 사람이 입고 있는 옷, 얼굴 생김새, 목소리, 사고방식,
사고방식이 이뤄놓은 성격 등등 이 모든 구성요소가 조화를 이뤄
사람의 성품을 만든다. 그러므로 어떤 사람의 성품이 매력적인지
아닌지는 한 가지만으로 쉽게 판단할 수 없다.

우리 대부분은 사람의 첫인상을 겉모습만으로 판단하는 경우가
많다. 예컨대 옷 입는 스타일과 상황에 맞게 옷 입는 센스도 의심
할 여지없이 성품을 구성하는 가장 중요한 부분이다.

타인과 악수할 때의 매너도 성품을 구성하는 중요한 요소다. 이 요소는 타인의 기억 속에 매력적인 사람 혹은 거부감이 드는 사람으로 남을 수 있다. 옷 입는 센스나 악수하는 기술은 선천적인 것이 아니다. 얼마든지 노력하여 좋은 매너를 만들 수 있다.

당신의 성품을 구성하는 요소 중에서 '눈'은 매우 중요한 부분이다. 당신의 눈을 보고 타인은 많은 상상을 할 수 있다. 어떤 사람의 눈을 통해 그의 마음과 생각을 읽을 수 있다는 뜻이다.

하지만 성품을 구성하는 요소 중 가장 중요한 부분은 눈에 보이지 않는다. 다른 사람의 마음을 끄는 긍정적인 성격도 눈에 보이지는 않지만 성품을 형성하는 중요한 요소 중 하나다.

자, 이제 겉으로 보이는 중요한 요소들이 타인에게 거부감을 주지 않고 매력적으로 보이게 하는 방법에 대해 알아보자.

설령 당신이 시골 서커스단의 못생기고 뚱뚱한 여자라도 타인에게 항상 매력적인 사람으로 보일 수 있는 방법이 있다. 그것은 바로 다른 사람이 겪는 일에 진정으로 관심을 갖는 것이다.

긍정적인 성격의 근본이 되는 생각, 느낌, 행동들을 계발하고 자신의 생각을 강하고 설득력 있게 표현하는 방법을 배운다면 자신의 성격을 더욱 매력적으로 변화시켜나갈 수 있을 것이다. 긍정적인 사고방식을 가진 사람에겐 그 사람을 더욱 매력적으로 보이게 하는 위대한 힘이 있다. 이 힘은 비록 보이진 않지만 그 힘만큼이나 강한 무기다.

진정성 있는 말이 호감을 준다

누구나 진정성 있는 말과 행동을 하는 사람에게는 호감을 갖는다. 그러므로 성취의 시작은 다른 사람에게 진정으로 관심을 갖는 것에서부터 출발한다. 나폴레온 힐의 이야기를 들어보자.

"몇 년 전 '훌륭한 세일즈맨십'이라는 주제로 강의를 하고 있을 때 있었던 일이다.

어느 날 한 중년 부인이 나의 사무실로 찾아와 메시지가 적힌 카드를 내밀었다. 카드에는 개인적인 일로 꼭 나를 만나고 싶다고 적혀 있었다. 비서가 계속해서 무슨 일이냐고 물었지만, 부인은 끝내 자신이 온 목적을 말하지 않았다.

나는 그녀가 분명 가난한 책 판매상일 거라고 생각했다. 젊은 날 나의 어머니가 그랬듯 나에게 책을 팔러왔으리라. 나는 어머니 생각에 부인이 무얼 팔든 사주기로 마음먹고 그녀가 기다리고 있는 리셉션 룸으로 갔다.

이제부터 내가 하는 말을 반드시 마음속에 새겨두길 바란다. 이 짧은 일화를 통해 당신은 진정한 세일즈맨십에 대해 많은 것을 배울 수 있을 것이다.

사무실을 나온 나는 복도를 지나 리셉션 룸으로 들어갔다. 부인은 나를 보자마자 환하게 웃기 시작했다. 나는 지금까지 많은 사람의 미소를 봤지만 그렇게 온화한 미소는 처음이었다. 그 미소에는 뭐라 묘사하기 힘든 전염성이 있었다. 왜냐하면 나도 부인의 미소를 따라 온화한 미소를 짓고 있었기 때문이다. 내가 다가가자 그녀는 손을 뻗어 나에게 악수를 청했다.

평상시 나는 사무실에 처음 온 사람에게 친절하게 말을 걸지 않는다. 왜냐하면 그들은 내가 답하기 싫어하는 무언가를 물어보고 권유하는 경우가 대부분이었기 때문이다. 그러나 이 점잖은 여성과는 너무나 온화하고 부드럽게 악수를 했는데 그것은 마치 자석 같은 악수였다. 그녀는 나의 손을 꼭 잡고 있었다. 그리고 나는 부인이 나와 악수하게 되어 진심으로 기뻐하고 있다는 것을 느낄 수 있었다. 지금도 나는 그 부인이 나와의 악수를 기쁘게 생각했다고 믿고 있다. 그녀가 흔들었던 손만큼이나 나의 마음도 흔들렸다.

나는 직업상 수천 명의 사람과 악수를 해왔다. 하지만 그녀만큼 악수의 의미를 제대로 이해하고 있는 사람은 만나보지 못했다.

부인이 손을 잡고 있는 동안 나는 마음이 송두리째 흔들리고 있는 것을 느꼈고, 그녀가 온 목적이 무엇이든지 목적을 달성하고 갈 것임을 느낄 수 있었다. 그리고 나 역시 그녀를 돕기 위해 최선을 다하게 될 것임이 분명했다. 다시 말해 따뜻한 미소와 악수는 나의 마음을 열기에 충분했다. 그녀는 나를 그녀에게 협조할 수밖에 없는 '희생양'으로 만들어버렸다.

나는 보통 세일즈맨이 나에게 와서 무언가를 팔려고 하면 마음속으로 벽을 만들어 더 이상 들어보려 하지도 않았다. 하지만 부인은 내가 원하지 않는데도 단 한방에 나를 빠져나갈 곳 없게 만들어버렸다. 이 점잖은 방문객은 나의 마음을 '중화'시켰고, 나는 이 부인이 하려는 말이 무엇일까 궁금해졌다.

대부분의 세일즈맨은 흔히 이 부분에서 실수한다. 굳이 비유를 하자면 '자전하고 있는 지구에게 갑자기 멈추라고 명령해도 멈추지 않는 것처럼' 소비자가 세일즈맨의 말을 충분히 경청할 수 있는 분위기가 조성되지도 않은 상태에서는 아무리 물건을 팔려고 노력해도 소용없다는 말이다.

이 부인이 처음 내 마음을 열기 위해서 어떻게 미소 짓고 악수를 청했는지 기억을 더듬어보자. 그녀의 미소와 악수할 때 느꼈던 따스함은 내 마음을 감동시키기에 충분했다. 그러나 아직 그녀는 용건을 말하지 않았다. 그녀는 마치 온 우주의 시간을 혼자 독차지하고 있는 것처럼 천천히, 그리고 신중하게 다음의 말로 승리를 향한 첫발을 내디뎠다.

"이 말씀을 드리고 싶어 실례를 무릅쓰고 이렇게 찾아왔습니다(꽤 긴 시간이 흐른 것 같았다). 전 지금 세상에서 당신이 가장 위대한 일을 하고 있다고 생각합니다."

그녀는 말하는 동안 내 손을 꼭 잡고 있었고, 그녀가 하는 말 한마디 한마디는 모두 점잖기 그지없었다. 또한 그녀는 말하는 동안 내 눈을 지긋하게 쳐다봤으며 눈빛은 나의 눈을 통해 마음까지 다가갔다.

나는 정신을 차린 후 – 나중에 직원들 사이에서는 내가 기절했다는 소문이 돌았다고 한다 - 마음의 빗장을 풀고 말했다.

"자, 이리 오세요, 부인! 제 사무실로 들어오세요."

마치 중세의 기사처럼 그녀에게 정중하게 인사하고 잠시 들어와서 앉기를 청했다. 나는 그녀에게 푹신하고 편한 의자를 권했다. 그전까지는 사무실에 찾아온 사람에게 시간을 뺏는 것에 대한 일종의 경고의 의미로 딱딱하고 작은 의자를 권하는 것이 보통이었다.

대략 45분 동안 일방적으로 부인의 이야기를 들었다. 지금까지 나누었던 대화 중 가장 가슴에 와닿는 따뜻한 대화였다. 그녀는 초반부터 대화의 주도권을 가지고 있었고, 45분이라는 시간 동안 나는 그녀로부터 대화의 주도권을 뺏고 싶지 않았다. 나는 상당히 우호적으로 그녀의 말을 경청했다.

이제부터 할 이야기는 개인적으로 무척이나 당황스럽고 창피한 경험이다. 그러나 이 부분을 빼면 이 일화가 갖는 의미가 반감되기 때문에 용기를 내서 사실대로 적어본다.

나는 방문객과 무려 45분 동안이나 대화를 했다. 오랜 시간 동안 대화를 나눈 결과 그녀가 무슨 말을 꺼냈을지 한번 상상해보라. 아마 대부분의 독자는 물건을 팔려는 이야기로 끝났을 거라고 생각할 것이다. 아니다, 틀렸다. 그녀는 나에게 책을 팔러온 것이 아니었다.

그녀는 자리에 앉자마자 손에 들고 온 보따리를 풀었다. 보따리 속에 그녀가 팔려는 책이 들어 있을 거라 생각했지만 그것들은 책이 아니었다. 아니, 사실 그 안에는 책이 있었다. 그녀는 그때까지 내가 발행했던 잡지인《황금률(Golden Rule)》 1년치를 들고 온 것이다.

그녀는 그중 한 권의 책을 꺼내어 여기저기 밑줄이 그어져 있는 페이지를 펼쳤다. 그녀는 내가 발행한 잡지의 문장이 전하는 철학을 믿고 있었다. 내가 그녀의 최면에 무기력하게 빠지자 그녀는 내가 예상했던 대로 아주 재치 있게 대화의 주제를 바꿨다.

그녀는 이 본론을 꺼내기 위해 내 사무실에서 그리 오랜 시간 이야기를 한 것이다. 보통 세일즈맨은 고객을 보자마자 바로 세일즈를 시작한다. 이때가 바로 실수를 범하는 순간이다. 그녀는 다른 말로 먼저 고객의 주의를 환기시킨 다음 마지막에 세일즈 이야기를 꺼냈다.

만약 그녀가 처음부터 세일즈를 시작했다면 아마 푹신한 의자에는 앉아보지도 못했을 것이다. 마지막 3분여 동안 그녀는 자신이 팔고자 하는 유가증권의 장점을 아주 노련하게 설명했다. 하지만 결코 주식을 사달라고 종용하지 않았고 단순히 주식의 장점만 설명했다.

나는 설명을 듣고 주식을 사고 싶다는 생각이 문득 들었지만 결국 주식을 하나도 사지 않았다. 하지만 그녀는 분명 나에게 무언가를 팔고 갔다. 왜냐하면 나는 전화기를 들어 사람들에게 그녀를 소개했고, 그들은 분명 나보다 최소 다섯 배 정도는 더 주식을 살 사람들이기 때문이다. 만약 이 여성과 똑같은 재치와 노련미가 있는 다른 여성 혹은 남성이 나를 방문한다면 나는 역시 그들에게도 사무실 문을 열어주고 의자를 권하며 45분간 경청할 것이다.”

앞의 나폴레옹의 일화로부터 얻은 것이 있는가? 우리는 누구나 맘에 와닿는 진심어린 말을 하는 사람에게 귀 기울인다. 다른 사람과 대화를 하는 동안 우리는 서로에게 전해지는 교감을 느낄 수 있다. 그러한 때는 대화가 끝나고 상대방이 주제를 바꿔 나에게 무언가를 요구하더라도 내게 전해졌던 감동을 기억하고 결국에는 사인을 한다. 상대방이 원하는 대로 사인을 하고 나서도 "저 사람의 성품은 정말 고결해"라고 조용히 내뱉을 것이다.

> 남에게 호감을 줄 수 있는 사람이 되도록 노력하여 얻을 수 있는 가장 큰 이점은 결코 금전적인 것만은 아니다. 자신의 인격을 수양하여 유쾌한 성품을 가질 수 있다. 이것은 물질적으로든 정신적으로든 후에 큰 이익을 줄 것이다. 게다가 다른 사람을 즐겁게 하는 것만큼 자신이 행복해지는 일은 없다.

실행 후 돌아올 성과를 생각하라

어느 마을에 스미스 씨가 살고 있었다. 그는 자신의 구멍가게를 처분해 영화관을 차리고 싶었다. 옆 마을에 사는 다른 사람은 영화관을 처분하고 구멍가게를 열고 싶어 했다. 이 두 사람을 서로 연결해줄 수 있을까? 만약 그럴 수 있다면 이들을 연결해주고 꽤 많은 보수를 받을 수 있을 것이다.

당신이 살고 있는 마을 주민 중에는 마을 근처에 신선한 농작물을 살 수 있는 농장이 하나 있었으면 하고 바라는 사람이 분명히 있을 것이다. 또 농작물을 재배하고 있는 농부 중에는 자신이 키운 농작물을 도시에 내다팔고 싶어 하는 사람도 있을 것이다.

만약 당신이 농부와 마을 주민을 서로 이어준다면 농부 입장에서는 자신의 농작물을 마을에 직접 내다팔 수 있어 좋고, 마을 주민은 신선한 농작물을 싼값에 살 수 있어 좋다. 물론 중간 마진을 없앤 대가로 당신은 약간의 돈을 받을 수 있을 것이다.

사업에는 두 가지 계층이 있다. 바로 생산자와 소비자다. 요즘은 최대한 중간상인을 없애고 두 계층이 직접 서로 연결하는 추세다. 생산자와 소비자의 간격을 최대한 짧게 만들라. 이것은 두 계층에게도 이익이고 당신에게도 큰 이익을 줄 것이다.

노력에는 반드시 대가가 수반된다. 그러므로 당신이 어떤 종류의 사업을 하든 이것만은 명심해야 한다. 소비자로부터 얻을 수 있는 이익을 최소화하라. 소비자에게 이윤을 많이 남기는 것보다는 적게 남기고 많이 파는 편이 훨씬 낫다.

부연 설명하자면 생산자와 소비자를 연계해주는 사업은 생산자와 소비자 모두에게 이윤이 돌아갈 때, 그리고 눈에 보이는 모든 것을 다 가지려는 탐욕스러운 마음이 없을 때 비로소 수익성을 바랄 수 있다.

대중은 놀랍게도 부당이득을 취하는 사람에게 관대하다. 그러나 이런 약삭빠른 사람조차도 넘지 않으려는 선이 있다. 큰 노력을 들이지 않아도 아프리카의 땅에서 캐낼 수 있는 다이아몬드 시장을 독점하여 가격을 높게 책정하는 행위 정도는 봐주고 넘어갈 수 있다. 그러나 자기의 의식주에 관련된 분야의 가격을 올리면 대중은 참지 못한다.

만약 당신이 진정 부자가 되기를 원하고, 그에 따른 어떠한 짐도 기꺼이 짊어질 준비가 되었다면 일반적인 방법을 택하지 말고 보통 사람이 가지 않는 길을 가야 한다.

헨리 포드는 직원에게 적은 급여를 주는 것보다 가능한 한 많은 급여를 주는 것이 더 이익이라는 사실을 깨달았다. 그는 다른 자동차 회사가 자동차 가격을 꾸준히 올릴 때도 오히려 가격을 내려 이윤을 남기기도 했다.

소비자의 돈을 빼내면서도 감옥에 가지 않는 완벽한 계획이 있을 수도 있다. 그러나 포드처럼 장기적인 계획을 세운다면 마음의 평온을 얻고, 결과적으로 이익을 얻을 가능성도 더 커질 것이다.

록펠러John D. Rockefeller가 낭비벽이 심했다는 이야기는 전에 들어본 적이 있을 것이다. 우리가 록펠러를 어떻게 생각하든 그는 사람을 조직하고 관리하는 타고난 능력 덕분에 초라한 경리사원부터 시작하여 점차 돈을 모아 정상에 오를 수 있었음은 분명한 사실이다.

한때 그는 뜨거운 햇빛 아래에서 25센트 가격의 기름을 사서 2마일이 넘는 거리를 걸어가야 했다. 그러나 그는 곧 도시나 농장에서 25센트의 절반도 안 되는 가격에 뒷문까지 차로 기름을 배달해주는 시스템을 구축한다. 이런 록펠러의 노력 덕분에 물가가 내려간다면 누가 그를 시기하겠는가?

사실 그는 램프의 기름값을 50센트로 올릴 수도 있었다. 하지만 만약 기름값을 자기 멋대로 올렸어도 그가 지금처럼 백만장자가 되었을지는 알 수 없는 일이다.

이 세상에는 부자가 되고 싶어 하는 사람은 많다. 하지만 그중 99%는 처음에는 혼신의 힘을 다해 거창한 계획을 세우지만 다만 계획에 그치고 만다. 그것을 실행에 옮긴 후 자신에게 돌아올 성과까지는 생각하지도 않는다.

유쾌한 성품이란 상상력과 협동심이 어우러져 나타난다. 앞에서 언급했던 일화를 통해 상상력, 협동심, 훌륭한 성품이 어떻게 어우러져 나타나는지 알 수 있다. 혹시 당신 주위에 성품이 좋지 않은 사람이 있다면 그를 자세히 관찰해보라. 분명 그 사람에게서는 상상력이나 협동심도 발견할 수 없을 것이다.

우리는 성공을 거둔 사람의 도취감을 보면서 그들의 성취에 관심을 갖는다. 그러면서도 과연 그들이 어떤 방법으로 성공을 거뒀는지 그 과정을 분석할 생각은 하지 않는다. 다디단 성공의 열매를 따기까지 얼마나 쓰디쓴 준비의 과정을 거쳤으며, 얼마나 많은 희생을 했을지는 생각하지 않는다. 어떤 성취에도 반드시 노력이 수반한다.

호감을 주는 사람이 되는 7가지 방법

최신 유행을 따라서 외모를 아름답게 꾸밀 수는 있다.
그러나 마음속에 탐욕과 질투, 증오와 이기심이 가득한 사람은
아무리 아름답게 겉모습을 치장해도 누구도 그에게 매력을 느끼지 못한다.

이제 유쾌한 성품을 가질 수 있는 방법을 요약해보자.

첫째, 타인에게 관심을 갖는다. 그들의 좋은 점을 찾아 칭찬하는 습관을 기른다.

둘째, 일상 대화 또는 대중 앞에서의 연설에서도 힘있고 설득력 있는 목소리로 말하는 습관을 기른다. 조금 더 큰 목소리로 말한다.

셋째, 자신의 몸과 자신이 하고 있는 업무에 어울리는 복장을 한다.

넷째, 긍정적으로 사고한다.

다섯째, 노련한 악수 기술을 배운다. 상대방으로 하여금 당신의 온기와 열정을 느낄 수 있게 한다.

여섯째, 상대의 매력을 찾으려 하기 전에 내가 먼저 상대에게 매

력적으로 보이도록 노력한다.

일곱째, 자신의 유일한 한계는 자기 마음속에서 이미 결정되었음을 기억하라.

이 7가지 요소는 유쾌한 성품을 형성하는 데 있어서 가장 중요하다. 그러나 이 요소들이 저절로 형성되지 않는다는 점을 명심해야 한다. 이것들을 몸소 실천하고 자신의 성격을 변화시키려는 굳은 의지가 있어야만 성품이 바뀔 수 있다.

앞의 7가지 요소 중 둘째와 넷째 요소가 가장 중요하다. 긍정적인 성격의 근본이 되는 생각, 느낌, 행동을 계발하고, 자신의 생각을 더욱 힘있고 설득력 있게 표현하는 방법을 배운다면 자신의 성격을 더욱 매력적으로 변화시킬 수 있을 것이다. 이 요소들을 기반으로 이 장에서 소개하는 다른 자질도 익힐 수 있다.

긍정적인 사고방식을 가진 사람에게는 그를 더욱 매력적으로 보이게 하는 위대한 힘이 있다. 이 힘은 비록 눈에 보이지 않지만 큰 힘을 갖고 있다. 이 힘을 가진 사람과 대화를 하다보면 비록 많은 말은 하지 않아도 '보이지 않는 힘'을 느낄 수 있다.

기억하라! 꺼림칙한 일을 할 때마다, 부정적인 생각을 할 때마다, 그리고 쓸데없는 일에 탐닉할 때마다 당신은 자신의 인격을 조금씩 갉아먹는다는 사실을….

이런 사실을 간파하고 있던 에머슨은 이렇게 말했다.

"우리의 눈에는 모든 고백이 들어 있다. 그 고백은 얼굴의 미소와 인사말, 남과 악수하는 자세에서도 찾을 수 있다. 죄가 있는 사람은 그 때문에 몸이 망가지고 인상을 망친다. 사람들은 죄지은 사람을 결코 신뢰하지 않는다. 그가 지은 죄 때문에 그의 눈빛은 흐려지고, 뺨의 색깔은 천해지며, 코는 점점 오그라들고, 분위기는 한 마리의 금수같이 변한다. 마치 이마에 '오, 바보! 바보!'라고 적혀 있는 것 같이 느껴진다."

지금까지 장황하게 기술한 내용을 종합하면 요점은 남에게 호감을 줄 수 있는 사람이 되도록 노력하라는 것이다. 여기서 얻을 수 있는 가장 큰 이점은 결코 금전적인 것만은 아니다. 자신의 인격을 수양하여 유쾌한 성품을 가질 수 있다는 점이다.

남에게 호감을 주는 사람이 된다면 당신은 물질적으로든 정신적으로든 큰 이익을 볼 것이다. 다른 사람을 즐겁게 하는 것만큼 자신이 행복해지는 일은 없다.

지금 짊어지고 있는 무거운 짐을 벗어버리고 타인과의 쓸데없는 논쟁에서 벗어나라. 색안경을 벗어던지고 당신 눈에 보이는 인생의 행복을 즐겨라. 삶은 얼마나 푸른가. 거기에다 '친구'라는 햇살까지 더해진다면 초록빛은 한층 더할 것이다.

남을 부수기 위한 망치를 과감히 버리고, 의심으로 가득 찬 노크를 이제 멈춰라. 인생의 행복은 주변의 모든 것을 부수는 파괴자에게 돌아가는 것이 아니라 긍정적인 사고를 하는 사람에게 돌아간다.

예술가는 집을 짓고 고물장수는 집을 무너뜨린다. 당신이 불평불만에 가득 찬 사람이라면 이 세상은 당신의 불만을 들으려 하지 않을 것이다. 그러나 당신이 우호적이고 낙관적인 사람이라면 세상은 자발적으로 당신의 말을 들을 것이다.

불평불만이 많은 사람은 유쾌한 성품을 가질 수 없다. 그러나 좋은 느낌을 주는 유쾌한 성품의 사람이 되면 성공적인 세일즈맨십을 위한 튼튼한 기반을 갖출 수 있다.

> 긍정적인 사람과 대화를 하다보면 많은 말은 하지 않아도 '보이지 않는 힘'을 느낄 수 있다. 당신이 불평불만에 가득 찬 사람이라면 이 세상은 당신의 불만을 들으려 하지 않을 것이다. 그러나 당신이 우호적이고 낙관적인 사람이라면 세상은 자발적으로 당신의 말에 귀 기울일 것이다.

값싼 아부가 아닌 진심으로 대하라

당연한 이야기지만 이 세상은 부정적이고 불만투성이의 사람보다는 우호적이고 낙관적인 사람의 말을 믿고 더 많이 경청할 것이다. 나폴레온 힐의 이야기를 들어보자.

"몇 년 전 나는 시카고의 한 증권연수원에서 약 1,500명을 교육시키는 연수 프로그램을 진행하고 있었다. 증권사는 거대한 조직의 명성을 유지하기 위해서 매주 600명 정도의 연수생을 선발해 훈련했다.

연수원을 거친 수천 명의 세일즈맨 중 내가 가르쳤던 세일즈 기술을 정확히 이해했던 한 신입사원이 있었다. 신입사원은 처음 연수원에 들어왔을 때 주식을 팔아본 적도 없었고, 세일즈 경험도 없다는 사실을 솔직히 인정했다. 그가 어떤 부류의 사람인지 한 번 살펴보기로 하자.

연수가 끝날 때쯤이었다. 신입사원이 남의 말을 잘 믿는 사람이라 생각한 어떤 '유능한' 세일즈맨은 그를 놀려주기로 마음먹고 크게 노력하지 않고도 주식을 팔 수 있는 팁을 주겠다고 했다.

세일즈맨은 신입사원에게 한 예술가를 소개해주었다. 이 예술가는 주식을 살 준비가 되어 있는 사람이기 때문에 '유능한' 자신이 직접 나설 필요가 없다고 말했다. 신입사원은 소개를 기꺼이 받아들여 주식을 판매하려고 예술가를 찾아갔다.

신입사원이 사무실에서 나가자마자 '유능한' 세일즈맨은 다른 '유능한' 세일즈맨들을 모두 불러모아 자신의 장난에 대해서 이야기했다. 사실 '유능한' 세일즈맨은 거의 한 달 동안 그 예술가에게 주식을 팔려고 노력했지만 실패했다. 알고 보니 거기에 모여 있던 다른 '유능한' 세일즈맨들도 그에게 주식을 팔려고 시도했지만 실패한 경험이 있었다. 신입사원은 한 시간 반 정도 후에 돌아왔고, 다른 '유능한' 세일즈맨들은 미소를 띠고 그를 맞이했다. 그러나 놀랍게도 신입사원의 얼굴에도 미소가 가득했다. 그가 기분 좋게 돌아올 거라고는 생각지도 못했던 '유능한' 세일즈맨들은 서로 이상하다는 듯이 쳐다보았다.

처음 장난을 시작한 세일즈맨이 "주식을 팔았나요?"라고 물었다. 그러자 신입사원은 "물론이죠. 그리고 말씀하신 대로 그분은 정말 훌륭한 신사시고 또 무척 재미있는 분이시던데요"라고 대답했다.

신입사원은 주머니에 손을 넣어 2,000달러짜리 수표를 꺼냈다. '유능한' 세일즈맨들은 그가 어떻게 예술가에게 주식을 팔고 왔는지 궁금해졌다.

"아, 별로 어렵지 않았어요."

풋내기 세일즈맨은 말을 이었다.

"저는 그저 그와 몇 분 동안 이야기를 나눴을 뿐이에요. 그랬더니 그분이 먼저 주식 이야기를 꺼내더라고요. 자기가 먼저 사고 싶다면서요. 제가 먼저 그분에게 주식을 판 것은 아니에요. 그분이 먼저 원해서 주식을 사신 거죠."

이 말을 들은 후 나는 그 신입사원을 사무실로 불러 좀 더 자세한 설명을 들었다. 그가 말한 내용은 다음과 같다.

신입사원이 화가의 작업실로 들어섰을 때 화가는 열심히 그림을 그리고 있었다. 그가 작업실로 들어오는 것도 모를 정도로 화가는 그림 그리기에 한창 열중하고 있었다. 그래서 그는 화가가 그리고 있는 그림이 잘 보이는 자리로 뚜벅뚜벅 걸어가서 아무런 말없이 그림을 계속 보고 서 있었다.

마침내 화가는 세일즈맨을 보았고, 세일즈맨은 작업실에 허락도 없이 들어와 미안하다고 사과하면서 화가가 그리고 있는 그림에 관한 이야기를 시작했다. 신입사원은 화가와 그림에 관한 대화를 할 수 있을 만큼 평소에도 그림에 관심이 많았다. 그는 그림을 좋아한다고 화가에게 솔직히 이야기했다.

두 사람은 예술에 관해 한 시간 가까이 대화를 나눴다. 특히 화가가 그리고 있는 그림에 관한 이야기를 중점적으로 나눴다. 마침내 화가는 신입사원에게 이름과 하는 일을 물었다. 그러자 그는 대답했다.

"제가 하는 일이나 제 이름은 신경 쓰지 마세요. 저는 당신과 당신이 그리고 있는 그림에 관심이 있을 뿐입니다."

이 말을 들은 화가의 얼굴에는 기쁨의 미소가 가득 번졌다. 이 신입사원의 말이 화가에게는 그 어느 달콤한 음악보다 더 아름답게 들렸으리라. 화가는 그가 무슨 일로 작업실까지 찾아왔는지 여전히 궁금했다. 그는 마지못해 - 그는 정말 진정한 세일즈맨이다 - 직업이 무엇이고 무슨 일로 찾아왔는지 설명했다. 그는 간단명료하게 자신이 팔려는 주식을 설명했다. 화가는 마치 그의 입에서 나오는 설명 한마디 한마디를 즐기며 듣고 있는 것 같았다. 그가 설명을 마치자 화가가 말했다.

"아! 제가 정말 바보였군요. 사실 이미 당신 회사에서 세일즈맨이 수차례 내게 찾아와 주식을 팔려고 했습니다. 하지만 그들은 내게 주식 말고는 그 어떤 말도 하지 않았습니다. 사실 날 너무 짜증스럽게 한 적도 많았습니다. 심지어 실례인 줄 알지만 그중 어떤 분께는 여기서 당장

나가달라고까지 말한 적도 있습니다.

그 사람 이름이 뭐였더라. 아, 퍼킨스 씨였어요(바로 그에게 장난을 걸었던 사람이었다). 그런데 당신의 세일즈 방식은 매우 독특하군요! 그동안 주식에 관해서 내가 왜 이렇게 몰랐을까요? 2,000달러의 주식을 구입하고 싶습니다."

신입사원은 이렇게 해서 화가에게 주식을 팔았다."

앞의 사례에서 주목할 것은 '당신의 세일즈 방식은 매우 독특하군요!'다. 이 신입사원의 세일즈 방식 중 어떤 점이 독특했던 것일까? 질문을 바꿔보자. 이 신입 세일즈맨이 화가에게 진짜로 판매한 것은 무엇일까? 그는 단지 2,000달러의 주식만을 판매한 것일까?

아니다! 그는 자신의 캔버스에 자신이 그리고 있는 바로 자신만의 그림을 판 것이다. 상대를 진심으로 대하고 좋은 점을 찾아 칭찬하는 습관은 그를 더욱 매력적인 사람으로 만든다. 주식을 판매한 일은 그저 우연에 지나지 않는다. 절대 이 일화를 건성으로 흘려듣지 마라.

다른 사람의 장점을 툭 터놓고 의욕적으로 칭찬하는 습관은 매우 중요하다. 칭찬하는 과정을 통해 스스로 자긍심을 갖고 다른 사람으로부터 감사하다는 말을 들으면서 점차적으로 자신의 성격을 개선할 수 있기 때문이다. 이렇게 당신의 성품은 크게 바꿀 수 있다.

상대에게서 존경할 만한 것을 찾아라

이 훌륭한 신입사원은 소비자가 가장 관심 있어 하는 부분이 무엇인지 파악하고 먼저 그것에 관한 이야기를 꺼냈다. 이 '풋내기' 신입 세일즈맨은 근무 첫 달에만 7,900달러의 수당을 가져갔다. 이 금액은 2위를 차지한 직원이 받은 수당의 두 배가 넘었다고 한다.

한 가지 안타까운 점은 1,500명 직원 중에서 누구도 그가 어떻게, 왜 '스타'로서 인정받게 되었는지 궁금해하는 사람이 아무도 없었다는 사실이다.

카네기, 록펠러, 제임스 힐, 마셜 필드 등 우리가 성공자라고 부르는 사람은 예외 없이 모두 같은 법칙을 적용하여 돈을 벌었으며 꾸준히 노력한 사람들이다. 하지만 사람들은 그들이 가지고 있는 재산만을 부러워할 뿐 그들이 신조로 삼았던 철학을 자기 것으로 만들 생각은 하지 않는다.

우리는 성공을 거둔 사람들을 보면서 성취에 관심을 갖으면서도 과연 그들이 어떤 방법으로 성공을 거뒀는지 그 과정을 분석하지 않는다. 그가 성공의 열매를 따기까지 얼마나 힘든 준비과정을 거쳤으며 얼마나 많은 희생을 했을지는 생각하지 않는 것이다.

무릇 성공에는 새로운 원칙이 있는 것이 아니다. 오히려 이미 존재했던 원칙을 제대로 적용하는 것이 중요하다. 이미 당신도 이 책을 통해 스스로 깨달았을 것이다.

따라서 성공을 원한다면 이 책에 나오는 법칙을 모두 공부하고 몸에 익혀야 한다. 그러나 안타까운 점은 오직 극소수의 사람만이 그 법칙을 활용하고 성공한다는 것이다.

화가에게 주식을 팔았던 세일즈맨은 단순히 주식을 잘 파는 세일즈맨이 아니라 성품이 매력적인 평범한 사람이다. 그는 남들의 관심을 끌 만한 점이 별로 없어 보이는 사람이었다. 그래서 '유능한' 세일즈맨도 그에게 장난을 쳤던 것이다. 그러나 그가 아무리 평범한 사람이라고 해도 화가의 입장에서는 자신의 작품을 칭찬해주는 매력적인 사람으로 보였을 것이다.

그런데 때로는 성공을 위한 법칙을 잘못 이해하고 있는 사람도 있다. 들으면 기분 좋아지는 달콤한 아첨을 '마음을 움직이는 진심 어린 말'이라고 잘못 이해하는 사람들이다. 당신은 절대 그런 부류의 사람이 아니기를 바란다. 이 장에서 전달하려는 철학을 제대로 이해했기를 바란다.

값싼 아부는 정반대의 결과를 가져온다. 사람을 끌어당기기는커녕 오히려 멀어지게 만든다. 값싼 아부는 무지한 사람이라도 알아차릴 수 있을 정도로 천박한 행위기 때문이다.

타인을 가까이에 두고 그들에게서 무언가를 찾으려고 노력하라. 혹은 그들의 업적 중에서 당신이 진심으로 존경할 수 있을 만한 것을 찾아내어 열심히 연구하라. 그렇게 해야만 다른 사람이 거부할 수 없는 매력을 가질 수 있다.

자, 이제 유쾌한 성품을 좀 더 발전시킬 수 있는 방법을 연구해보자. 먼저 개개인의 성격을 알아보자. 누구든 긍정적인 성격이 아니라면 유쾌한 성품을 지닐 수 없다.

우리가 흔히 말하는 '텔레파시'라는 단어는 어떤 사람을 처음 봤을 때의 '직감直感'을 말한다. 처음 접촉하는 사람으로부터 이러한 '직감'을 얻지 못할 때는 그 사람을 신뢰하기 어렵다.

가장 예쁜 옷으로 최신 유행을 따라 자신의 외모를 아름답게 꾸밀 수는 있다. 그러나 마음속에 탐욕과 질투, 증오와 이기심이 가득한 사람은 아무리 아름답게 치장을 한다 해도 같은 부류의 사람 말고는 절대 남에게 매력을 느끼게 하지 못한다.

'유유상종'이라고 했다. 아마도 당신이 매력을 느끼는 사람은 당신과 비슷한 성향을 가진 사람일 것이다. 물론 인위적인 미소로 자신의 감정을 숨기거나 노련한 악수 기술을 연습할 수는 있다. 그러나 진심이 뒷받침되지 않는 이러한 행동들은 상대방으로 하여금 거부감만 느끼게 할 뿐이다.

부자가 되고 싶어 하는 사람은 많다. 하지만 대개 처음에는 혼신의 힘을 다해 거창한 계획을 마련하지만, 그것을 먼저 실행에 옮긴 후 나중에 자신에게 돌아올 성과를 생각하는 사람은 많지 않다. 어떤 종류의 사업을 하든 명심해야 할 것은 소비자에게 이윤을 많이 남기는 것보다는 적게 남기고 많이 파는 것이 훨씬 낫다는 점이다.

호감을 주는 사람의 목소리

그러면 과연 어떤 방법으로 자신의 성격을 형성할 수 있을까? 이를 위해서는 다음의 과정을 따르면 된다.

첫째, 당신이 가장 닮고 싶은 성격을 가진 사람을 한 명 골라라. 그리고 꾸준한 자기암시로 그 사람과 닮도록 노력하라.

마음속으로 가상의 회의용 탁자를 하나 만들고, 매일 밤 자신의 성격을 구성하는 요소를 하나씩 그 자리에 앉힌 후 각각의 성격에서 자신이 원하는 것이 무엇인지 간결하고 명확하게 정리하라. 그리고 자신의 목표를 확실한 단어로 만들어 소리 내서 말하라. 이 과정에서도 눈을 감고 상상 속의 탁자에 둘러앉아 있는 사람들을 바라보고 그들과 교감을 계속하라.

둘째, 긍정적인 사고방식을 가지려고 노력하라.

당신이 닮고 싶어 하는 사람의 사고방식을 머릿속에 그려보라. 하루에 적어도 열 번 이상 시간 날 때마다 상상 속 테이블에 앉아 있는 사람들의 기질을 눈을 감고 생각하는 연습을 해야 한다. 그리고 믿음을 갖고 자신의 성격이 점차적으로 원하는 방향으로 변해가고 있는 것을 느껴본다.

셋째, 당신이 칭찬할 수 있는 사람을 하루에 적어도 한 명 이상 찾아라. 그리고 그 사람을 칭찬하려 노력하라.

이때 칭찬은 간사한 아첨과 분명히 구분해야 한다. 진정으로 칭찬할 수 있는 사람을 찾아야 한다. 듣는 사람이 감동받을 수 있도록 진심을 다해 칭찬해야 한다.

이런 방법을 반복하다 보면 당신은 그들의 장점을 당신 것으로 만들 수 있으며, 다른 사람의 장점을 살필줄 아는 인격형성의 다음 단계로 들어서게 된다.

거듭 말하지만 다른 사람의 장점을 진술하게 이야기하고 의욕적으로 칭찬하는 습관은 매우 중요하다. 칭찬하는 과정을 통해 스스로 자긍심을 키우고 다른 사람에게 감사하다는 말을 들으면서 점차로 자신의 성격을 개선할 수 있기 때문이다. 그렇게 당신의 성품은 크게 바뀔 것이다. 그러면 유유상종의 원리대로 당신이 칭찬하는 사람들 또한 당신을 볼 때 당신과 똑같은 시선으로 보게 될 것이다. 이 방법을 통해 당신은 성공의 길로 나아가게 될 것이다.

나는 단순히 이런 방법이 좋다는 사실을 말하려는 것이 아니다. 나 스스로가 이런 방법을 사용하여 성공했고, 다른 사람에게도 권했는데 그들 역시 성공했다. 따라서 여러분도 이 방법을 사용하면 효과를 볼 수 있다고 확신하는 것이다. 또한 이 방법으로 당신의 성품을 갈고닦는다면 당신을 아는 사람들도 곧 같은 시선으로 당신을 바라보게 될 것이다.

당신의 인격을 수양하는 일은 순전히 스스로를 어떻게 조절하느

나에 달려 있다. 그러므로 노력 여하에 따라 큰 이익을 얻을 수도 있고, 이 소중한 특권을 놓칠 수도 있다.

지금부터는 호감이 가는 성품을 구성하는 여러 요소 중에서 말의 필요성에 관해 이야기하려 한다. 이 과정을 통해 다음과 같은 두 가지 바람직한 효과를 얻을 수 있다.

첫째, 자신이 하는 말의 이면에 있는 생각이 잠재의식 속으로 들어가 뿌리를 내리고 성장해서 이후에 외형적·신체적 활동을 제어하여 생각을 현실로 만들어준다.

둘째, 힘있고 확신에 찬 자신 있는 태도로 말할 수 있게 도와주고, 결과적으로 대중 앞에서 훌륭한 연설을 할 수 있게 해준다. 인생의 목적이 무엇이든 간에 자신의 의견을 설득력 있게 말할 수 있는 능력은 매력적인 성격을 만드는 과정에서 필수요소다.

사람들에게 말할 때는 꽉 찬 목소리로 당신의 느낌과 감정을 실어라. 당신의 목소리 톤이 너무 높다고 생각되면 기분 좋고 부드러운 목소리가 될 때까지 톤을 낮춰라. 거칠고 톤이 높은 목소리는 좋은 분위기를 만들 수 없다.

다른 사람이 듣기에 리듬 있고 유쾌한 목소리가 될 때까지 연습하라. 자신의 성격을 나타내는 데 목소리만큼 중요한 요소는 없다.

당신의 목소리가 때로는 부드럽게, 때로는 힘있게 들리도록 연습해야 한다.

눈에 띌 정도로 매혹적인 성품을 가진 사람 중에 힘있고 설득력 있게 말하지 못하는 사람을 찾기는 어렵다. 오늘날 주목할 만한 성공을 거둔 위인들을 살펴보자. 그들은 어디에서나 힘있는 어조로 말한다. 과거의 정치인들을 떠올려보자. 그들의 어조는 모두 힘있고 설득력 있었다.

경제나 산업, 금융계에서 일하는 사람들을 생각해보자. 리더들은 대중 앞에서도 스스럼없이 연설할 수 있는 사람들이다. 신념에 가득 찬 힘있는 연설능력을 계발하지 않고 각종 사업에서 주목할 만한 성공을 거둘 수 있을까? 쉽지 않은 일이다.

세일즈맨들은 보통 대중 앞에서 연설을 하지 않는다. 하지만 대중 앞에서 연설할 수 있을 만한 능력을 계발한다면 그들이 갖는 보통의 대화에서도 설득력 있는 세일즈를 할 수 있을 것이다. 이 능력이 세일즈맨에게 이익을 가져다줄 것임은 분명하다.

처음 봤을 때의 '직감(直感)'을 '텔레파시'라고 부르며 이는 신뢰와도 직결된다. 칭찬할 수 있는 사람을 하루에 적어도 한 명 이상을 찾아서 그를 칭찬하려 노력하라. 이때의 칭찬은 아첨과 구분해야 한다. 진심으로 칭찬할 수 있는 사람을 찾아 듣는 사람이 감동받을 수 있도록 진심을 다해 칭찬해야 한다. 좋은 직감으로부터 신뢰를 얻을 수 있을 것이다.

습관을 통제하고 활용하라

집중력은 '자신의 특정한 욕구를 실현하기 위한 수단과 방법을 계획하고,
그 욕구가 성공적으로 이루어질 때까지 마음을 모으는 행위'다.
이때 자기암시와 습관의 법칙이 중요하다.

인간의 사고思考는 사고의 바탕이 되는 기본적인 재료를 주위 환경에서 모은다. 그리고 습관은 이 사고를 구체화하여 영구적으로 만들고 사람의 잠재의식 속에 각인시킨다. 이런 잠재의식은 우리의 인격을 구성하는 데 핵심적인 역할을 하므로 이를 통해 우리의 행동방식을 결정한다. 그리고 우리의 선입견이나 경향을 형성하고 의견을 통제하는 데에도 영향을 미친다.

한 위대한 철학자는 정직한 사람이 범죄에 빠지는 과정을 설명하면서 다음과 같은 말을 통해 습관의 힘이 얼마나 중요한지 역설하고 있다.

"우리는 처음에는 견디고 그다음에는 동정하며, 결국에는 포용한다. 그렇게 습관이 된다."

습관은 레코드판에 있는 홈과 같고, 인간의 마음은 그 홈을 따라 움직이는 레코드 바늘과도 같다. 습관이 잘 형성되면 (사고와 행동의 반복을 통해) 레코드 바늘이 홈에 최대한 밀착되어 따라 움직이는 것처럼 습관의 본질에 상관없이 마음도 습관을 따라가게 된다.

따라서 주변 환경을 주의 깊게 선택하는 것이 중요하다. 왜냐하면 우리 마음을 형성하는 데 필요한 요소들은 모두 이 주변 환경으로부터 얻을 수 있기 때문이다.

근대의 정신학자들은 습관이 우리의 행동과 성격을 통제하는 것이 아니라 우리가 습관을 통제하고 활용할 수 있다고 강력하게 주장한다. 실제로 수많은 사람들이 이미 이를 실행에 옮겼고, 습관이라는 힘을 새로운 방향으로 사용하고 있다.

습관은 우리의 행동방식이 지나는 '정신적 통로'라고 할 수 있다. 이 통로는 지날 때마다 더욱 길어지고 넓어진다. 만약 당신이 어떤 길을 걸어가야 한다면 장애물이 있는 길 대신에 뻥 뚫린 길을 선호할 것이다. 이는 정신적인 행동에서도 마찬가지다. 즉, 가장 저항이 없는 길을 선택해서 이동한다.

습관은 자연의 법칙에 순응할 때 반복적인 행동에 따라 형성된다. 이 자연의 법칙은 움직이는 생물체나 움직이지 않는 사물에서도 찾아볼 수 있다.

후자를 예로 들면, 한 번 접은 종이는 다음에도 같은 선을 따라 접힌다. 다른 예로 재봉틀처럼 정교한 기계를 사용해본 사람들은 기계나 장비도 일단 길들여지면 그 이후에는 길든 상태로 작동한다는 사실을 알고 있을 것이다. 악기에서도 같은 예를 찾아볼 수 있다. 옷도 마찬가지여서 일단 주름이 생기면 여러 번 다림질을 해도 주름의 흔적은 남기 마련이다.

일반적으로 습관의 힘은 대부분 좋은 측면보다는 좋지 않은 측면이 비춰지기 쉽다. 그러나 학자들은 우리의 행동과 성격이 습관으로 통제되는 것이 아니라 우리가 습관을 통제하고 활용할 수 있다고 강력하게 주장한다. 실제로 수많은 사람이 이미 이를 실행에 옮겼고, 습관이라는 힘을 새로운 방향으로 사용하게 되었다.

습관의 주인이 되는 방법

환경은 사고를 형성하는 데 필요한 요소들을 공급하고, 습관은 이들을 영구적으로 만든다. '환경'은 시각, 청각, 후각, 미각, 촉각의 총 다섯 가지 감각들을 통해 우리에게 영향을 미치고, 이것들은 습관으로 다시 태어나는 것이다.

흔히 사람을 '습관의 창조물'이라고 하고, 습관은 '굵은 밧줄'과 같다고 한다. 매일 실을 한 가닥씩 엮어나가면 그 밧줄은 나중에 가면 끊을 수 없을 정도로 튼튼해진다.

습관이 너무 잔인한 독재자가 되어서 사람들의 의지, 소망, 경향과 반대되는 것을 강요하고 있다고 생각하는 사람이라면 – 물론 대부분의 경우 이것이 현실이다 – 누구나 다음과 같은 의문점이 생길 것이다.

과연 습관이라는 이 전능한 힘은 다른 자연적인 힘처럼 사람이 통제할 수 없는 것인가? 만일 통제가 가능하다면 사람들은 더 이상 습관의 노예가 되지 않고 주인이 될 수 있을 것이다.

우리는 여러 일화를 통해 습관의 본질을 알 수 있다. 그것은 옷에 새로운 주름이 생기듯이 새로운 정신적 통로를 만든다. 이 오래된 습관을 없애는 유일한 최선의 방법은 그것을 대체할 반대되는 습관을 갖는 것뿐이다.

새로운 정신적 통로를 형성하여 그것을 따라 살면 오래된 통로는 자연적으로 사용하지 않아 소멸된다. 새로운 정신적 통로를 따라서 생활하면 할수록 그 길은 더욱 깊어지고 넓어지며, 이후에는 그 습관에 따라 행동하는 것이 더 쉬워진다.

정신적 통로를 만드는 것은 습관의 주인이 되기 위해서 반드시 필요한 일이다. 따라서 지금 바로 이 일을 시작할 것을 권한다. 연습하고 연습하고 또 연습해서 훌륭한 정신적 통로를 만들라.

자신이 원하는 습관을 형성하기 위해 따라야 할 중요한 신조들은 다음과 같다.

첫째, 습관 형성 초기에는 모든 힘과 열정을 쏟아라. 언제나 지금 새로운 정신적 통로를 만드는 첫 단계에 있다는 사실을 기억해야 한다. 처음에는 힘들지만 점점 더 쉬워질 것이다. 정신적 통로를 가능한 한 깊고 깨끗하게 – 장애물이 없도록 – 유지하여 나중에 그 길을 갈 때 쉽게 찾을 수 있도록 해야 한다.

둘째, 새로운 정신적 통로 만들기에 집중하고 오래된 통로는 잊어라. 오래된 통로에 관한 모든 것을 깨끗이 잊고 미련을 두지 않은 상태로 새로운 통로 만들기에 온 힘을 쏟아야 한다.

셋째, 새로 형성된 통로를 가능한 한 많이 사용하라. 통로를 사용할 기회가 우연히 생기기를 바라지 말고 스스로 기회를 만들어야 한다. 새로운 길을 따라 움직이면 움직일수록 길은 더 친숙해지고, 길을 따라 여행하는 일이 더 쉬워질 것이다. 이때는 사전에 계획을 잘 세우는 것이 중요하다.

넷째, 과거에 사용하던 오래된 통로를 따라 편하게 가려는 유혹을 자제하라. 유혹을 뿌리칠 때마다 더욱 강해지고 다음 유혹을 뿌리치는 일이 더 쉬워질 것이다. 유혹을 뿌리치지 못할수록 점점 더 쉽게 유혹에 넘어가게 된다. 처음부터 유혹과의 전쟁이 시작되는데 이때가 가장 중요한 단계이며 순간이다. 초기부터 자신의 결단력, 끈기, 의지력을 보여주어야 한다.

다섯째, 자신이 원하는 목적과 부합되는 통로를 제대로 만들었는지 확인하고, 제대로 된 것이라면 더 이상 의심하지 말고 두려움

없이 나아가라. 자신이 추구하는 목표를 세우고, 그 목표로 향하는 깊고 넓은 정신적 통로를 만들어야 한다.

이미 살펴보았듯이 습관과 자기암시에는 많은 공통점이 있다. 반복적으로 동일하게 수행되는 동작들은 습관을 통해 영원해지는 경향이 있고, 결과적으로 우리는 그 동작들을 무의식 중에 수행한다.

예를 들어 피아노 연주를 살펴보자. 연주자는 자신에게 익숙한 곡이라면 다른 생각을 하면서도 그 곡을 칠 수 있다.

앞으로도 계속 언급하겠지만 자기암시는 우리가 정신적 통로를 개척할 때 사용하는 도구고, 집중력은 그 도구를 잡고 있는 손이며, 습관은 그 정신적 통로의 방향을 보여주는 청사진과 같다.

생각이나 욕망이 실제적인 행동으로 나타나기 위해서는 우리의 의식세계에 충실하고, 지속적으로 의식세계에 머물러 있어야 한다. 그러면 이후에 습관을 통해 생각과 욕망이 영구적인 형태로 나타나게 된다.

> 습관은 우리의 행동방식이 지나는 '정신적 통로'라고 할 수 있다. 이 통로를 지날 때마다 길은 더욱 깊어지고 넓어진다. 만약 당신이 어떤 길을 걸어가야 한다면 장애물이 있는 길 대신에 뻥 뚫린 길을 선호할 것이다. 이는 정신적 행동에서도 마찬가지다. 가장 저항이 없는 길을 선택해 이동한다.

환경이 당신에게 미치는 영향

이제 구체적으로 환경에 대해 생각해보자.

이미 앞에서 살펴보았듯이 우리는 주변 환경으로부터 사고에 필요한 재료들을 흡수한다. 여기서 '환경'이라는 말은 다소 광범위한데, 이 주변 환경에는 우리가 읽는 책도 포함되고 만나는 사람들, 살고 있는 공동체, 하고 있는 일, 거주하는 나라, 입는 옷, 부르는 노래, 그리고 무엇보다 14세 이전에 받는 종교적·지적 훈련 등이 모두 포함된다.

환경이라는 개념을 분석하는 이유는 환경과 우리가 계발하려는 인간성과의 직접적인 관계를 보여주기 위해서다. 환경이 제공하는 것들을 기반으로 우리가 원하는 명확한 중점목표를 달성할 수 있다. 우리의 정신은 환경을 통해 제공하는 것을 기반으로 성장하기 때문이다.

따라서 가능하면 명확한 중점목표를 달성하는 데 도움이 되는 재료들을 많이 제공할 수 있는 환경을 선택하는 것이 중요하다.

만일 환경이 맘에 들지 않는다면 그 환경을 바꿔라! 환경을 바꾸기 위해서는 먼저 자신의 명확한 중점목표 달성에 가장 적합하다고 생각되는 환경과 그에 맞는 정확하고 명확한 그림을 자신의 마인드에 그려봐야 한다. 그것이 현실화될 때까지 그림에 집중한다.

앞에서 어떤 욕구를 이루기 위한 첫 번째 단계는 자신이 달성하려는 목표에 대한 명확하고 잘 정의된 그림을 그려보는 것이라고 하였다. 이것은 성공을 이루기 위해 반드시 지켜야 할 첫 번째 법칙이다. 만일 이 법칙을 따르지 않거나 무시한다면 우연을 제외하고는 성공할 가능성은 거의 없다.

누구에게나 동료나 친구는 환경에서 가장 중요하고 영향력 있는 구성요소다. 그들의 본성本性은 당신의 발전 혹은 퇴보에 중요한 역할을 한다. 그러므로 가능한 한 당신과 가장 친밀한 동료를 골라야 한다. 특히 당신의 목표와 이상과 인생의 중점목표를 위해 열정, 자긍심, 판단력, 그리고 야망을 가진 사람으로 골라야 한다.

아울러 귀에 들어오는 모든 말과 눈에 보이는 모든 것, 오감이 느끼는 모든 감각을 잘 기억하라. 이 모든 것들은 분명히 당신의 사고에 영향을 미친다. 이 말을 이해한다면 당신이 살고 있는 환경과 하고 있는 일이 얼마나 중요한지 알게 될 것이다.

당신의 인생 목표와 관련 있는 책을 읽는 것, 당신의 목표에 열정을 가지고 적극적인 자세로 동참하는 사람과 당신에게 용기를 주고 격려해주는 사람과의 대화 또한 중요하다.

우리는 지금 말 그대로 '문명화 시대'에 살고 있다. 명망 있는 과학자들은 입을 모아 이렇게 말한다.

"자연은 수백만 년을 거쳐 진화를 거듭해 현재 우리가 살고 있는 문명시대를 만들었다."

인디언 민족은 오랜 시간 동안 북미 대륙에서 살아왔다. 우리는 그들의 문명화를 평가할 수도 없고, 정확한 조사를 할 수도 없다. 그들의 환경은 미개했고, 환경을 바꾸려는 노력도 없었다. 오직 까마득히 먼 곳에서 다른 민족이 이주해 와서 강제로 문명을 전파한 것을 제외하고는 말이다.

그 결과, 3세기 동안 일어난 변화를 관찰해보면 예전의 사냥터는 거대한 도시로 바뀌었고, 인디언들도 교육을 받아 그들만의 문화가 생겼으며, 백인과 같은 능력을 얻기도 했다.

당신이 입고 있는 옷도 당신에게 영향을 미친다. 복장도 환경의 일부다. 더럽고 초라한 의상은 당신을 우울하게 만들고 자존심에 상처를 준다. 반대로 옷을 단정하게 입는다면 당신만의 스타일을 살릴 수 있으며 기분도 좋아진다.

어떤 사람을 알고 싶으면 그가 일하는 책상이나 주위 환경을 잘 살펴보면 그에 대해 쉽게 알 수 있다. 잘 정돈된 책상은 잘 정리된 두뇌를 의미한다.

예컨대 재고 보유문서를 작성하라고 시킨 후 그가 가져온 서류를 보라. 그가 어떤 뇌를 가지고 있는지 알 수 있을 것이다.

한 사람의 행동과 정신적 상태는 밀접한 관련이 있다. 환경의 영향은 공장, 가게, 사무실에서 일하는 사람에게 절대적이다. 따라서 고용주들도 그 중요성을 서서히 인식해서 고용인에게 도움이 되는 환경을 만들기 위해 노력하는 추세다.

한 진보적인 생각을 가진 세탁업자를 만난 적이 있다. 그는 경쟁사보다 월등한 실적을 올리고 있었다. 특이할 만한 점은 세탁실에 피아노를 두고 근무시간 동안 드레스를 입은 젊은 여성이 계속 피아노 연주를 하고 있었다는 것이다.

세탁소 직원들도 모두 하얀색 유니폼을 입고 있었고, 그 어느 곳에서도 세탁일이 고된 일이라는 증거를 찾아볼 수 없었다. 기분 좋은 근무 환경 덕분이었는지 이 세탁소 직원들은 더욱 열심히 일했다. 물론 급여도 다른 경쟁사 직원들보다 더 많이 받고 있었다.

환경이 어떤 결과를 야기하는지 이해되는가? 이것은 다음에 다룰 '집중력'이라는 주제를 설명하기에 가장 좋은 예이기도 하다.

오래된 습관을 없애는 최선의 방법은 그것을 대체할 반대되는 습관을 갖는 것이다. 새로운 정신적 통로를 형성하여 그것을 따르게 되면 오래된 통로는 자연적으로 사용하지 않게 되고, 결과적으로 소멸된다. 새로운 정신적 통로를 따라서 생활하면 할수록 그 길은 더욱 깊고 넓어지게 되며, 이후에는 그 습관에 따라 행동하는 것이 더 쉬워진다.

집중력은 성공으로 가는 마법 열쇠다

집중력은 일종의 능력이다.
생각한 바를 실행하는 힘이며,
긍정적인 사고방식으로 성공한 사람들이 이미 사용해온 열쇠다.

이제 '집중력'이라는 주제에 관한 원리를 적용하는 방법을 배울 때가 되었다. 지금부터 이 방법을 '성공으로 가는 마법 열쇠'라고 부르기로 하자.

먼저 이 마법 열쇠를 설명하기 전에 한 가지만 짚고 넘어가겠다. 이 열쇠는 누군가가 발명하거나 처음 발견한 것이 아니다. 긍정적인 사고방식과 새로운 사고를 하는 모든 사람들이 한 가지 혹은 다른 방식으로 사용해왔던 열쇠다.

이 마법 열쇠는 그 누구도 저항할 수 없지만, 누구나 사용할 수 있는 힘으로 만들어졌다. 이것은 부자로 가는 길을 열어줄 것이며, 명예를 얻는 길을 열어줄 것이다! 그리고 건강할 수 있는 길을 열어줄 것이고, 교육받을 수 있는 길을 열어주어 당신에게 숨어 있는 재능을 모두 끄집어낼 것이다. 당신에게 걸맞은 자리가 어느 곳이든 그 자리로 갈 수 있는 승차권 역할을 할 것이다. 그러므로 이 마법 열쇠만 있다면 지금까지 있었던 위대한 발명의 비밀을 알 수 있다. 이 힘이 바로 과거 천재들이 지녔던 힘의 원천인 셈이다.

만약 당신이 신분상승을 꿈꾸고 있는 노동자의 위치에 있다고 가정해보자. 마법 열쇠가 그 꿈을 이루도록 도와줄 것이다. 카네기, 록펠러, 힐, 포드, 모건, 그리고 그밖에 많은 사람들이 이 힘을 이용해 거대한 부를 쌓을 수 있었다. 또한 죄수들의 마음의 문도 활짝 열어 소외된 사람을 가치 있는 사람으로 만들어줄 것이다. 결국 이 마법 열쇠는 실패를 성공으로, 비극을 행복으로 바꿔줄 것이다.

이제 당신이 질문할 차례다.

"도대체 그 마법 열쇠가 무엇입니까?"

그 질문에 대한 답은 매우 간단하다.

"집중력!"

이제 여기에 사용된 집중력에 대한 정의를 내려보자. 먼저 이 단어를 명확하게 이해하길 바란다. 이 책에서 집중력을 신비스럽게 설명할 의도는 전혀 없다. 그러나 많은 과학자들은 집중력이 만들어내는 실로 믿지 못할 현상들을 설명하지 못한다.

집중력! 여기에서 설명하는 집중력은 일종의 능력을 말한다. 어느 한 주제에 친숙해지고 능통할 때까지 마음속으로 명심하고 연습하는 능력을 말한다. 어떤 문제를 풀 때까지 그 문제에 계속 집중하고 풀어보려고 노력하는 자세를 말한다. 이는 자신에게 필요 없다고 생각되는 습관을 과감히 벗어던질 수 있는 능력이다. 자신이 원하는 습관을 몸에 익힐 수 있는 힘도 포함된다.

결국 이는 '극기'와도 일맥상통한다. 다른 말로 하면 집중력은 생각하는 바를 사고할 수 있는 능력이다. 명확한 결말을 볼 때까지 사고를 조절할 수 있는 능력이며, 실행 가능한 행동계획을 잘 정리할 수 있는 보이지 않는 힘이다.

> 잠재의식은 우리의 인격을 구성하는 핵심적인 역할을 하며 이를 통해 우리의 행동방식이 결정된다. 사고와 행동의 반복을 통해 만들어진 습관은 레코드판에 있는 홈과 같고, 인간의 마음은 그 홈을 따라 움직이는 레코드 바늘과도 같다. 습관이 잘 형성되면 레코드 바늘이 움직이는 것처럼 마음도 그것을 따라간다.

집중력은 야망과 욕구로 완성된다

이제 당신은 인생의 명확한 중점목표에 집중하기 위해서는 목표에 섞여 있는 크고 작은 목표들보다는 가장 중요한 한 가지 목표에 집중해야 한다는 사실을 알았을 것이다.

최고의 집중력을 위해 가장 중요한 요소는 야망과 욕구다. 이 두 가지 요소가 없다면 마법 열쇠는 무용지물이다.

왜 수많은 사람이 성공적으로 집중력을 갖는 일에 실패할까? 그것은 야망이 부족하고 욕구도 절실하지 않기 때문이다.

욕구가 무엇이든 간에 그것이 집중력의 마법 열쇠를 얻기에 충분하다면 곧 이루어질 수 있다. 가슴속 깊숙이 자리잡고 있는 욕구를 이루어낸 사람들은 집중력의 위대한 힘을 이용한 것이다. 상상력으로 시작해 욕구를 거쳐 집중력의 힘으로 현실화하지 않으면 인류는 아무것도 창조할 수 없다.

이제 마법 열쇠의 유용성을 시험해보자. 먼저 당신의 마음에서 회의적인 의심을 걷어내라. 믿지 않는 사람은 절대 마법 열쇠가 주는 상을 받을 수 없다. 시험기간 동안 당신은 원하는 바를 이룰 수 있다고 반드시 믿어야 한다.

가령 당신이 이루려는 목표가 성공적인 작가, 대중연설가, 기업간부, 금융업자라고 가정하자. 그중에서 대중연설가를 택했다고 해보자. 그러면 반드시 이 서약서대로 따라야 한다. 먼저 종이 한 장을 꺼내 다음의 글을 따라 써보아라.

나는 영향력 있는 대중연설가가 되겠다. 왜냐하면 세상에 도움이 되는 일을 할 수 있고 기본적인 생활에 필요한 돈을 벌 수 있기 때문이다.

나는 매일 취침 전과 아침 기상 후 10분씩 이 욕구에 마음을 집중하겠다. 목표를 달성하기 위해 어떤 일을 할지 결정하겠다.

> 나는 영향력 있으며 사람들을 끌어모으는 대중연설가가 될 수 있다고 확신한다. 그 무엇도 내 목표를 방해할 수 없을 것이다.
>
> 서명 _____

이 서약서에 서명하고 적힌 대로 행동하라. 그리고 실제로 결과가 나타날 때까지 노력을 멈추면 안 된다. 집중력을 발휘하기 위해서는 이런 방식을 끝까지 밀고 나가야 한다. 1년, 3년, 5년, 심지어 10년 앞까지 내다볼 수 있어야 한다.

세상에서 가장 영향력 있는 대중연설가가 된 자신의 모습을 상상해보라. 대중연설가가 되기 위한 노력의 대가로 얻은 당신의 집을 보라. 남들이 평생을 벌어야 가질 수 있을 은행의 잔고를 보라. 대중연설가로서의 가진 엄청난 영향력을 보라. 명예를 잃을까 두려워하지 않는 직업의식을 보라. 상상력을 동원해 이 성공의 그림을 명확하게 그려보라.

당신 마음속 깊은 곳의 이러한 욕구는 곧 현실로 다가올 것이다. 이 욕구를 집중력의 가장 큰 목표로 삼아라. 그리고 무슨 일이 일어나는지 관찰하라.

당신은 이제 마법 열쇠의 비밀을 손에 넣은 것이다. 열쇠가 생각보다 신비롭지도 않고 우리가 쉽게 이해할 수 있는 언어로 구성되어 있다고 해서 마법 열쇠의 능력을 과소평가하지 마라. 세상의 위대한 진실을 분석해보면 항상 간단하고 이해하기 쉽다. 당신의 목표를 이루기 위해 이 열쇠를 현명하게 사용하라. 분명히 행복과 성공을 가져올 것이다.

이미 저지른 잘못이나 실패는 깨끗이 잊어라. 한번 지나간 일은 절대 다시 돌아오지 않는다. 과거에 했던 노력이 제대로 결과가 나오지 않았다면 모두 다시 시작하라. 5년 혹은 10년이 지난 후에 당신은 만족할 만한 성공을 이룰 것이다.

야망과 욕구, 그리고 집중력을 통해 세상에 도움이 될 만한 일을 해서 이름을 떨쳐라! '할 수 있다'고 믿는다면 당신은 할 수 있다! 마법 열쇠에 관한 설명은 이 정도면 충분하다.

> 위대한 진실은 대개 간단하고 이해하기 쉽다. 집중력도 마찬가지인데, 한 주제에 친숙해지고 능통할 때까지 마음속에 명심하고 연습하는 능력이다. 어떤 문제를 풀 때까지 그 문제에 계속 집중해서 풀려고 노력하는 자세를 말한다. 다른 말로 하면 집중력은 생각하고자 하는 바를 사고할 수 있는 능력이다.

마음의 자극을 통해 행동하라

의식세계에 있는 아이디어나 생각들은 그와 비슷한 생각을 불러 모으며 그에 따른 적절한 행동을 취한다. 집중력을 통해 의식세계에 당신의 열망을 심어라. 신념을 가지고 이 일을 행하면 과학자도 설명할 수 없는 더 큰 힘을 얻을 것이다.

집중력이 발휘하는 힘에 좀 더 익숙해지면 왜 처음부터 인생의 명확한 중점목표를 설정하라고 했는지 이해할 수 있을 것이다. 마음 깊숙한 곳에 목표에 대한 욕구의 씨앗을 심고 집중력을 발휘해 노력하면 다른 위대한 힘이 당신을 도울 것이다. 이것이 이 장에서 가장 중요하면서 동시에 이 책의 전체 내용 중 가장 중요한 요소이기도 하다. 이 문장을 한 번 살펴보자.

'두 명 혹은 그 이상의 사람이 모여 하나의 목표 아래 완벽한 조화를 이룰 때, 그리고 구성원들이 모두 신념을 가지고 노력할 때 큰 힘을 발휘한다.'

앞 문장의 근간은 과학적으로 밝혀지지는 않았지만 조직된 노력의 힘과 관련하여 이 책에서 수차례에 걸쳐 서술한 것과 관련된 법칙이다.

우리는 화학시간에 두 개 혹은 그 이상의 원소 화합물이 전혀 다른 물질을 만든다는 것을 배웠다. 예를 들어 우리가 보통 마시는 물은 'H_2O'라고 쓴다. 물이 수소원자 두 개와 산소원자 한 개로 이루어졌다는 것을 의미한다.

하지만 물은 수소도 산소도 아니다. 이 '결합'은 전혀 다른 원소를 만들어냈다. 같은 원리로 한 가지 목표를 위해 완벽한 조화로

뭉친 사람들이 만들어내는 힘도 두 가지 원소가 모여 한 가지 물질을 탄생시키는 것과 같이 위대하다.

세상의 모든 물질은 전자(에너지의 한 형태로 모든 물질을 구성하고 있는 가장 작은 단위)로 만들어졌다. 인간의 사고思考 역시 에너지의 한 형태다. 더 정확히 말하면 에너지의 가장 높은 형태다. '사고'라는 것이 발전기로부터 생성되는 전기 에너지와 같다는 말도 틀린 말은 아니지만, 엄밀히 말해서 사고가 좀 더 높은 에너지의 집합이다.

모든 물질이 우리가 전기라고 부르는 전자로 이루어졌고, 정신이 월등하게 조직된 전자라면 물질을 지배하는 법칙을 정신 다스리기에도 똑같이 적용할 수 있지 않을까? 적당한 비율로 적절한 조건에서 두 개 혹은 그 이상의 원소가 혼합되었다면 물처럼 전혀 다른 물질을 만들 수 있을 것이다.

같은 이치로 두 가지 혹은 그 이상의 정신들이 모여 개개인의 힘을 합한 것과는 상대도 안 되는 엄청난 힘을 발휘한다는 사실을 알 수 있다. 다른 사람으로 인해 당신이 받은 영향력을 생각하면 이 사실을 의심 없이 받아들일 수 있을 것이다.

어떤 사람은 당신에게 낙관적이고 열정적인 영향을 준다. 그들은 당신의 마음에 자극을 주어 중요한 행동을 이끌어내려는 것처럼 보인다. 반대로 당신 주위의 어떤 사람 때문에 당신의 생명력이 떨어지고 기분도 우울해졌다면 이 말 역시 사실이라는 것을 알 수 있다. 그렇다면 주위 사람으로 인해 우리의 기분 또는 행동에 변화가 생기는 이유는 과연 무엇일까?

이 물음에 대한 과학적인 정답은 없다. 그러나 오랜 경험으로 결론지을 수는 있다. 물론 당신이 이것을 꼭 증명할 필요는 없다. 그러나 당신의 영혼을 우울하게 만드는 사람이 있다면 이 사실을 실감할 수 있을 것이다.

당신의 영혼을 깨우고 자극시키는 사람은 당신이 목표를 성취하는 데 큰 힘을 준다. 반면 당신을 우울하게 하고 생명력을 떨어뜨리는 사람은 반대의 영향을 준다. 이 말은 가설의 도움이나 증명할 필요조차 없이 당신이 가끔 경험한 사실만으로도 알 수 있을 것이다.

이제 앞에서 이미 언급했던 문장으로 돌아가보자.

'두 명 혹은 그 이상의 사람이 모여 하나의 목표 아래 완벽한 조화를 이룰 때, 그리고 구성원들이 모두 신념을 가지고 노력할 때 큰 힘을 발휘한다.'

이 문장을 철저히 공부하라. 아마도 '정신적인 공식'을 발견할 수 있을 것이다.

하지만 확고한 신념 없이 이 문장을 공부한다면 당신에게 돌아올 긍정적인 영향은 기대할 수 없다. 수소원자 하나가 다른 산소원자 하나와 결합하면 물이 되지 않는 것처럼 '완벽한 조화의 정신'을 수반하지 않는 이름뿐인 협력은 '큰 힘'을 생성하지 못한다.

인간의 몸은 물질적인 힘에 따라 구속될 수 있지만 정신은 그렇지 않다. 인간에게는 자기 자신의 정신을 스스로 통제할 수 있는 힘이 있다. 자신의 마인드를 인위적으로 자극해서 장애물을 극복할 수 있도록 해줄 수 있는 방법을 터득한 사람은 그의 노력이 건설적이라면 명예와 부를 얻을 수 있다. 그때 필요한 것이 '집중력'이다.

기억을 만들어내는 3가지 훈련

우리는 환경과 습관이 집중력이라는 주제에서 얼마나 중요한 부분을 차지하는지 살펴보았다. 이제는 세 번째 주제인 '기억력'에 대해서 알아볼 차례.

기억력은 앞의 두 단계 못지않게 중요하다. 하지만 정확하고 확고한 기억력을 훈련시킬 수 있는 법칙은 비교적 간단하다.

1. 보존 : 오감을 통해 받아들이는 감각정보를 의식 속에 정리해 놓는 것으로, 카메라의 감광판에 그림을 기록하는 과정과 비슷하다.

2. 회상 : 잠재의식 속에 기록된 감각정보를 의식 속으로 불러오는 과정으로, 검색카드를 살펴보고 그중 하나를 꺼내는 과정과 같다.

3. 인식 : 의식으로 불러들인 감각정보를 인식하고 이를 원래의 감각정보와 똑같이 복제해서 처음 기록할 때의 감각정보와 연계시키는 능력으로, 이것을 통해 '기억'과 '상상력'을 구분할 수 있다.

이상이 기억을 만들어내기 위한 3가지 훈련과정이다. 이 법칙들을 어떻게 효율적으로 사용할 수 있는지 알아보자.

첫째, 이름, 날짜, 장소 등의 감각정보를 회상할 수 있는 능력을 확인하기 위해서는 마음을 집중해서 정보의 세부적인 것까지 떠올려야 한다. 가장 효과적인 방법은 기억하고자 하는 것을 여러 번 반복하는 것이다.

카메라의 감광판에 이미지를 기록하려면 적절한 시간 동안 노출해야 하는 것처럼 우리의 잠재의식이 우리가 원하는 감각정보들을 적절하고 명확하게 기록할 수 있도록 시간을 주어야 한다.

둘째, 기억하려는 것을 자신에게 친숙하고 언제든지 쉽게 떠올릴 수 있는 이름, 장소, 날짜 같은 것들과 연관시킨다. 예를 들어 고향, 친한 친구, 생일 등이 좋은 예다. 그러면 당신의 마인드는 당신이 기억하려는 감각정보들을 쉽게 기억할 수 있는 것들과 연관시켜 나중에 이것들을 떠올리면 해당하는 감각정보들도 함께 떠오르게 될 것이다.

셋째, 기억하려는 것에 마음을 집중하고 여러 번 반복해서 떠올린다. 이 과정은 마치 아침에 일찍 일어나기 위해서 전날 자기 전에 여러 번 암시를 주는 과정과 비슷하다.

우리가 사람들의 이름을 잘 기억하지 못하는 이유는 처음 받아들일 때 이름을 제대로 기록하지 못하기 때문이다. 가령 이름을 기억하고 싶은 사람을 소개받은 경우 제대로 이해했는지 집중하면서 네다섯 번 다시 반복해본다. 만일 그 사람의 이름이 자신이 잘 알고 있는 다른 사람의 이름과 비슷하다면 두 이름을 관련지어서 함께 떠올리면 된다.

기억력을 향상시키거나 원하는 습관을 형성하는 능력은 전적으로 당신에게 달려 있다. 마음의 감광판에 당신이 원하는 목표가 새겨질 때까지 그 목표에만 온 정신을 집중해야 한다. 이렇게 보면 집중력은 다름 아닌 정신을 얼마나 잘 통제하느냐에 따른 것이다.

익숙하지도 않고 생전 처음 보는 문구를 하나 읽은 후 눈을 감아보자. 문구들이 마치 직접 보고 있는 것처럼 떠오르는 것을 느낄수 있을 것이다. 사실 당신은 문장을 보고 있는 것이다. 다만 종이가 아니라 당신의 마음속에 있는 감광판을 통해 읽는다는 점만이다를 뿐이다.

이 실험은 아마도 처음에는 성공하지 못할 것이다. 당신이 문장에 집중하지 않았기 때문이다. 하지만 이 과정을 여러 번 반복하다보면 마침내는 성공하게 될 것이다.

예를 들어 시를 암기하기 위해서는 먼저 문장을 주의 깊게 살펴보고, 눈을 감은 상태에서도 이 문장들이 떠오를 때까지 연습하면 금방 암기할 수 있다.

자신의 명확한 중점목표만큼 실험대상으로 삼기에 좋은 것은 없다. 자신의 중점목표를 더 이상 보지 않아도 반복할 수 있을 때까지 암기한 다음 하루에 적어도 두 번 이상 자신의 정신을 목표에 집중하자.

이를 위해서는 먼저 아무에게도 방해받지 않을 조용한 곳으로 가서 자신의 몸과 마음의 긴장을 완전히 풀어준다. 그다음에 눈을 감고 손가락들을 귀에 대서 일반적인 음파나 빛의 파동으로부터 격리시킨다. 그 자세로 자기 삶의 최종 목표를 반복한다.

이와 동시에 모든 상상력을 동원해 자신이 오직 목표에만 집중하고 있는 모습을 상상해보라.

만일 목표의 일부가 돈을 모으는 것이라면 돈을 소유하고 있는 모습을 상상하라. 목표의 일부가 집을 소유하는 것이라면 실제로 갖길 원하는 집의 모습을 상상해보라. 힘있고 영향력 있는 대중연설가가 되길 원한다면 훌륭한 바이올리니스트가 연주할 때처럼 관중을 압도하는 모습을 상상해보라.

성공적인 집중력의 가장 큰 조건은 야망과 욕구다. 이 두 가지 요소가 없다면 마법 열쇠는 무용지물이다. 그런데 왜 수많은 사람이 성공적인 집중력 갖기에 실패할까? 그것은 야망이 부족한 것은 물론이고 욕구도 절실하지 않기 때문이다. 그런 때는 상상력을 동원해 자신이 오직 그 목표에 대해서만 집중하고 있는 모습을 떠올려보자.

인간의 정신을 자극하라

이미 앞에서도 여러 번 이야기했듯이 성공은 다른 사람과의 기술적이고 조화로운 협력에 달려 있다. 일반적으로 다른 사람으로 하여금 자신이 원하는 일을 할 수 있게 하는 방법을 터득한 사람은 어떤 일이든 성공할 수 있다.

이제 집중력 법칙에서 가장 중요한 부분을 소개하겠다. 이 법칙을 통해 사람들은 서로 영향을 받고 협력이 이루어지며, 적대감이 없어지고 우정이 형성될 수 있다. 언뜻 생각하면 강요를 통해서도 만족할 만한 결과를 얻을 수 있을 듯하다. 그러나 이런 방식의 성공은 결코 장기간 지속되지 못한다.

인간의 몸은 물질적인 힘에 의해 구속될 수 있지만 정신은 그렇지 않다. 신은 인간에게 자신의 정신을 스스로 통제할 수 있는 권한을 주었고, 이 권리를 행사하는 한 어떤 사람도 건전한 사고를 가진 다른 사람의 정신을 통제할 수는 없다.

그러나 대부분의 사람들이 이 권리를 행사하지 못하고 있다. 그들은 잘못된 교육체제 때문에 그들 정신에 잠재하는 엄청난 힘을 미처 발견하지 못한 채 세상을 헤쳐나가고 있는 것이다. 가끔씩 아주 우연히 자신의 진정한 힘을 발견해서 산업분야에 사용하는 사람을 볼 수 있다. 천재가 태어난 것이다!

인간의 정신은 지속적으로 성장하고 탐험하지만 어떤 시점에 이르면 정체된다. 이때 일상에서 벗어난 자극이 없으면 장애물을 넘지 못하고 그 지점에서 멈춘다. 이 지점은 매우 낮을 수도 있고 높을 수도 있다. 자신의 마인드를 인위적으로 자극해서 장애물을 극복하는 방법을 터득한 사람은 그의 노력이 본질적으로 건설적인 것이라면 명예와 부를 얻을 것이다. 이런 과정을 교육할 수 있는 사람은 역사적으로 인간에게 가장 큰 축복을 줄 수 있는 사람이다.

때로 이런 일을 할 수 있는 자극제나 약물을 사용하는 사람도 있다. 하지만 이것들은 일시적으로 장애를 극복시켜주는 것 같지만 결국에는 그들을 무너뜨린다.

우리는 정신적인 자극제를 이용해야 한다. 이 자극제는 마스터 마인드를 형성하는 기본요소인 강한 흥미, 욕구, 열정, 사랑 등이다. 이것을 발견한 사람은 결론적으로 범죄 해결에도 많은 도움을 주었다. 다른 사람의 정신세계에 영향을 미치는 방법을 배운 사람은 그들에게 많은 영향을 미칠 수 있다.

정신은 커다란 땅에 비유할 수 있다. 이 땅은 매우 비옥해서 씨만 뿌리면 언제든 많은 양을 수확할 수 있다. 문제는 가장 적당한 씨앗을 고르는 일과 어떻게 씨앗을 뿌려야 뿌리를 잘 내리고 빨리 자랄 수 있는가 하는 것이다.

우리는 우리의 정신에 매일 매시 매초마다 씨앗을 뿌리고 있다. 그러나 이 과정은 무의식적으로 이루어진다. 이 과정이 잘 설계된 계획에 따라서 이루어질 수 있는 방법을 배워야 한다. 우리의 정신에 뿌린 씨앗 역시 뿌린 만큼 거둘 수 있기 때문이다. 여기에 예외란 없다.

성공은 다른 사람과의 관계에 달려 있다. 그러므로 자신이 원하는 일을 다른 사람으로부터 끌어낼 수 있는 방법을 터득하여 마찰 없이 협상하는 능력은 성공한 사람들이 지닌 뛰어난 자질이다. 결국 성공적인 협상 기술은 참을성 있고 고통스러운 자제력을 연마했을 때 비로소 얻을 수 있으며, 이것은 훈련에 의해 터득할 수 있다.

희망만으로는 부(富)를 획득할 수 없다

역사상 변치 않는 진리가 있다면 그것은 '스스로 할 수 있다고 믿으면 할 수 있다. 그것은 주어진 과제와 겨루는 마음가짐에 달려 있다'는 것입니다. 어디선가 많이 들어본 말이지요? 그렇습니다. 할 수 있다고 믿으면 할 수 있습니다.

지금부터 이야기를 하나 하겠습니다.

인간에게는 두 가지 에너지가 있습니다. 하나는 육체적인 것이고, 다른 하나는 정신적인 것입니다.

이 두 가지를 비교하는 경우 전자에 비해 후자가 훨씬 중요합니다. 잠재의식에서 짧은 시간 내에 대단히 강한 힘을 이끌어낼 수 있기 때문입니다.

예컨대 극도로 긴장했을 때 인간이 발휘하는 괴력이나 인내력을 생각해보십시오. 가령 자동차 사고가 일어나 아이가 뒤집힌 자동차 밑에 깔렸다고 해봅시다. 몸집이 작고 힘이 없는 엄마는 순간적으로 망설이지만 곧 정신을 차리고 아이가 나올 수 있도록 어떻게든 차를 들어올립니다.

이렇듯 긴급한 상황이 되면 인간은 잠재의식의 지배를 받아 보통 때는 상상도 못할 힘을 발휘하여 장애물을 파괴하거나 혹은 들어올릴 수 있습니다.

1954년 5월 6일, 로저 베니스터는 육상계의 오랜 숙원인 1마일 4분의 벽을 깼습니다. 그때까지 육상계의 대체적인 의견은 '1마일을 4분 내에 깬다는 것은 인간의 육체로는 있을 수 없는 일이다'였습니다. 그러나 베니스터가 난공불락의 벽을 깼고 그때의 과정을《스포츠 일러스트레이티드》지에 연재했습니다.

그는 육상계의 오랜 꿈을 이루기 위해서 정신과 근육을 훈련했습니다. 그는 몇 달에 걸쳐 기록을 달성할 수 있다는 신념을 잠재의식에 주입하는 방식으로 컨디션을 조절했다고 밝혔습니다.

그때까지는 일반적으로 1마일을 4분에 달리는 것은 인간의 신체로 깰 수 없는 벽이라고 생각되었지만, 베니스터는 그것은 벽이 아니라 입구라고 생각했습니다. 한번 지나면 다른 신기록으로 통할 수 있는 길이 얼마든지 열릴 것이라는 확신 혹은 신념이 있었습니다. 그의 생각대로 이루어진 것은 두말할 나위도 없습니다.

로저 베니스터가 길을 연 것입니다. 그가 처음으로 1마일 4분의 벽을 깨고 난 후 4년쯤 지나자 그를 포함하여 46번이나 그 위업이 달성되었습니다. 1958년 8월 6일, 아일랜드의 더블린에서 열린 경기에서는 5명의 선수가 동시에 1마일 4분의 기록을 깼습니다.

로저 베니스터에게 이런 비결을 전해준 사람은 바로 일리노이대학교 체력적성 연구소장인 토머스 커크 큐턴 박사입니다. 큐턴 박사는 신체의 에너지에 관해서 완전히 새로운 생각을 가지고 있었습니다.

그는 이것을 운동선수나 운동선수가 아닌 사람에게도 적용할 수 있다고 말합니다. 이 훈련방법을 통해 육상선수는 보다 빨리 달릴 수 있고, 일반인의 경우에도 더 오래 살 수 있다고 합니다.

큐턴 박사의 연습방법은 다음 2가지를 기본으로 하고 있습니다.

첫째, 전신全身을 단련한다.

둘째, 내구력耐久力의 한계까지 단련하고 연습할 때마다 한계를 넓혀간다.

큐턴 박사는 유럽의 유명한 육상선수의 러닝 체력 테스트에서 로저 베니스터와 알게 되었습니다. 박사는 베니스터의 신체가 부분적으로 훌륭하게 발달되어 있다는 사실을 알아차렸습니다. 그의 심장은 신체의 크기와 비교할 때 보통 사람보다 25퍼센트 정도 더 컸습니다. 그러나 베니스터에게는 보통 사람보다 덜 발달되어 있는 부분도 있었습니다.

큐턴 박사는 그에게 신체의 전체적인 발달에 힘쓰라고 충고했습니다. 그는 등산을 하여 정신을 단련하는 방법을 배웠습니다. 등산은 그에게 장애를 극복할 수 있는 방법을 알려주었습니다.

또한 그는 큰 목표를 작은 목표로 나누는 방법을 배웠습니다. 그의 이야기에 따르면 1마일을 4분의 1씩 나눠 달리는 것보다 처음부터 4분의 1마일만 달릴 마음으로 달리는 편이 더 빨리 달릴 수 있다고 합니다.

그는 1마일을 4분의 1씩 나누어 그것을 각각 떼어놓고 생각하는 훈련을 했습니다. 방법은 '우선 4분의 1마일을 전력질주하고 이어서 트랙을 살짝 달리는 스피드로 일주하여 숨을 돌린다. 그리고 다시 4분의 1마일을 대시한다'고 하는 식입니다.

그는 4분의 1마일을 58초 이하로 달리는 것을 목표로 했습니다. 따라서 1마일을 58초의 4배인 232초, 즉 3분 52초로 달려야 한다는 계산이 나옵니다. 그에게 있어 최대의 속도였습니다.

그는 언제나 한껏 달린 후 스피드를 떨어뜨려 숨을 돌렸습니다. 달릴 때마다 최대 속도가 조금씩 빨라졌습니다. 드디어 운명의 1954년 5월 6일의 레이스에서 3분 59초 6을 기록, 1마일 4분의 벽을 깰 수 있었습니다.

큐턴 박사는 베니스터에게 '체력은 단련시키면 시킬수록 발달하는 것이다'라고 가르쳐주었습니다. 그는 '지나친 연습'이라든가 '연습에 따른 과로' 등의 이야기는 '엉터리'라고 말합니다.

그렇다면 크게 성공했다고 인정받는 사람들이 온갖 고난을 극복할 수 있었던 불가사의한 정체는 과연 무엇일까요? 그들이 발휘한 초자연적이면서도 위대한 힘은 어디에서 나오는 것일까요? 가령 치명적인 패배로 큰 타격을 받아도 다시 전 세계를 상대로 싸우려고 일어서는 사람에게 무한한 지성이 구원의 손을 내미는 것은 왜일까요?

이런 질문들에 답하기 위해 과거의 위대한 철학자, 실업가, 예술가, 정치가, 발명가 등의 사람들을 종합적으로 분석한 결과, '인내력'과 '집중력', 그리고 '목표의 명확한 계획화'가 성공의 근본원인이었다는 것을 알 수 있었습니다.

이제 실험 하나를 해봅시다. 지금부터 당신이 만나는 10명에게 '이 세상에서 가장 원하는 것이 무엇인가?'라는 질문을 해보십시오. 아마도 그들 중 98명은 즉석에서 대답하지 못할 것입니다.

꼭 대답해야 한다고 요구하면 대부분의 사람은 '돈'이나 '행복', '명성과 권력'이라고 답할 것입니다. 그밖에 '능력을 인정받고 싶다'든가 '생활의 안정' 혹은 '가수, 화가, 작가로서의 재능'이라고 대답하는 사람도 있을 것입니다.

그러나 어떤 경우든 그것을 얻기 위해 꼭 필요한 것은 명확한 소
망과 부단한 인내력을 바탕으로 한 계획입니다. 명확하게 목표달
성의 기일을 대답하지 못하면 계획도 명확하게 설명하지 못할 것
입니다.

희망만으로는 부를 얻을 수 없습니다. 불타는 열망만이 당신의
'꿈'을 이룰 수 있습니다.

습관 4 - **자신감**

자기확신과
자신감 개발 포인트

자신에 대한 빛나는 확신이 있다면 자기확신의 원리는

이러한 믿음을 받아들여 이를 당신의 지배적인 사고로 확립시키게 된다.

이는 결국 당신이 장애를 극복하고

성공의 정상에 도달할 때까지 도움을 주게 될 것이다.

자기확신이 만들어낸 성공의 힘

누구나 성공을 원한다. 그러나 자신 외에는
그 누구도 자신에게 성공을 가져다주지 못한다.
스스로 자기확신이 없다면 타인의 협력을 구하기도 어렵다.

처음에는 신문사의 사무국 직원이었지만 의외의 직업으로 전환하여 미국에서 가장 뛰어난 세일즈맨으로 평가받는 사람이 있다. 그가 어떻게 '세일즈 챔피언'이라는 타이틀을 얻었는지 분석해보자.

그는 무척 내성적인 젊은이였다. 인생의 무대에서 전면에 서거나 앞자리에 앉지 못하고 뒷문 가까이 혹은 객석의 마지막 자리에서 서성이는 그런 류의 사람이었다.

어느 날 그는 '자기확신'에 대한 강연을 듣게 되었다. 그리고 이 강좌에 깊은 감명을 받아 이전까지 그가 지내왔던 삶의 방식에서 벗어나야겠다고 확고하게 결심하고 강연장을 빠져나왔다.

그 후 그는 신문사의 경영 간부에게 능력에 따른 인센티브를 받는 조건으로 광고를 따내는 자리를 요구했다. 신문사 사람들은 영업분야는 적극적인 성격이 필요한데 평소 그의 소심한 성격에 비추어보아 분명히 실패할 거라고 믿었다. 그는 개의치 않고 사무실로 돌아가서 광고를 따내기 위한 잠재고객의 명단을 작성하였다.

사무실 사람들은 그가 작성한 명단의 고객들이 최소한의 노력을 들여서 쉽게 광고를 따낼 수 있는 광고주들일 거라고 생각했다.

하지만 그는 그렇게 하지 않았다. 오히려 기존 광고부 직원도 광고를 따내지 못했던 까다로운 광고주들의 이름만 골라 명단을 작성했다. 모두 12명이었다. 방문을 시작하기 전에 그는 도심 공원에 가서 12명의 이름이 적힌 종이를 꺼내 100여 번을 소리 내어 읽고는 자신에게 주문을 걸었다.

"당신은 이 달이 끝나기 전에 우리 신문에 광고를 실을 것입니다."

"당신은 이 달이 지나기 전에 우리 신문에 광고를 실을 것입니다."

그러고 나서 방문을 시작했다. 방문을 시작한 첫째 날 그는 그 '불가능한' 12명 중 3명에게 광고면을 팔고 하루를 마감했다. 그 주가 가기 전에 2명에게 추가로 광고란을 팔 수 있었으며, 월말이 되었을 때는 12명 가운데 11명에게 광고지면을 판매할 수 있었다.

그런데 그다음 달에는 한 건의 실적도 올릴 수 없었다. 그는 가장 완고한 고객 한 명에게만 전화를 걸어 상담을 요청했고, 그때마다 '노'라는 문전박대를 당해야만 했다. 그 완고한 고객은 자신이 광고를 싣지 않을 것이라는 사실을 알고 있었지만, 이 젊은이는 그 사실을 모르는 듯했다. 고객이 '싫다'라고 했지만 그는 이를 듣지 않았다. 그달의 마지막 날 이 끈질긴 젊은이에게 연속해서 30번을 거절한 완고한 고객은 이렇게 말했다.

"이봐요, 젊은이! 하나 물어봅시다. 나한테 광고를 따내려고 당신은 자그마치 한 달을 허비했어요. 도대체 왜 그렇게 시간낭비를 하는 거요?"

그러자 그 젊은이는 이렇게 대답했다.

"저는 시간을 허비한 게 아닙니다. 저는 매일 등교를 하는 학생이었고, 당신은 저의 선생님이셨습니다. 저는 이제 고객이 광고를 싣지 않기 위해 펴는 모든 논점論點을 알게 되었을 뿐 아니라 자기확신을 길러낼 수 있었습니다."

그러자 고객은 이렇게 말했다.

"고백하자면 사실 나도 그동안 학교를 다니는 학생과 같았네. 자네는 나의 선생이었지. 자네는 돈보다 값진 끈기를 나에게 가르쳐 주었으니 내 이에 대한 보답으로 수업료를 내지. 이제부터 자네에게 광고를 맡기겠네."

바로 이런 식으로 해서 전 미국을 망라하여 가장 뛰어난 광고섭외가가 필라델피아의 〈노스 아메리칸North American's〉지에서 탄생하게 된 것이다.

그 후 이 젊은이는 명성을 얻게 되었고, 결국 백만장자 대열에 들어서게 되었다. 그는 자신의 마음을 흘러넘치는 자기확신으로 충전하여 불가사의한 힘을 길러냈기 때문에 성공할 수 있었다.

그는 광고주 12명의 이름으로 명단을 작성했을 때 다른 사람들이 하는 방식을 100% 따르지 않았다. 그는 가장 상품을 팔기 어려워 보이는 사람들만을 골라 명단을 작성했다. 광고를 파는 데 발생할 수 있는 모든 저항을 이해하고 이로부터 자신을 강화시키며 아울러 자기확신을 기르기 위해서였다. 그는 사람들이 최소한의 저항으로 편안한 길만을 찾아가려 하기 때문에 강줄기처럼 구부러진다는 사실을 아는 얼마 안 되는 사람 가운데 하나였다.

> 당신에게 자기확신이 있다면 주위 사람들이 이를 먼저 발견할 것이다. 그들이 이를 발견하도록 하라. 그들은 이를 알아챈 자신의 눈썰미와 예민함에 뿌듯함을 느낄 것이고, 당신은 자만의 의혹으로부터 자유롭게 된다. 자만으로 가득 찬 사람에게는 모욕과 비방만이 따를 뿐 기회는 오지 않는다.

자신만이 자신에게 성공을 가져다준다

앞에서 자신의 무의식에 굳게 자리잡은 마음은 반복적인 확인과정을 통해 자동적으로 계획과 청사진이 되어 당신의 노력을 성공으로 이끈다는 사실을 배웠다. 이때 자기암시는 자기의 마음에 암시를 하는 것, 즉 자신이 선택한 생각을 마음에 심는 원리다.

자기암시는 에머슨이 집필할 때 이용하기도 한 원리인데, 그는 이렇게 이야기했다.

"자신만이 자신에게 평화를 가져다줄 수 있다!"

이 말은 '자기 자신 외에는 그 누구도 자신에게 성공을 가져다주지 못한다'는 말과 일맥상통한다. 물론 성공을 위해서는 다른 사람의 협조도 필요하지만, 스스로 자기확신의 긍정적인 태도를 지니지 않는 한 타인의 협력을 구하기는 어렵다.

당신은 비슷한 교육을 받고 실적도 비슷한 것 같은데 어떤 사람이 주변 사람에 비해 상대적으로 좋은 대우를 받는 것에 대해 의구심을 품어본 적이 있는가? 하지만 그 두 사람을 자세히 살펴보면 한 사람이 다른 사람에 비해 좋은 대우를 받는 이유를 확연히 알수 있다.

좋은 대우를 받는 사람은 자기 자신을 믿는다. 그는 이러한 자신의 신념을 역동적이고 능동적인 행동으로 뒷받침하여 다른 사람들에게 '그는 자신감이 넘치는 사람'이라는 인상을 심어준다. 이런 자기확신은 전염성이 있고 설득력도 지녀 다른 사람을 끌어당기는 힘이 있다.

반면 좋지 않은 대우를 받는 사람을 살펴보면 그의 표정에서나 몸가짐, 그리고 걸음걸이, 말투 등에서 자기확신이 결여되어 있다는 것을 느낄 수 있다.

사람들은 자기 자신에 대한 확신이 없는 사람에게 주의를 기울이려 하지 않는다. 그의 마음에는 남을 끌어들이기보다 거부하는 부정적인 힘이 있기 때문에 타인을 끌어당기지 못하는 것이다.

세일즈 부문만큼 자기확신이 중요한 역할을 하는 분야도 없다. 하지만 세일즈맨이 자기확신이라는 덕목을 갖추었는지를 판단하기 위해 성격분석가가 될 필요는 없다. 만약 그가 자기확신이 넘치는 사람이라면 당신은 이것을 금방 파악할 수 있을 것이다. 그가 당신에게 자신과 자신이 팔고자 하는 상품에 확신을 갖도록 할 것이기 때문이다.

대부분의 사람들은 자신의 내부에 잠들어 있으면서 누군가가 깨워주기만을 기다리고 있는 가능성(잠재력)에 대해 거의 인식하지 못하고 있다. 그런데 평범한 자극으로부터 자신을 끌어올릴 수 있는 자기확신을 충분히 개발하지 않는다면 이러한 잠재력은 영영 인식하지 못하게 될 수도 있다.

인간의 마음은 마치 개화하는 꽃잎과 같아서 그 최대치에 도달할 때까지 끊임없이 펼쳐진다. 그 최대치가 얼마이고 어느 지점에서 멈추며 과연 끝이 있기는 한 것인지는 알 수 없지만, 개인의 특성과 그의 마음에 어떠한 사고를 지니고 있는가에 따라 이해의 폭은 달라진다. 매일 분석적 사고를 한다면 이해의 폭은 계속해서 개발되고 넓어지게 될 것이다.

켄터키주의 루이즈빌 시내에 리 쿡Lee Cook이라는 사람이 있었는데, 그는 두 다리가 없어 휠체어 신세를 져야만 했다. 그는 태어날 때부터 다리가 없었지만 자신의 노력으로 거대한 산업체의 소유주가 되었고 백만장자 대열에 오르게 되었다. 자기확신을 개발하면 다리가 없어도 잘 살아갈 수 있다는 것을 보여주는 산증인이다.

자신의 처지를 비관하는 사람은 어느 시대, 어느 곳에도 있다. 그들이 쿡이 했던 것처럼 자신의 능력을 확신했더라면, 그 결과 자기확신, 즉 자신감을 가졌더라면 쿡이 행했던 것 이상을 이룰 수도 있었을 것이다.

위스콘신주의 밀로 존스Milo C. Jones라는 사람은 마비증세가 찾아와 침대에서 몸을 돌려 눕지도 못하고, 자신의 근육을 뜻대로 움직일 수도 없게 되었다. 그의 육체는 쓸모가 없어졌지만 두뇌에는 아무런 이상이 없었기 때문에 그는 머리를 쓰기 시작했다. 침대에 똑바로 누워 존스는 명확한 목표를 세웠다.

사실 그의 목표는 단순하고 보잘 것 없었지만 확실했고 또한 이전에는 가지지 못했던 '목표'였다. 그의 명확한 목표는 돼지고기 소시지를 만드는 것이었다.

그는 가족을 불러 모으고 자신의 계획을 밝히면서 이 계획을 실행하도록 지침을 내렸다.

성한 두뇌와 충분한 자기확신 외에 그가 가진 것은 없었지만, 그는 '작은 돼지 소시지Little Pig Sausage'로 미국 전역을 강타했다. 이로써 명성을 얻었을 뿐 아니라 부도 축적할 수 있었다. 이러한 그의 모든 성취는 몸이 마비되어 두 손을 이용하여 일을 할 수 없게 된

후에 이루어졌다. 놀라운 사고의 힘을 알 수 있다!

헨리 포드는 자신이 필요로 하는 것보다 더 많은 재산을 소유하였다. 성공을 이루기 얼마 전까지만 해도 그는 기계공장의 평범한 일꾼이었고, 학력도 재산도 보잘것없는 사람이었다.

당시 그와 같이 일을 했던 사람 중에는 그보다 더 많이 배우고 뛰어난 두뇌를 가진 사람들도 많았다. 포드는 빈곤의식을 벗어던지고 자신에 대한 자신감을 개발하고 성공을 이루고자 하였으며, 결국 이를 이루어냈다.

이해되는가? 만약 당신이 좀 더 많은 것을 얻고자 한다면 자신에게 더욱 많은 것을 요구하라. 그리고 이러한 요구는 자신에게 하는 것임을 꼭 명심하라!

> 인간의 마음은 건전지와 같다. 양성을 띨 수도 있고 음성을 띨 수도 있다. 자기확신은 마음이 재충전되고 양성의 기운을 나타내는 특성이 있다. 습관의 원리로 근육을 움직일 수 있는 것처럼 마음의 능력도 장악하게 할 수 있다. 어떤 욕구를 마음에 품고 계속 생각하면 그것은 결국 육체적인 표현으로 나타나게 된다.

자기확신을 위한 5가지 공식

자, 이제는 자기암시의 원리를 파악하고 이를 긍정적이고 능동적이면서 자신감을 가진 사람이 되기 위해 이용할 단계에 이르렀다. 당신은 다음의 5가지 공식을 종이에 옮겨 적고 서명한 뒤 기억하도록 노력해야 할 것이다.

첫째, 나에게는 명확한 목표를 실행할 능력이 있다는 것을 안다. 그러므로 나 자신에게 명하노니 나는 끈기를 가지고 적극적일 것이며, 지속적으로 이의 획득을 위해 행동을 취할 것이다.

둘째, 나는 내 자신의 지배적인 사고가 점차적으로 외부로 표출되고 행동으로 도출되어, 결국 물리적인 현실로 전환된다는 사실을 인식하고 있다. 그러므로 매일 30분 동안 정신을 집중하여 내가 되고자 하는 사람을 떠올리고 그러한 사람의 그림을 그림으로써 결국 실제 행동을 통해 이 그림을 현실로 변형시키는 데 최선을 다할 것이다.

셋째, 나는 자기암시의 원리를 통하여 내 자신에게 품은 욕구는 결국 언젠가는 적절한 수단을 통해 현실화된다는 것을 알고 있다. 그러므로 나는 매일 최소 10분을 할애하여 자기 스스로에게 암시를 함으로써 욕구를 극대화시키는 작업을 반복할 것이다.

넷째, 이미 나는 향후 5년 동안의 명확한 인생 목표를 설정하였고, 그것을 글로 써두었다. 그러므로 5년 동안 이를 위해 노력할 것이며 효과적이고 만족할 만한 노력을 통해 이것을 이룰 것이다.

다섯째, 나는 진리와 정의를 기초로 하지 않는다면 어떤 부와 권세도 지속될 수 없다는 사실을 누구보다 잘 알고 있다. 그러므로 나는 다른 이에게 이득을 안겨주지 않는 일에는 관여하지 않을 것이다. 나는 다른 사람의 협력을 이끌어 이를 통해 성공을 거둘 것이다. 그들에게 먼저 봉사할 것이고, 그들도 나에게 봉사하도록 유도할 것이다. 타인에게 부정적인 태도를 지닌다면 결코 성공을 거둘 수 없다. 따라서 증오, 시기, 질투, 이기심과 냉소를 인류에 대한 사랑으로 없앨 것이다. 나는 다른 사람과 나를 믿기 때문에 다른 이들이 나를 믿도록 할 것이다.

　　나는 이 공식에 서명을 하고 암기할 정도로 기억하고 전적인 믿음을 지니며 하루에 한 번 이상 소리 내어 읽을 것이다. 이러한 반복을 통해 결국 나의 인생에 영향을 끼쳐 나는 나의 분야에서 성공적이고 행복한 사람이 될 것이다.

서명 _____

이 공식에 서명하기 전에 정말로 이 지침을 이행할 것임을 확실히 해두라. 이 공식에는 누구도 설명할 수 없는 법칙이 적용되고 있다. 심리학자들은 이 법칙을 가리켜 '자기암시'라고 한다. 미리 말해두고 싶은 것은 어떻게 불리든 이것은 확실히 효과가 있다는 사실이다.

한 가지 마음에 새겨두어야 할 것은 전기가 산업사회를 굴러가게 하고 인간의 삶에 여러 형태로 공헌했지만 잘못 사용되면 악영향을 미치는 경우가 있듯 자기암시의 원리도 이를 어떻게 적용하고 응용하느냐에 따라서 평화와 번영을 가져다줄 수도 있는 반면, 비참함과 빈곤의 늪으로 끌어들일 수도 있다는 사실이다.

만약 자신의 능력에 대한 의심과 불신이 가득하다면 자기암시의 원리는 무의식적으로 불신의 정신을 당신의 지배적인 사고로 심게 되어 당신은 실패의 소용돌이에 빨려들게 될 것이다.

그러나 자신에 대한 빛나는 확신이 있다면 자기확신의 원리는 이러한 믿음을 받아들여 이를 당신의 지배적인 사고로 확립시키게 된다. 이는 결국 당신이 장애를 극복하고 성공의 정상에 도달할 때까지 도움을 주게 될 것이다.

처음에는 누구나 자기암시의 강력한 원리를 실생활에 적용하는 방법을 몰라 헤매는 어려움을 겪는다. 그렇기 때문에 그 지름길로서 습관의 원리를 제시하고자 한다. 이 습관의 도움을 받으면 자기암시의 원리를 그 목적이 무엇이든 자유롭게 응용할 수 있을 것이다.

습관은 환경에서 자라난다. 같은 것을 계속하거나 같은 생각을 하고 같은 말을 반복하는 것으로부터 습관은 생겨난다.

습관은 레코드판에 있는 홈과 같고, 인간의 마음은 그 홈을 따라 움직이는 레코드 바늘과 같다. 그것이 좋든 나쁘든 사고와 행위의 반복을 통해서 습관이 형성되면 인간의 마음은 마치 축음기의 바늘이 레코드판의 홈을 따라 도는 것처럼 그 습관에 밀착하여 뒤따르는 성향을 지니고 있다.

일단 습관이 형성되면 – 자기확신의 개발에 강력한 요소로 변형될 수 있는 사고를 담고 있는 – 인체의 행동을 조절하게 된다. 그리고 그 '사고'라는 것은 자발적으로 또는 필요하다면 강제적인 노력을 통해 추구하는 방향에 맞춰 자신의 노력과 사고를 유도하게 된다. 결국 이런 것이 습관이 되어 계속해서 그 길을 따라 자신의 노력을 경주하게 되는 것이다.

앞서 제시한 것처럼 자기확신의 공식을 적어놓고 이를 반복하는 것은 자기 자신이 믿는 것을 지배적인 사고로 형성해서 그 사고가 습관의 원리를 통해 무의식에 충분히 심겨지게 하기 위한 것이다.

사람은 팔꿈치의 근육과 손의 근육을 이용하여 끊임없이 반복하고 연습함으로써 글자를 쓰게 되었고, 결국에는 쓰는 습관을 들일 수 있었다. 지금은 글자 하나하나를 천천히 공들여 쓰지 않아도 쉽게 빨리 쓸 수 있게 되었다. 이처럼 쓰기도 당신의 습관이 된 것이다.

습관의 원리로 근육을 움직일 수 있는 것처럼 마음의 능력도 장악하게 할 수 있다. 독자들은 이 장을 터득하고 적용함으로써 이를 쉽게 증명해낼 수 있을 것이다. 자신에게 끊임없이 반복해 이야기하고 혹은 어떤 욕구를 마음에 품고 계속 생각하면 그것은 결국 육체적인 표현으로 나타날 것이다.

이렇게 습관의 원리는 이 장의 기초가 되므로 이 장에서 제시한 지침을 이해하고 제대로 따르기만 한다면 습관에 대한 강좌를 수천 번 듣는 것보다 더 많은 것을 알게 될 것이다.

삶에서 '고군분투'라는 것은 단점이라기보다는 장점으로 작용한다. 삶에서 필요한 여러 자질들을 길러주기 때문이다. 어린 시절부터 생존경쟁에 놓여진 많은 사람들이 세상의 중심에 자리를 잡게 되었다. 이때 습관이 중요하다. 그것이 좋든 나쁘든 어떠한 습관이든지 간에 사고와 행위의 반복을 통해서 형성되는 것이다.

인생의 전환점은 우연히 찾아온다

인생에서 가장 중요한 전환점은 예상 밖의 시간에 뜻하지 않은 방법으로 다가올 수 있다. 언뜻 이해가 되지 않을 수도 있겠지만 이는 분명한 사실이다.

나폴레온 힐이 말하는 다음 사례를 통해 인생에 별로 중요해 보이지 않는 일이 어떻게 해서 결과적으로는 가장 중요한 경험이 되었는지 살펴보자. 이것은 또한 인간이 자기확신의 가치에 대해 눈뜨게 되었을 때 어떤 변화가 일어날 수 있는지를 보여주는 사례이기도 하다.

"어느 날 부랑자로 보이는 사람이 사무실을 찾아와 면담을 요청했다. 일을 하다가 그를 보고 인사를 하자 그는 주머니에서 《자기확신(Self-confidence)》이라는 책을 꺼내며 "이 책을 쓰신 분을 만나려고 왔습니다"라고 하였다. 그 책은 내가 수년 전에 집필하였던 것이다. 그는 계속해서 이렇게 말했다.

"어제 오후 이 책이 제 손에 들어온 것은 운명과도 같았지요. 저는 어제 미시간 호수에 가서 권총 자살을 하려고 마음먹었었거든요. 저는 세상과 모든 사람, 심지어는 하느님과도 볼장 다 보았다고 생각하고 있었어요. 그런데 이 책을 보고 나서는 새로운 눈을 뜨게 되었고, 어제 하루를 견뎌낼 수 있는 용기와 희망을 가지게 되었지요.

저는 이 책을 쓴 사람을 만날 수만 있다면 그분은 저에게 새롭게 시작할 수 있는 방법을 알려줄 수 있고 제게 도움을 줄 수 있을 것이라는 생각을 하게 되었어요. 그래서 제가 여기까지 찾아온 것입니다. 당신이라면 나 같은 사람을 위해 무엇을 해줄 수 있는지 알고 싶습니다."

그가 말을 하는 동안 나는 그를 머리끝에서 발끝까지 관찰하였다. 사실 마음속 깊은 곳에서는 그를 위해 해줄 수 있는 것이 아무것도 없다고 생각했다.

하지만 물론 그렇게 이야기하지는 않았다. 흐리멍덩한 눈동자, 얼굴에 드리워진 의기소침함, 열흘간은 손도 대지 않은 것 같은 턱수염과 초조한 태도 등은 그가 이제는 더 이상 가망이 없다는 것을 여실히 드러내주고 있었다.

그러나 나는 차마 그렇게 말할 수가 없어 일단은 앉으라고 한 후에 그의 이야기나 들어보자고 하였다.

나는 그에게 솔직하게 자신에 대해 밝혀주기를 요청했고, 특히 어떻게 해서 이렇게 밑바닥 생활을 하게 되었는지 말해달라고 했다. 그리고 그의 이야기를 듣고 나서 내가 그에게 어떤 도움을 줄 수 있는지 이야기해주겠다고 하였다.

그는 오랜 시간에 걸쳐 상세하게 이야기하였는데, 대략 다음과 같은 내용이다.

그는 규모가 작은 제조업에 전 재산을 투자하였다. 그러나 그 당시 세계대전이 발발하여 공장 운영에 필요한 원자재를 구할 수 없었고, 그래서 사업은 실패하게 되었다.

그는 전 재산을 잃었고 매우 낙심하여 가족을 떠나 부랑자가 되었다. 자신의 처지에 상심한 나머지 마침내 자살을 실행할 정도에 이르고 말았다는 것이다.

이야기를 다 듣고 나서 나는 그에게 말했다.

"당신의 이야기를 주의 깊게 잘 들었습니다. 저도 당신을 돕기 위해 뭔가를 할 수 있었으면 합니다만, 아쉽게도 제가 할 수 있는 일은 아무것도 없는 것 같군요."

나의 말을 듣고 그는 얼굴이 마치 관에 누워 있는 시체처럼 하얗게 질렸다. 그리고 의자에 앉아 고개를 가슴에 묻고 "그렇군요"라고 맥이 탁

풀린 채 말하였다. 나는 잠깐을 기다린 후 이렇게 말했다.

"아까도 말씀드렸지만 제가 당신을 위해 해줄 것은 아무것도 없습니다. 다만 당신에게 소개해주고 싶은 사람이 있습니다. 그는 당신이 잃은 재산을 돌려줄 수도 있고, 당신이 다시 시작하도록 도움을 줄 수도 있는 사람입니다."

이 말이 내 입에서 떨어지기가 무섭게 그는 벌떡 일어서더니 내 손을 움켜쥐고는 "맙소사, 하느님! 그 사람을 소개시켜주세요"라고 말했다. 그가 '하느님!'이라고 말한 것은 충분히 고무적인 현상이었다. 그것은 적어도 그에게 일말이나마 희망의 여지가 남아 있다는 것을 의미하는 것이었다.

나는 그의 팔을 잡고 내가 성격분석을 위한 심리학 실험을 하는 실험실로 데리고 가서 커튼 앞에 세웠다. 나는 커튼을 걷어 전신거울을 보여주었는데 그는 이를 통해 머리에서 발끝까지 자신을 살펴보게 되었다. 나는 손가락으로 거울을 가리키며 말했다.

"말씀드렸다시피 제가 소개시켜주기로 한 사람입니다. 이 세상에 당신이 새로이 시작할 수 있도록 할 수 있는 유일한 사람입니다. 만약 당신이 지금까지 그랬던 것처럼 이 사람을 알려고 하지 않는다면 아마 당신은 또다시 미시간호에 가서 자살을 시도하게 될지도 모릅니다. 왜냐하면 당신이 이 사람을 잘 알지 못한다면 자신에게도 또한 세상에게도 당신은 아무런 가치가 없을 것이기 때문입니다."

그는 거울에 조금 더 다가가서는 수염이 성성한 얼굴을 만져보며 자신을 머리에서 발끝까지 몇 분간을 뜯어보고 뒤로 물러서더니 고개를 숙이고 흐느끼기 시작했다. 나는 이미 해줄 수 있는 것을 다하였기에 그를 엘리베이터까지 데려다주었다.

나는 그를 다시 만나게 되리라고 기대하지 않았다. 사실 다시 돌아오기에는 너무 멀리 가버린 것처럼 보였기 때문에 그러한 교훈으로 새 삶을 시작하게 될지 미심쩍었던 것이 솔직한 심정이었다. 그는 단지 추락만 한 것이 아니라 세상에서 제외된 것처럼 보였기 때문이다.

그러나 며칠 뒤 나는 길에서 그와 마주쳤다. 180도로 변한 그를 나는 거의 알아보지 못했다. 그는 어깨를 잔뜩 젖히고 힘차게 걸었다. 낡고 초조한 모습은 온데간데없어 도무지 같은 사람이라고는 생각할 수 없었다. 말쑥하게 새 옷을 차려입었는데 훨씬 여유로워 보였으며 자신도 여유롭게 느끼는 듯했다.

그는 자신에게 무슨 일이 생겼으며 어떻게 그 사이에 영락없는 실패의 상태에서 희망의 모습으로 바뀌게 되었는지 이야기해주었다.

"마침 좋은 소식을 전해주려고 선생님의 사무실에 가려던 참이었습니다. 그날 저는 선생님의 사무실을 나와서 초라하고 너덜너덜한 행색에도 불구하고 일자리를 구하게 되었습니다. 게다가 사장님이 돈을 가불해주어서 선생님이 보시는 것처럼 새 옷을 몇 벌 살 수 있었고, 가족들에게 돈을 좀 부칠 수 있었습니다. 다시 한 번 성공의 길에 오르게 된 것입니다.

며칠 전만 해도 꿈과 희망, 믿음, 용기를 잃고 자살을 시도했다는 사실이 남의 일같이 여겨집니다. 언젠가 선생님도 저를 잊었을 때쯤 선생님을 다시 찾아뵙고 싶습니다. 그리고 백지수표를 끊어 선생님을 수취인으로 하여 선생님이 원하는 금액만큼 쓰시도록 하고 싶습니다. 선생님께서 거울에 비친 저를 가리켜서 제가 몰랐던 저를 소개시켜줌으로써 이전의 저로부터 벗어나 참된 나를 찾게 해주셨으니까요."

말을 마치고 그가 다시 거리의 군중 사이로 사라졌을 때 나는 내 생애 처음으로 한 사람의 마음에 얼마나 강력한 힘이 잠재되어 있는지를 깨닫게 되었다. 그래서 나도 그 전신거울 앞에 서서 질책하는 손가락으로 나를 가리키며 다른 사람은 일깨웠으면서도 자신을 깨우치지 못했던 점에 대해 깊이 반성하였다.

나는 그 전신거울 앞에 서서 사람들이 자신의 내부에 잠자고 있는 힘을 발견하는 데 도움을 주는 것을 나의 인생의 명확한 목표로 삼았다. 당신이 지금 보고 있는 이 책이 나의 명확한 목표가 실행되었음을 말해주는 실례다."

자, 이제 다시 자기확신의 공식을 살펴보고 이를 자기 것으로 만들도록 하자. 그것은 당신의 마음에 '발전소'를 건설하여 성공의 계단을 오르는 힘이 생기게끔 할 것이다.

당신이 스스로 자신을 믿을 때 남들도 당신을 믿게 된다. 그들은 당신이 자신에 대해 느끼는 대로 당신의 사고에 주파수를 맞추고 당신에 대한 느낌을 가지게 될 것이다.

만약 당신에게 자기확신이 있다면 주위 사람들이 이를 먼저 발견할 것이다. 그들이 이를 발견하도록 하라. 그들은 이를 알아챈 자신의 눈썰미와 예민함에 뿌듯함을 느낄 것이고, 여러분은 자만의 의혹으로부터 자유롭게 된다.

자만으로 가득 찬 사람에게는 모욕과 비방만이 따를 뿐 기회는 오지 않는다. 기회는 자만보다는 자기확신과 더 빠르고 쉽게 친해질 것이다. 이를 명심하여 자화자찬이나 호들갑이 아닌 행동으로만 자기확신에 찬 자신을 드러내야 한다.

앞의 설명처럼 자기확신은 자신을 알아야 한다는 점에서 지식의 소산이라고 할 수 있다. 얼마만큼 아는지, 왜 그것을 알고 있으며 이를 어떻게 이용할 것인지도 알아야 한다. 허풍쟁이는 자신이 실제로 아는 것보다 더 많이 아는 체를 하여 실패하는 것이다. 이를 경계하기 바란다.

교육받은 사람은 당신과 3분만 대화를 나누어봐도 정확하게 당신의 수준을 파악해낼 수 있다. 따라서 자만과 위장은 아무런 소용이 없다. 당신이 실제 어떤 사람인지는 금방 파악이 되는데, 이것이 실제와 다르면 자신이 어떠한 사람이라고 '주장'하는 것은 더 이상 들리지 않는다.

만일 당신이 지금의 충고를 명심한다면 이 장의 마지막 부분은 당신의 인생에 전환점으로 작용될 수 있을 것이다. 자신을 믿되 세상 사람들에게 말하지 말고 행동으로 보여주어라! 그러면 이제 당신은 성공의 사다리에 한발 더 올라갈 수 있는 준비가 된 것이다.

자기확신은 지식의 소산이다. 자신을 제대로 알아야 한다. 얼마만큼 아는지, 왜 그것을 알고 있으며 이를 어떻게 이용할 것인지도 알아야 한다. 허풍쟁이는 자신이 실제로 아는 것보다 더 많이 아는 체를 하여 실패한다. 따라서 자화자찬이나 호들갑이 아닌 행동으로만 자기확신에 찬 자신을 드러내야 할 것이다.

두려움을 극복하면 성공한다

자기확신, 즉 자신감 개발은
두려움이라는 악마를 제거하는 데서부터 시작된다.

사람의 생각하는 힘, 즉 사고思考는 인간 에너지 가운데 가장 고도로 조직화된 형태라 할 수 있다. 오늘날에는 지속적인 실험과 연구를 통해 인간 내면에 숨쉬고 있는 신비한 힘인 사고에 대해 더욱 깊이 이해할 수 있게 되었다.

우리는 이미 인류사를 통해 수천 년 동안이나 축적되어온 두려움을 자기암시의 원리를 이용하여 퇴치할 수 있게 되었다. 인간 심리에 대한 과학적인 연구의 결과다.

또한 이 연구를 통해 두려움이 바로 빈곤과 실패, 불행의 주요 원인이 된다는 것도 알게 되었다. 뿐만 아니라 이러한 두려움을 극복한 사람은 어떠한 장애가 가로막더라도 결국에는 성공적인 업적을 이루게 된다는 것도 알게 되었다.

만약 두려움을 극복하지 못한 사람이라면 머지않아 이 두려움은 당신의 내부에 자리를 잡게 될 것이다. 그러나 심리학의 발달이 이에 맞설 강력한 무기를 발견할 수 있었으니, 바로 '자기확신'이다. 자기확신, 즉 자신감의 개발은 두려움이라는 악마를 제거하는 데서부터 시작되어야 한다. 그 무기(자기확신)가 유사 이래 최대의 적인 두려움과의 싸움에서 유용하게 쓰이기를 바란다.

살아 있는 모든 인간은 기본적으로 6가지 두려움의 영향을 받는다. 물론 이 6가지 말고도 강도가 덜한 또 다른 두려움이 있을 수 있다. 다음에 인간이 느끼는 기본적이면서도 큰 두려움 6가지를 열거하였고, 그 두려움의 근원에 대해서도 설명하였다.

6가지 두려움은 다음과 같다.

① 가난에 대한 두려움
② 늙음에 대한 두려움
③ 타인의 비판에 대한 두려움
④ 사랑 상실에 대한 두려움
⑤ 건강 상실에 대한 두려움
⑥ 죽음에 대한 두려움

사람들은 삶에 대해 이해하게 되면서 이 6가지 두려움 중 한 가지 또는 그 이상의 두려움에 시달리게 된다. 지피지기면 백전백승이라고 하지 않는가. 이러한 두려움을 없애기 위해서는 이 두려움들이 어디에서부터 기인하였는지 살펴볼 필요가 있다.

모든 사람은 두 가지 종류의 유전을 경험하게 된다. 하나는 육체적 유전이고, 다른 하나는 사회적 유전이다. 인간은 단세포 생물인 아메바로부터 서서히 진화해왔다. 여러 세대를 거쳐 진화하면서 인간 본성에 뭔가 특정적인 것과 습관적인 것, 그리고 그 당시 세대의 외양 등을 더해왔다.

인간의 육체적 유전은 갖가지 습성과 육체적 형태의 집합이라고 볼 수 있다. 이렇게 세대를 거쳐 이루어진 육체적 유전을 통해 인류 공통의 6가지 두려움도 유전되어왔다는 것에 대해서는 이견異見 – 6가지 기본적인 두려움은 정신적인 마음의 상태이므로 육체적 유전을 통해 전이가 불가능하다는 관점에서 – 이 있을 수도 있지만, 육체적 유전을 통해 이러한 두려움에 최적의 장소를 제공해왔던 것만은 부인할 수 없는 사실이다.

예를 들어 육체적 진화가 사망, 파괴, 고통과 가혹함을 토대로 일어났다는 것만은 이미 주지의 사실이다. 즉, 어떤 생명체가 죽게 되면 그것을 바탕으로 좀 더 높은 형태의 새로운 생명체가 탄생한다. 모든 식물은 토양과 대기의 성분을 '섭취'하면서 생존할 수 있고, 모든 동물은 다른 동물이나 약한 동물 혹은 식물을 섭취하면서 살아가는 것이 자연계의 이치다.

가령 사람을 포함하여 대부분의 동물이 자신보다 약하거나 작은 동물을 잡아먹으며 살아가기 때문에 이러한 경험으로부터 두려움을 갖게 되었고, 그 두려움은 다시 '세포의 인식'이라는 형태로 세포 안에 두려움이 각인되어 내려왔던 것이다.

두려움의 원인을 설명하는 더 고차원적인 방식으로 사회적 유전을 통해 설명할 수 있다. 인간의 삶을 구성하는 가장 중요한 요소는 대개 사회적 유전을 통해 이루어진다. 이는 전 세대로부터 이어져온 신앙, 전설, 미신과 습관 등을 한 세대가 다음 세대에 물려주면서 유전된다.

이렇게 '사회적 유전'이란 개인이 지식을 얻게 되는 모든 수단과 출처를 의미한다. 즉, 독서와 상호간의 대화, 일반적으로 '개인적 경험'으로 여겨지는 것으로부터의 영감靈感 등 여러 형태로 존재할 수 있다.

사회적 유전의 법칙을 통해 어린아이의 마음에 집중적으로 어떤 사고를 받아들이도록 할 수 있다. 이때 자기에게 주어진 어떤 사상이 참인지 거짓인지를 모른 채 받아들인 아이는 마치 자기 육체의 일부분인 양 이것이 자기의 성품으로 굳어지게 된다. 그리고 이렇게 형성된 믿음은 신체 장기를 바꾸는 것만큼이나 어려운 일이다.

인간 심리에 대한 과학적인 연구 결과, 두려움이 바로 빈곤과 실패, 불행의 주요 원인이 된다는 것도 알게 되었을 뿐 아니라 이러한 두려움을 극복한 사람은 어떠한 장애가 그를 가로막더라도 결국에는 성공적인 업적을 이루게 된다는 것도 알게 되었다.

자기암시는 자연법칙의 위대한 힘

사회적 유전의 예로서 종교집단이 어린아이에게 교리와 종교의식 등을 주입하는 것이 있다. 이렇게 어릴 때부터 주입된 사상은 변할 수 없는 믿음의 일부로 영원히 아이에게 각인된다.

아직 스스로 사고하고 판단할 나이에 이르지 못한 아이의 마음은 맑고 깨끗하고 모든 것에 열려 있어 자유롭다. 이러한 때 어린아이의 마음에 심겨진 것은 뿌리를 내리고 자라나 아무리 그에 반하는 논리와 이성을 갖춘 사상을 대하게 된다고 해도 박멸되지도 씻겨지기도 어렵게 된다.

많은 종교학자들이 어린아이의 마음에 한번 심겨진 교리는 아주 깊게 각인되어 다른 종교를 부분적으로라도 심을 공간이 없게 된다고 주장하는데, 이러한 주장에는 타당한 근거가 있는 것이다.

사실 인간 능력의 개발을 위해서는 자기암시의 원리만큼 효과적인 방법은 없다. 결국 자기암시는 자연법칙의 힘인 셈이다. 이렇듯 위대한 자연의 힘을 잘못 사용할 경우에는 어떤 일이 일어날까?

한 사람이 있었다. 그는 친구가 사기를 쳤으며 이웃도 자신에게 냉담한 것 같아 낙심해 있었다. 그는 곧 (자기암시의 원리를 통하여) 모든 사람은 믿음직스럽지 못하고 이웃 또한 자신에게 호의적이지 않다고 결론지었다. 이러한 생각은 그의 무의식에 깊게 파고들어 타인에 대한 그의 부정적인 태도를 결정짓게 되었다.

앞에서 살펴본 바에 따르면 한 사람의 지배적인 사고는 다른 비슷한 사고를 지닌 사람을 끌어들인다. 이렇게 흡인吸引 이론을 적용해본다면 불신하는 사람들이 또 다른 불신하는 사람들을 끌어당기는 이유를 알 수 있을 것이다. 반대의 경우에 이 원칙을 적용해보자.

여기 예를 드는 사람은 만나는 모든 사람들의 좋은 면만을 보는 습관을 가졌다. 만약 그의 이웃이 그에게 냉담하다 해도 그는 낙관주의 성품과 타인에 대한 신뢰로 가득 차 있기 때문에 그 냉담에 별로 신경을 쓰지 않는다. 누군가 그를 심하게 대해도 부드러운 어조로 응대한다.

이처럼 같은 흡인 이론이라도 타인과 조화하는 인생관을 가진 사람에게는 타인의 관심을 끄는 방향으로 작용하게 된다. 다시 이 원리를 조금 더 추적해보자.

그는 양질의 교육을 받았고 이 세상에 공헌할 만한 유용한 능력을 가진 사람이었다. 그런데 어느 기회에 겸손이 미덕이며 앞에 나서는 것은 자만의 증거라는 내용의 강의를 듣게 된 후 다른 인생의 주자들이 앞다투어 무대 앞으로 나설 때에도 뒷자리에 조용히 앉아 있게 되었다.

이런 류의 사람들은 '남들이 어떻게 생각할까' 두려워 뒷자리에 남아 있는 것이다. 여론이나 그가 여론이라고 지레짐작하는 것들 때문에 그는 뒷자리에 앉게 되었고, 그 결과 세상은 그에 대해 별다

220

른 관심을 기울이지 않는다. 그가 어떤 자질을 갖추었는지 스스로 세상에 밝히지 않기 때문에 그의 교육은 무용지물이 되는 것이다.

그는 마치 다른 사람의 비평이 그를 해치거나 그의 목적을 좌절 시키기라도 할 것처럼 행동한다. 남들의 비판을 피하려면 단지 배경으로 남아 있어야 한다고 끊임없이 자기암시를 통해 주입한다. 그는 위대한 자기암시의 힘을 이용하여 자신의 인생에 손해를 보고 있는 것이다.

또 한 사람은 가난한 부모를 둔 사람이다. 태어난 그날부터 그는 빈곤의 증거들을 보아왔고 빈곤에 대한 이야기들을 들어왔다. 그는 자신의 어깨에 드리워진 빈곤의 그늘이 확고하게 느껴져 자기에게는 빈곤을 받아들여야 할 저주가 있다는 생각을 하게 되었다.

그는 무의식적으로 '한번 가난한 자는 영원히 가난뱅이'라는 신조를 받아들였다. 이는 재갈을 풀어버릴 잠재력이 있는데도 이를 잊고 있는 말과 같은 꼴이었다.

이러한 자기암시는 그를 인생의 무대 뒤쪽으로 추방했고 마침내 인생을 체념하게 되었다. 야망은 사라졌으며 인생의 기회는 그를 비껴가고 있었고, 설령 기회가 온다고 해도 인지하지 못하게 되었다. 그는 이것을 자신의 운명이라고 받아들인 것이다.

정신적 재능 또한 육체의 장기와 마찬가지로 쓰이지 않으면 쇠퇴하게 된다. 자기확신 또한 예외가 아니어서 쓰이면 개발되고, 방치

되면 사라지게 된다. 가령 많은 재산을 상속받은 사람들의 부_富에 주요한 맹점은 종종 이 때문에 나태하게 되거나 자기확신을 상실하게 된다는 점이 하나의 예다.

워싱턴시의 매클린^{E.B. McLean} 여사가 아기를 출산하였는데, 그 아이에게 상속된 재산이 수백만 달러에 달했다. 아기가 산책이라도 나가면 그를 보호하기 위해 간호사, 경호원에 하인까지 따라나설 정도였고, 나이가 들어서도 이런 것들은 비슷했다.

아이는 스스로 옷을 입지도 않았고 하인이 이를 대신해줬다. 심지어 잠을 잘 때나 놀 때에도 주위에는 하인들이 있었다. 하인이 옆에서 모든 일을 해주었고, 어떤 일도 스스로 할 수가 없었다.

이렇게 10년이 지난 어느 날 그는 정원에서 놀고 있다가 마당 뒷문이 열려 있는 것을 발견하였다. 그는 평생 혼자서 문 밖을 나서 본 적이 없었기 때문에 한번 해보고 싶었다. 하인이 다른 곳을 보는 틈을 노려 그는 문 밖으로 뛰쳐나갔고 도로 한가운데에 이르기도 전에 차에 치여 죽었다. 그의 하인들이 그의 눈을 대신해왔기 때문에 스스로 그 기능을 잃은 것이다. 비극이 아닐 수 없다.

> 모든 사람은 두 가지 종류의 유전을 경험하게 된다. 하나는 육체적 유전이고, 다른 하나는 사회적 유전이다. 두려움의 원인을 설명하는 더 나은 방식으로는 사회적 유전을 통해 설명하는 것이 있다. '사회적 유전'이란 개인이 지식을 얻게 되는 모든 수단과 출처를 의미한다.

두려움의 기원과 속성 6가지

우리는 가난이 두려워 자신의 몸을 마치 노예처럼 부리며
노년을 대비해 돈을 쌓으려 한다.
우리는 몸을 혹사하고 결국 피하고자 했던 것들에 맞닥뜨리게 된다.

사회적 유전의 법칙이 어떻게 작용하는가에 대한 설명에 이어 이제 6가지 기본적인 두려움이 어디에서 비롯되는지 그 출처를 살펴보도록 하자. 평균적인 사람이라면 자신의 개인적 경험의 범주 안에서도 충분히 – 진리를 판단할 사고능력을 갖춘 자라면 – 이 6가지 두려움에 사회적 유전의 원리를 적용하는 것이 타당하다는 것을 알게 될 것이다.

다행스럽게도 이 장에서 제시하는 증거들은 진정으로 진리를 찾고자 하는 독자라면 쉽게 그 타당성을 확인할 수 있는 것들이다. 그러므로 여기서는 당신의 편견과 고정관념을 잠시 접어두고 – 원할 때면 언제나 그 틀 속으로 다시 귀환할 수 있으니까 – 인간에게 최악의 적인 6가지 두려움의 기원과 속성에 대해 알아보도록 하자.

6가지 두려움이란 가난, 늙음, 타인의 비판, 사랑 상실, 건강 상실, 죽음에 대한 두려움을 말한다.

1. 가난에 대한 두려움

두려움의 기원에 대한 진실을 밝히는 데는 용기가 필요하다. 하지만 밝혀진 후 이를 받아들이는 데는 아마도 더한 용기가 필요할 것이다. 가난에 대한 두려움은 자신의 동료를 경제적으로 포식하는 성향으로 나타나며, 이러한 성향은 유전된다.

거의 대부분의 동물들은 이성적이거나 사고하는 능력은 없이 단지 본능만이 있을 뿐이다. 그래서 그들은 서로의 육체를 먹이로 삼는 포식을 행한다. 그러나 고등의 감각, 즉 직관과 사고, 이성을 지닌 존재인 인간은 그 동족을 육체적으로 포식하지는 않지만 경제적으로 포식하는 데서 더욱 큰 만족을 느낀다.

요즘의 세계를 살펴보면 우리는 물질 숭배의 시대에 살고 있다. 두둑한 은행잔고가 없으면 먼지보다 못한 존재로 간주되는 시대다. 가난처럼 인간에게 고통과 모멸감을 안겨주는 것이 없다. 인간이 가난을 두려워하는 것도 전혀 무리가 아니다.

오랜 세월 축적된 경험을 통해 인간은 돈이나 혹은 기타 물질에 관계되었을 경우에는 믿을 만한 동물이 아니라는 것을 알게 되었다. '현재^{現在}'는 '현재^{現財}'라고 표기할 수도 있다. 이는 요즘 세태가 재물과 너무 긴밀하게 이루어진 세상이기 때문이다.

상당수의 결혼생활이라는 것도 한쪽 배우자 혹은 두 사람이 소유한 재산에 기반을 두고 시작된다(종종 그 때문에 끝날 때도 있다). 그러니 가정법원이 쉴 틈이 없는 것도 어찌 보면 당연한 일이다.

인간의 부에 대한 소유욕은 너무나 강렬하여 때로는 이를 손에 쥐기 위해 가능한 모든 수단을 동원한다. 합법적인 수단을 통하기도 하고, 필요한 경우에는 다른 수단을 강구하기도 한다.

가난에 대한 두려움은 너무나도 끔찍하다! 심지어 살인을 저지르고 약탈, 강간, 그리고 기타 타인의 권리를 침해하는 행위를 하고도 부^富를 소유하고 있으면 사람들로부터 존경을 받는 위치에 계속 있을 수도 있다. 그런 면에서 가난은 범죄요, 용서받을 수 없는 죄악이다. 그러니 가난을 두려워하는 것이 당연하지 않겠는가!

지구상의 모든 법령집을 통해 가난이 인류에게 6가지 기본적인 두려움 가운데 하나라는 증거를 발견할 수 있다. 거의 모든 법령집이 경제적 강자로부터 약자를 보호하려는 목적의 다양한 법을 신고 있다는 사실이 이를 증명한다.

그런데 인간이 자신의 동료를 신뢰한다면 가난에 대한 두려움을 가질 필요가 없을 것이다. 이 세상은 - 자신이 필요로 하는 모든 것 또는 필요로 하는 것 이상을 가지고도 이를 물 쓰듯이 낭비하는 습관을 지닌 사람들만이 아니라면 – 기본적으로 모든 사람을 만족시키기에 충분한 만큼의 의식주가 있고, 그 외에도 여러 생산품이 충분하게 제공되기 때문이다.

> 거의 대부분의 동물들은 이성적이거나 사고하는 능력은 없이 단지 본능만이 있을 뿐이다. 그래서 서로의 육체를 먹이로 삼는 포식을 행한다. 그러나 고등의 감각, 즉 직관과 사고, 이성을 지닌 존재인 인간은 그 동족을 육체적으로 포식하진 않지만 경제적으로 포식하는 데서 더욱 큰 만족을 느낀다.

2. 늙음에 대한 두려움

늙음에 대한 두려움의 근원은 크게 2가지로 나눌 수 있다.

첫 번째는 늙음이 가난과 결합될지도 모른다는 생각이다. 두 번째는 종교인들의 무자비하고 그릇된 세뇌에서 비롯된 것으로, 이것은 '유황과 불', '연옥煉獄', 그리고 악령에 대한 설법으로 대변된다. 그에 따라 인간은 나이가 드는 것에 대한 두려움을 가지게 되었다. 왜냐하면 지금 살고 있는 세상보다 더 힘든 상황이나 악조건의 끔찍한 세상이 다가오고 있다는 생각 때문이다.

나이가 들어가는 데 대한 두려움과 관련한 2가지 원인을 다시 한 번 정리해보면 하나는 자신의 재물을 앗아갈지도 모르는 타인에 대한 불신에서 비롯되었고, 다른 하나는 사회적 유전법칙을 통해 마음속에 깊이 각인된 사후세계에 대한 끔찍한 그림 때문이다. 이에 비쳐볼 때 인간이 나이 먹어가는 것을 두려워하는 일은 너무나 당연하다.

3. 타인의 비판에 대한 두려움

인간이 어떻게 이런 종류의 두려움을 가지게 되었는지 밝히는 것은 어려운 일이다. 하지만 한 가지 확실한 것은 대부분의 사람들이 이러한 종류의 두려움을 뿌리 깊이 가지고 있다는 사실이다.

혹자는 이 두려움의 기원이 정치행위가 등장한 때와 시작을 같이한다고 보기도 하고, 또 어떤 이는 '여성 클럽'이라고 알려진 여성들만의 단체의 첫 집회에서 비롯된 것이라고 하기도 한다.

또 몇몇 재담꾼들은 이 기원을 《성경》의 내용에서 찾고 있는데, 그들은 엄격하고 잔혹한 응징의 내용에서 비롯된 것이라고 한다. 만약 후자의 주장이 옳다면, 그리고 《성경》에 기재된 사실들이 문자 그대로 진실이라면 세대를 통해 유전된 비판의 두려움에 대한 책임은 불경스럽게도 하느님에게 있는 것이다. 《성경》은 하느님으로 말미암아 쓰여진 것이기 때문이다.

재담꾼도 선지자도 아닐 뿐더러 다만 평범한 인간에 지나지 않는 저자로서는 이러한 '비판에 대한 두려움'의 원인은 타인의 부를 빼앗은 후 그러한 자신의 행위를 타인의 자질 탓으로 돌려 비난함으로써 정당화하려는 인간의 속성에서 비롯된 것이라고 생각한다. 이렇듯 비난에 대한 두려움은 여러 형태로 나타나지만 대부분은 잘 들여다보면 하찮고 사소한 데서 비롯됐으며, 때로는 유치하기까지 하다.

예를 들어 이렇게 말할 수도 있다. 대머리 남자는 비난에 대한 두려움 때문에 머리가 벗겨진 것이다. 얼마 전까지만 해도 모자가 필수품이던 시절이 있었다. 그 시절 꼭 조이는 밴드로 된 모자를 써서 모근의 순환을 막아 머리카락이 빠지게 되었다는 것이다.

그런데 남자들이 모자를 쓰는 것은 그것이 편하기 때문이 아니라 사실 '다른 사람들이 모두 쓰고 있기' 때문이다. 결국 모자를 쓰지 않으면 다른 사람들이 자신을 비난할까 두려워서 모자를 쓰게 된 것이다.

여자들은 대머리가 거의 없는데 이는 그들이 쓰는 모자가 헐거운 것이고, 다만 패션을 위해 이를 쓸 뿐이기 때문이다. 물론 그렇다 해도 여자들이 모자와 관련해서 타인의 비난에 대한 두려움으로부터 완전히 자유롭다고 할 수는 없다. 이는 유행이 지난 모자를 쓰고 거리를 걸어보면 알 수 있다.

의류 제조업자는 모든 인간의 두려움을 이용해서 이를 충분히 상업화에 활용하고 있다. 분기마다 의상의 '콘셉트'와 소위 '트렌드', '스타일'이라는 것이 달라진다. 도대체 누가 트렌드를 창출하는 것인가? 이는 의류 구매자의 몫이 아니라 의류 제조업자의 상술이다.

그러면 그들은 왜 분기마다 스타일을 바꾸는 것일까? 의심할 여지도 없이 더 많은 옷을 팔기 위해서다. 같은 이유로 자동차 생산업체의 경우에도 – 물론 극소수의 예외가 존재하지만 – 끊임없이 새로운 모델을 선보인다.

의류 제조업자들은 인간이라는 동물이 '지금 다른 사람들 모두가 입고 다니는 옷'보다 한두 시즌 뒤처진 옷을 입기를 두려워한다는 사실을 잘 알고 있다. 당신은 어떤가? 사실이 아니라고 부인하고 싶은가? 그렇다고 해도 여러분 자신의 경험이 이를 증명하고 있다.

지금까지 비판에 대한 두려움이 작고 사소한 일상에 끼치는 영향을 살펴보았다. 이제는 이러한 두려움이 좀 더 중요한 인간사의 측면인 타인과의 교제에 미치는 영향에 대해 살펴보자.

가령 '정신적으로 성숙된 나이(일반적으로 35~40세에 이르는 사람들)'의 단계에 이른 사람들의 경우를 보면, 이들은 종교인(사이비)이 설파하는 교리에 대해 불신과 반항심을 가지고 있는 것을 쉽게 발견할 수 있다. 얼마 전까지만 해도 '이교도' 또는 '사이비'는 곧 파멸을 의미했다.

이를 봐도 알 수 있듯이 사람이 타인의 비판에 대해 두려움을 가지는 것은 쉽게 이해가 될 것이다.

여러 가지 두려움 중 '비판에 대한 두려움'의 원인은 타인의 부를 빼앗은 후 그러한 자신의 행위를 타인의 자질 탓으로 돌려 비난함으로써 정당화하려는 속성에서 비롯된 것이라고 할 수 있다. 비난에 대한 두려움은 여러 형태로 나타나지만 대부분은 하찮고 사소한 데서 비롯된 것이다.

4. 사랑 상실에 대한 두려움

이 두려움의 원인에 대해서는 그다지 긴 설명이 필요하지 않다. 결국 이는 동료의 파트너를 뺏으려는 본성本性에서 비롯된 것이기 때문이다. 아니면 적어도 그녀의 대상이어야 할 미지의 사람으로부터 그녀를 뺏는 것에서부터 비롯된 것이다.

사랑 상실에 대한 두려움이 당사자에게 얼마나 큰 영향을 주는지는 실연失戀을 대하는 사람들의 극단적인 질투심과 '조발성 치매증광기, 狂氣'을 보면 알 수 있다.

한 조사 자료에 의하면 '제정신의 미치광이' 가운데에서도 여자에 대한 질투심에 사로잡힌 남자와 반대로 남자 때문에 질투의 화신이 된 여자만큼 이상하고 비정상적인 사람은 없었다. 사랑 상실에 의한 정신장애를 한 번이라도 경험해본 사람은 사랑하는 사람을 잃는 것에 대한 두려움이야말로 가장 고통스럽다는 사실을 잘 알 것이다.

설령 사랑 상실에 대한 두려움이 인간이 겪는 고통 중 가장 참기 힘든 것이 아니라 해도 적어도 6가지 두려움 가운데서는 가장 고통스러운 것이 분명하다.

뿐만 아니라 이 두려움은 다른 어떤 것보다 인간의 마음을 파괴시키고 황폐화시켜 때로는 다시 돌이킬 수 없는 정신이상의 현상에까지 이르게 된다.

5. 건강 상실에 대한 두려움

이 두려움의 기원을 파헤쳐보면 가난과 나이 듦에 대한 두려움과 그 기원을 같이 한다고 볼 수 있다. 즉, 건강 상실에 대한 두려움은 빈곤과 노령에 대한 두려움과 긴밀하게 연결되어 있다고 할 수 있다. 건강 상실은 – 자신이 실제 경험해본 적이 없어도 – 보고 듣는 것만으로도 불편한 '끔찍한 세계'로 이끌기 때문이다.

이것을 다른 측면에서 생각해보면 때로는 건강산업에 몸담고 있는 사람들이 정도 이상으로 인간의 마음에 질병에 대한 두려움이 존재하도록 만드는 것이 아닌가 하는 생각이 들기도 한다.

인류의 역사가 기록된 이래 인간 세상에는 온갖 종류의 건강요법과 치료물질들이 존재해왔다. 자신의 생계가 타인의 건강 유지를 위한 노력에 달려 있는 사람이라면 그는 모든 수단을 다해 사람들에게 자신의 상품과 서비스가 필요하다고 설득하고 때로는 협박도 불사하게 될 것이다. 그 결과 사람들이 건강 상실에 대한 두려움을 갖게 되는 것인지도 모른다.

> 사랑하는 사람을 잃는 것에 대한 두려움이야말로 가장 고통스러운 것이다. 이 두려움은 다른 어떤 것보다 인간의 마음을 파괴시키고 황폐화시켜 때로는 다시 돌이킬 수 없는 정신이상의 현상에까지 이르게 한다. 또한 건강 상실에 대한 두려움은 빈곤과 노령에 대한 두려움과 긴밀하게 연결되어 있다.

6. 죽음에 대한 두려움

많은 사람들이 죽음에 대한 두려움을 6가지 두려움 가운데 최악의 것으로 꼽는다. 그것은 굳이 심리학을 전공하지 않은 평범한 사람이라도 추측할 수 있다.

여러 가지 이유가 있겠지만 인간의 죽음과 관련된 두려움의 끔찍한 고통은 종교적인 광신주의에 의해 확대된 측면이 많다. 사실 죽음에 관한 이런 종교상의 책임은 다른 이유들을 모두 더한 것보다 더 크다고 할 수 있다. 일반적으로 '무신론자'들은 '교화教化된' 사람들, 특히 신학의 영향 아래 있는 사람들보다 죽음을 두려워하지 않는다.

수천 년 동안 인간은 답이 없는 – 아마도 답이 있을 수 없는 것이겠지만 – 질문들을 해왔다. '어디서?', '어디로?'인데 이것은 결국 "나는 어디에서 와서 어디로 가게 되는가?"라는 근원적인 질문이다. 인간은 이에 대한 답을 끊임없이 찾고 또 제시해왔다. 그리고 이러한 질문에 답하기 위해서는 지식이나 학습이 필요한 것이 아닌데도 이에 대한 답을 구하는 것을 소위 '학식 있는' 자들의 몫으로 치부해왔다.

사실 그 누구도 천국이나 지옥이 어떤 곳인지, 어떻게 생겼는지, 아니면 그러한 곳이 진짜 존재하기는 하는지 알지 못한다. 바로 그와 같은 명백하게 밝혀질 수 없는 속성 때문에 마음에 틈이 생겨 온갖 협잡꾼들이 그곳을 열고 들어가 갖은 사기와 속임수, 궤변으로 가득 채우게 되는 것이다. 그것이 인간에게 죽음에 대한 두려움을 안겨주는 주요한 근원이 된다.

그들은 "나의 장막으로 들어와 나의 가르침을 받아들이고 나의 교리를 수용하면 (그리고 나에게 그 대가를 지불하면) 나는 여러분에게 통행증을 줄 것이고, 이는 여러분이 죽음으로 가는 때에 이르러 천당에 이르는 통행증이 될 것이다"라고 말하면서 "내 장막의 바깥에 머무는 사람은 지옥으로 떨어질 것이며, 영원토록 불길에 휩싸여 고통에 울부짖게 될 것이니라"라고 협박한다.

그러나 이들, 자칭 수호자라고 일컫는 자들은 천국으로 향하는 통행증을 제공할 수도 없을 것이고, 이를 받아들이지 않는다고 지옥으로 보낼 수는 더더욱 없을 것이다. 그럼에도 불구하고 후자의 가능성 - 지옥으로 떨어진다는 - 으로 인해 두려움 중의 두려움, 즉 죽음에 대한 두려움을 일으키게 되는 것이다.

어떤 설명으로도 절대 바뀌지 않는 진리는 그 누구도 우리가 어디로부터 왔으며 사후에는 어디로 갈 것인지를 전에도 알지 못했고, 지금도 알지 못한다는 사실이다. 이것을 안다고 말하는 자가 있다면 자기 자신을 기만하고 있거나 인간의 쉽게 믿는 속성을 이용해 자신의 잇속만을 챙기려는 고도의 사기꾼일 것이다.

그럼에도 불구하고 어떤 사람들은 천국이 실제로 존재할 뿐 아니라 자신의 교리만이 이를 받아들이는 사람에게 안전한 통행을 약속해준다고 굳게 믿고 있다. 이러한 믿음은 한마디로 요약될 수 있다. '맹신'이며 '경신輕信(깊게 생각하지 않고 쉽게 믿음)'이다. 결국 이러한 모든 것은 인간의 죽음에 대한 두려움으로 인한 것이다.

수천 년 동안 인간은 답이 없는 - 아마도 영원히 답이 없겠지만 - 질문들을 해왔다. '어디서?', '어디로?'인데 이것은 결국 "나는 어디에서 와서 어디로 가게 되는가?"라는 근원적인 질문이다. 어떤 설명으로도 움직일 수 없는 진리는 누구도 우리가 어디로부터 왔으며 사후에는 어디로 갈 것인지를 전에는 물론이고 지금도 알지 못한다는 사실이다.

사회적 유전 법칙으로 인한 영향력

'사회적 유전'이란 자신의 기준으로 판단하고 사고할 수 있는 나이에 이르기 전에
그의 부모나 권위를 지닌 사람으로부터 윤리행위의 지침이나 종교, 교리, 사상,
가치관 등의 행동양식을 다양한 방법을 통해 받아들이는 것을 말한다.

오감을 통해서도 지식을 습득한다는 측면에 비춰볼 때 사회적 유전이 모든 지식을 받아들이는 수단이라고 말할 수는 없다. 그보다는 사회적 유전이 어떻게 작용하는지를 설명함으로써 독자들이 이 법칙에 대해 포괄적으로 이해하도록 하는 편이 더 의미 있는 일이 될 것이다.

다음에 소개하는 나폴레온 힐의 예화를 토대로 하등동물의 행동양식을 통해 그들이 어떻게 사회적 유전 법칙의 영향을 받는지 살펴보자.

사회적 유전의 습득 과정 1

오래전 나는 인간이 지식을 수집하는 방법을 조사하다가 목털이 있는 새들을 관찰하게 되었다.

새들의 둥지는 일정 정도 거리에서 볼 때 어미 새가 보이는 정도의 거리에 위치해 있었다. 망원경을 통해서 어미 새가 알을 부화하는 과정도 관찰하였다.

여느 날과 같이 둥지를 관찰하고 있는데 아기 새가 둥지 밖으로 나오는 것이 보였다. 나는 무슨 일인가 싶어 다가가보았다.

어미 새는 둥지에 가까이 있다가 침입자가 점차 거리를 좁혀오자 자신의 깃털을 흐트리고 한쪽 날개를 질질 끌며 도망치기 시작했다. 이것은 적에게 부상을 입었다고 가장하고 새끼를 보호하기 위해 취하는 행동이었다.

이미 이러한 어미 새의 습성에 익숙했던 나는 아랑곳하지 않고 아기 새를 살펴보기 위해 둥지에 다가갔다. 아기 새들은 조금도 두려워하지 않고 나를 쳐다보면서 고개를 이리저리 돌렸다.

나는 몸을 숙여 그중 한 마리를 집어 들었는데 아기 새는 아무런 두려움의 징후를 보이지 않고 나의 손바닥에 얌전히 앉아 있었다. 나는 이 새를 다시 둥지에 넣어주고 어미 새가 돌아올 수 있게끔 멀리 떨어져 있었다.

잠시 후 어미 새는 조심스럽게 둥지로 가다가 곧 맹렬한 속도로 다가가기 시작했다. 그러던 중에 음식 부스러기를 발견하고 새끼들에게 먹이려 하면서 암탉과 같은 소리를 내었다.

어미 새는 아기 새들을 불러 모으고 몹시 흥분된 것처럼 날개를 흔들고 깃털을 곤두세웠다. 사회적 유전의 법칙을 통해서 어미 새가 아기 새들에게 처음으로 자기방어에 관한 설교를 늘어놓는 것을 알 수 있었다.

"너희가 방금 어떤 위험에 처했는지 알고나 있니? 도대체 인간이 우리의 적이라는 것을 몰랐단 말이야? 그가 너를 손바닥에 올려놓았다는 사실이 부끄러운 줄 알아야지! 왜 그가 너를 데려가 잡아먹지 않았는지 모르겠구나! 다음번에 또 사람이 다가오거든 몸을 숨기도록 해. 바닥에 엎드리고 나뭇잎 밑으로 줄행랑을 쳐라. 어디든 그의 눈에 띄지 않는 곳으로 가서 그가 떠날 때까지 꼼짝도 하지 말고 있어야 해!"

아기 새들은 어미 새 주위에 서서 그녀의 말에 집중하고 있었다. 어미 새가 잠잠해지고 나서 나는 다시 한 번 둥지에 다가갔다. 그러자 둥지를 지키던 어미 새가 이번에도 날개 다친 시늉을 하면서 나를 다른 방향으로 유인하려 하였다.

내가 이에 신경 쓰지 않고 둥지를 살펴보니 텅 비어 있었다. 어디에서도 아기 새들을 발견할 수 없었다. 그들은 자신의 천적을 피하는 방법을 금세 터득한 것이다.

나는 물러나서 어미 새가 다시 돌아올 때를 기다려 그들에게 다가갔는데, 이때도 결과는 마찬가지였다. 아기 새들의 흔적을 전혀 느낄 수가 없었다.

> 이전 세대가 다음 세대에게 행하는 전승법 가운데 가장 인상적인 것은 색채를 이용하거나 감정에 호소하는 수단을 강구하는 것이다. 어떠한 습관이든 그것이 좋든 나쁘든 사고와 행위의 반복을 통해서 형성되면 인간의 마음은 마치 축음기의 바늘이 레코드판의 홈을 따라 도는 것처럼 그 습관에 밀착하여 뒤따르는 성향을 지니고 있다.

사회적 유전의 습득 과정 2

나는 어릴 적에 작은 까마귀를 생포하여 이를 반려동물로 키웠던 일이 있다. 이 새는 자신의 환경에 꽤 만족하게 되었으며, 일정 정도의 지능이 필요한 여러 가지 묘기를 부릴 수 있게 되었다.

까마귀가 많이 자라 날 수 있게 되었을 때는 어디든 갈 수 있게 풀어놓기도 하였다. 어떤 때는 몇 시간이고 외출을 하기도 했지만 어둡기 전에는 어김없이 귀가하였다.

어느 날 야생의 까마귀 무리가 나의 집 근처 가까운 들판에서 올빼미와 싸움을 하였다. 나의 새는 이 야생 동료들의 '까옥까옥' 하는 소리를 듣자 지붕 위로 날아오르더니 상당히 흥분한 것처럼 지붕 양끝을 왔다 갔다 하였다. 그러더니 마침내 날개를 펼치고 '전투'가 벌어진 방향으로 쏜살같이 날아가버렸다.

나는 어떻게 될지 궁금하여 따라가보았다. 얼마 안 되어 나는 이 까마귀와 함께 귀가하였다. 그는 나무의 낮은 가지에 앉아 있었고, 다른 두 마리의 야생 까마귀는 그보다 조금 위에 앉아 지저귀며 왔다 갔다 하였다. 그런데 마치 자신의 아이를 꾸중하는 부모의 행동과 흡사하였다.

내가 다가가자 이 두 야생 까마귀는 날아가버렸는데, 그중 한 마리가 나무 위를 서너 번 선회하면서 울부짖었다. 함께 날아가지 않는 나의 까마귀를 매우 공격적인 소리로 채근하는 것이 분명하였다. 이러한 부름에도 나의 까마귀는 주의를 기울이지 않고 집 근처에 돌아왔지만 집 안으로 들어오려고 하지는 않았다.

그는 사과나무의 높다란 가지 위에 앉아 약 10여 분을 까마귀의 언어로 지저귀었는데, 동료를 쫓아 야생의 세계로 돌아갈 것이라고 말하는 것 같았다.

그 후 그는 이틀 동안 돌아오지 않았다. 이틀 후에 돌아왔을 때에도 그는 안전한 거리를 유지하면서 뭐라고 뭐라고 몇 분간 지저귀더니 다시 떠나고 나서는 영영 돌아오지 않았다.

사회적 유전이 나의 소중한 반려동물을 앗아간 것이다! 그나마 내가 위안을 삼는 것은 영영 떠나기 전에 이를 알려주었던, 그가 마지막으로 나에게 보여주었던 우애였다.

사회적 유전의 습득 과정 3

여우는 닭을 비롯한 가금류, 그리고 작은 동물들을 잡아먹지만 스컹크만은 잡아먹지 않는다. 왜 스컹크만은 예외가 되었을까?

아마도 여우는 한 번쯤 스컹크라는 녀석을 건드려보았을 것이다. 하지만 역부족인 것을 알고 두 번 다시 건드리는 짓을 하지 않는 것이 아닐까? 이런 이유로 여우가 - 경험이 부족한 어린 여우를 제외하고 - 닭을 습격할 때도 스컹크가 근처에 있으면 그 닭은 안전거리를 확보한 셈이다.

스컹크의 냄새는 일생에 단 한 번만 맡았더라도 평생 잊을 수 없으며 이와 유사한 냄새도 없다. 어미 여우가 자신의 새끼에게 어떻게 스컹크의 냄새를 판별하고 그 냄새로부터 멀리 떨어지라고 교육을 하였는지는 알 수 없지만, 여우와 스컹크는 절대 한 동굴에 보금자리를 마련하지 않는다.

이렇게 단 한 번의 경험과 교훈만으로도 여우는 스컹크에 대해 알아야 할 모든 것을 알게 된다. 사회적 유전의 법칙을 통하여, 그리고 후각기관의 발동을 통한 단 한 번의 경험과 교훈이 평생을 좌우하게 하는 것이다.

낚싯바늘에 붉은 천조각 또는 다른 붉은 것을 매달아 개구리의 코앞에 들이밀면 개구리를 쉽게 잡을 수 있다. 단, 이것은 한 번 시도로 개구리를 낚았을 때의 이야기다. 만약 이 과정이 허술하여 개구리가 도망을 치게 된다면 그 개구리는 다시는 같은 실수를 저지르지 않을 것이다.

나는 한 번 잡혔다가 놓쳐버린 개구리를 특별히 겨냥하여 다시 잡아보려고 시도한 일이 있다. 그 결과 개구리조차도 따로 사회적 유전의 법칙을 배우지 않았음에도 붉은 것은 내버려두어야 한다는 교훈을 이미 터득했다는 사실을 인정해야만 했다.

> 자신에 대한 확신이 없는 사람에게 사람들은 주의를 기울이려 하지 않는다. 그의 마음에는 남을 끌어들이기보다 거부하는 부정적인 힘이 있기 때문에 타인을 끌어당기지 못한다. 자기확신을 위한 문장을 적어놓고 이를 반복하여 암기하는 것은 자기가 믿는 것을 지배적인 사고로 형성해 무의식에 충분히 심겨지게 한다.

사회적 유전의 습득 과정 4

나에게는 한때 아주 아름다운 에어데일(반려견의 한 품종) 수캐가 있었다. 그 개는 귀가할 때마다 입에 닭을 한 마리씩 물고 돌아오곤 하였다. 그때마다 닭을 빼앗고는 개를 심하게 혼냈지만 개선의 여지가 없었다. 이후에도 그 개는 계속해서 닭 사냥을 즐겼다. 개의 버릇도 고치고 가능하다면 사회적 유전의 실험도 해볼 겸해서 그를 이웃 농장에 데려갔다.

그곳에는 이제 막 부화한 병아리를 지키고 있는 암탉이 있었다. 닭은 헛간에 있었고, 개도 그 닭이 있는 헛간으로 들어갔다. 사람들이 자리를 떠나자마자 나의 개는 암탉에게 서서히 접근하여 그 닭이 있는 곳을 향해 한두 번 코를 킁킁거리더니 - 자기가 원하는 고기라는 것을 다시금 확인하고자 - 마침내 달려들었다.

이때 암탉은 주위를 정탐하면서 개를 향해 날개와 발톱을 세우며 공격했다. 이러한 반응은 나의 개가 이전에는 경험해보지 못한 것이었다. 당연히 1라운드는 암탉의 승리였다.

그러나 개는 먹음직스러운 암탉을 포기하지 않고 재차 공격해 들어갔다. 이번에는 암탉이 개의 등에 올라타서 날카로운 발톱으로 개의 피부를 찍고 부리로 쪼아댔다.

톡톡히 대가를 치른 개는 코너에 몰려 현 상황을 파악한 후 이 싸움을 그치게 해줄 종이라도 울려주지 않을까 하고 구원을 바라며 좌우를 살폈다. 그러나 암탉은 전혀 틈을 주지 않고 계속해서 개를 쫓았으며 끊임없이 도망가게 하면서 공격의 묘를 살려나갔다.

암탉은 우리의 불쌍한 개를 구석에서 구석으로 몰고 가면서 소방차 사이렌 같은 요란한 소리를 냈다. 그 소리는 흡사 동네 소년들에게 자신의 아이가 괴롭힘을 당할 때 이를 방어해주는 어머니가 지르는 소리와도 같았다.

에어데일 수캐는 처량한 패잔병 꼴이 되었다. 거의 2분간을 헛간의 이 구석 저 구석을 도망 다니면서 사지를 축 늘어뜨리고 뻗어버려 아주 납작해지고 말았다. 고작 할 수 있는 최선의 방어는 눈을 찔리지 않도록 양발을 모으는 것뿐이었다. 암탉이 주로 그의 눈을 쪼려고 했기 때문이다.

이윽고 암탉 주인이 들어와 싸움을 말린 다음 그 닭을 꺼내주었다. 더 정확히 말하면 나의 개를 구원해준 것이라고 해야겠다.

다음날 나는 나의 개가 자고 있는 지하에 닭을 한 마리 풀어놓았다. 닭을 보자마자 나의 개는 두 다리 사이에 꼬리를 감추고는 구석으로 도망을 치는 것이 아닌가!

그 후 나의 개는 다시는 닭을 잡는 모험 따위는 하지 않았다. '접촉'을 통한 단 한 번의 사회적 유전의 교훈으로 닭을 쫓아다니는 것은 재미도 있을 수 있지만 또한 상응하는 위험이 따르는 일이라는 사실을 깨닫게 된 것이다.

앞에서 소개한 모든 실례는 첫 번째의 경우만 빼고 직접 경험으로부터 지식을 모으는 과정을 묘사한 것이다. 이 둘의 차이, 즉 경험자로부터 다음 세대가 훈련을 통해 지식을 습득하는 것의 차이점을 잘 관찰하기 바란다.

이전 세대가 다음 세대에게 행하는 전승법 가운데 가장 인상적인 것은 색채를 이용하거나 감정에 호소하는 수단을 강구하는 경우다. 어미 새가 자신의 날개를 펼치고 깃털을 곤두세웠을 때 마치 극도로 흥분한 사람 같았으며, 아기 새들에게 매우 흥분된 소리로 위험을 전달하였다. 따라서 아기 새들의 가슴에 인간에 대한 두려움이 깊게 각인되어 다시는 지워지지 않게 된 것이다.

> 인간의 마음은 개화하는 꽃잎과 같아서 그 최대치에 도달할 때까지 끊임없이 펼쳐진다. 그 최대치가 얼마이고 어느 지점에서 멈추며 과연 끝이 있기는 한 것인지는 알 수 없지만, 이해의 폭이 넓어지는 정도는 개인의 특성과 그의 마음에 어떠한 사고를 지니고 있는가에 따라 달라진다.

부자 아버지를 둔 두 아들의 슬픈 이야기

흔히 하는 이야기로 인간의 마음은 건전지와 같다. 양성을 띨 수도 있고, 음성을 띨 수도 있다. 그런데 이때 자기확신은 마음이 재충전되고 양성의 기운을 나타내는 특성이 있다. 이러한 원리는 여러 분야에 적용될 수 있는데, 그것이 무엇이든 자기확신과 자기암시는 큰 역할을 수행한다.

또한 나태는 야망과 자기확신의 상실을 가져오는데, 이 필수요소가 없어지면 누구나 불확실한 삶을 살게 된다.

《성공의 법칙》에서 나폴레온 힐은 이 부분을 특히 강조한다.

"20여 년 전 나는 비서로 일했는데 사장은 두 아들을 학교에 보냈다. 각각 버지니아대학교와 뉴욕에 있는 대학교에 들어갔는데, 매달 100

달러씩 수표를 끊어 보내주는 게 내 업무 가운데 하나였다. 그 돈은 그들이 원하는 대로 쓸 수 있을 만큼의 용돈이었다.

나는 매달 수표를 적을 때마다 그들을 얼마나 부러워했는지 모른다. 나는 왜 가난하게 태어났는지 부모님이 원망스럽기도 했다. 나는 내가 평범한 비서로 머물러 있는 동안 그들이 높은 위치에 오르는 것을 지켜봐야만 했다.

때가 되어 두 아들은 '졸업장'을 들고 돌아왔다. 그들의 아버지는 은행과 철도, 광산과 기타 재산을 소유한 재력가였다. 아버지의 회사에는 그들을 위해 좋은 자리가 이미 마련되어 있었다.

그러나 그 후 20년의 세월은 세상을 헤쳐나가는 법을 배운 적이 없는 이들에게 가혹한 판정을 내렸다. 좋게 말하면 세월은 한 번도 생존경쟁을 겪어보지 못한 이들에게 생존경쟁의 기회를 선사했다고 하는 것이 적당할 것이다.

그들이 졸업 후 귀향했을 때 졸업장 말고도 지니고 있던 것이 있었다. 그것은 그동안 매달 그들이 받았던 수표가 세상을 치열하게 살 필요가 없게 해주었기 때문에 늘어났던 씀씀이다. 그중 음주 실력도 대단했다. 그 후일담을 말하자면 길고도 슬픈 이야기가 있지만 구체적 과정은 생략하고 그들의 말로만 밝혀두겠다.

마침 이 장을 쓰고 있을 때 그 소년들이 살았던 마을의 신문이 내 책상 위에 있었다. 그들의 아버지가 파산을 해서 그들이 태어나고 자랐던 호화저택이 매물로 나와 있었다. 아들 한 명은 알코올 중독으로 사망

하였고, 다른 아들은 현재 정신요양원에 있다.

물론 부자 아빠를 둔 아들들이 모두 이처럼 불행한 말로를 맞게 되는 것은 아니다. 하지만 나태는 야망과 자기확신의 상실을 불러오고, 그 결과 마른 낙엽이 방향을 잃고 이리저리 실려 다니는 신세와 같이 될 것이다."

삶에서 고군분투라는 것은 단점이라기보다는 장점으로 작용한다. 삶에서 필요한 여러 자질들을 길러주기 때문이다.

많은 사람들이 어린 시절에 이러한 생존경쟁에 처해진 덕분에 오히려 세상의 중심에 자리를 잡게 되었다. 이러한 고군분투의 장점을 간과하는 부모들은 "젊었을 때 나는 고생하며 일을 해야만 했지만 자식들에게는 잘해줘야겠다"라고 말하곤 한다.

그런데 전부가 그런 것은 아니지만 많은 경우 젊은 시절을 편하게 보낸 사람은 이것이 나중에 커다란 핸디캡으로 작용하게 된다.

젊은 시절 일을 해야 하는 것보다 더 나쁜 일이 있다면 그것은 강요된 게으름이다. 이것은 강제된 노동보다 훨씬 더 나쁘다. 일을 해야만 하는 상황에 놓이고 최선을 다하도록 강요됨으로써 인내와 자제력을 배우고, 더 나아가 강력한 의지와 함께 게으름뱅이는 도저히 알 수 없는 수백 가지 미덕을 배우게 된다.

생존을 위해 투쟁할 필요가 없는 삶은 야망과 의지력을 약하게 할 뿐 아니라 더욱 위험한 것은 사람의 마음에 무기력한 상태를 조성해 자기확신의 상실을 초래한다는 점이다.

　노력할 필요가 없기 때문에 투쟁하기를 멈춘 사람은 글자 그대로 자기암시의 원리를 자기확신을 해치는 방향으로 적용하고 있는 것이다. 그런 사람은 결국 자신도 모르는 사이 노력하는 사람을 경멸하는 마음을 지니게 될 것이다.

　어렸을 때 일을 해야 하는 것보다 더 나쁜 것이 있다. 그것은 강요된 게으름이다. 그러므로 일을 하게끔 유도되고 최선을 다하도록 강요된다고 하는 것은 인내와 자제력을 배우고, 더 나아가 강력한 의지와 함께 게으름뱅이는 도저히 알 수 없는 수백 가지 미덕을 배우는 계기가 된다.

부자가 되려면 부자를 꿈꿔라

이번 이야기의 주인공인 S.B. 풀러는 루이지애나주의 어느 흑인 소작농의 일곱 번째 아들이었습니다. 그는 다섯 살 때부터 노동을 하러 나갔습니다. 아홉 살이 되기까지 그는 방적기계를 만지는 직공이었습니다. 이런 일은 별로 신기한 것이 아닙니다.

그 당시는 대부분의 소작농 아이들은 어렸을 때부터 노동을 하러 나섰기 때문입니다. 이들 소작농 집안의 사람들은 가난은 자기들의 운명이거니 여기고 보다 나은 생활을 하겠다는 생각조차 하지 않는 경우가 대부분이었습니다.

그러나 나이 어린 풀러에게는 그의 친구들과 다른 점이 한 가지 있었습니다. 그것은 풀러에게는 매우 훌륭한 어머니가 있었다는 것입니다. 이 어머니는 자기들이 가난하게 사는 것은 골백번 당연하다 치더라도 자식들까지도 언제까지나 목구멍에 풀칠을 할까 말까 하는 생활을 하게 할 수는 없다고 생각했습니다.

그녀는 가족들이 살아가는 재미나 즐거움을 느끼지 못한 채 생활하고 있다는 사실에 대해 무언가 잘못되었다고 생각했습니다. 그녀는 자신이 가지고 있는 꿈에 관해서 입버릇처럼 풀러에게 일러주었습니다.

"우리라고 해서 가난하게만 살란 법은 없을 거야. 우리가 가난한 것은 그 누구 때문이 아니야. 그것은 네 아버지가 잘살아보겠다는 희망을 품지 않았기 때문이란다. 우리 식구들 가운데 누구 한 사람 지금보다 나은 생활을 하고 싶다고 바란 일이 없지 않니?"

그녀의 말처럼 부자가 되겠다는 희망을 품은 사람이 주위에 하나도 없었던 것입니다. 이런 어머니의 말은 풀러의 일생을 변화시켜 놓을 만큼 뼈저리게 그의 마음속에 새겨지게 되었습니다. 그는 자기가 희망하고 있는 것만을 염두에 둘 뿐 희망하고 있지 않은 것은 머릿속에 두지 않기로 결심했습니다.

풀러는 부자가 되겠다는 타오르는 열망을 품게 되었습니다. 결국 그는 돈을 버는 가장 빠른 길이 무엇인가 생각했고, 장사를 하는 일이라고 결론을 내렸습니다. 그리고 곧 비누 장사를 시작했습니다. 그로부터 12년간 이집 저집으로 비누를 팔며 돌아다녔습니다.

그 무렵 그는 자기에게 비누를 대주던 회사가 팔리게 되었음을 알게 되었습니다. 회사의 가격은 무려 15만 달러였습니다. 하지만 그의 수중에는 12년간 비누 장사를 해서 한푼 두푼 모은 돈 2만 5천 달러뿐이었습니다.

2만 5천 달러를 계약금으로 하고 나머지 12만 5천 달러는 10일 이내에 내겠다는 약속으로 구매계약이 이루어졌습니다. 아울러 그 계약서에는 만일 잔금을 마련하지 못하면 계약금은 돌려받을 수 없다는 조건이 당연히 붙어 있었습니다.

풀러는 비누를 파는 세일즈맨으로서의 12년 동안 많은 사업가들로부터 존경을 받고 칭찬을 받아왔습니다. 풀러는 그 사람들을 찾아가 돈을 빌리고, 친구들로부터 융통을 하고, 금융회사나 투자회사로부터도 융자를 받았습니다.

그 결과 열흘째가 되기 하루 전날까지 11만 5천 달러의 돈이 준비되었습니다. 하지만 아직 1만 달러가 부족했습니다.

그때의 일을 풀러는 이렇게 회상했습니다.

"내가 알고 있는 사람들과 나를 신용하고 돈을 빌려줄 만한 곳은 이미 다 돌고난 뒤였습니다. 밤이 깊어졌습니다. 나는 어두운 방 안에서 무릎을 꿇고 기도를 드렸습니다. '얼마 동안만 제게 1만 달러를 융통해줄 사람을 만나게 해주십시오'라고 빌었습니다. 그리고 불이 켜져 있는 최초의 집을 발견할 때까지 61번가를 내려가보기로 했습니다. 나는 그 불빛이 하느님의 계시가 되게 해달라고 빌고 또 빌었습니다. 그때는 그 방법 말고는 내가 할 수 있는 일이 아무 것도 없었습니다."

이윽고 풀러가 시카고의 61번가로 뛰쳐나갔을 때는 이미 새벽 1시가 넘어 있었습니다. 몇몇 거리들을 지나친 끝에 어느 건축업자 사무실에 불빛이 켜져 있는 것을 발견했습니다.

그는 사무실 안으로 들어갔습니다. 거기에는 밤늦도록 일을 하여 지쳐버린 한 사나이가 의자에 앉아 있었습니다. 풀러는 그 사나이와 안면 정도만 알고 있었습니다. 풀러는 용기를 내서 단도직입적으로 이야기를 풀어갔습니다.

"1천 달러의 돈을 벌 생각이 없으십니까?"

그 건축업자는 다짜고짜로 이런 질문을 받고 어리둥절해 하다가 이렇게 대답했습니다.

"물론, 벌고 싶지."

"그렇다면 1만 달러짜리 수표 한 장만 끊어주십시오. 그 돈을 갚을 때 당신 몫으로 1천 달러를 드리겠습니다."

풀러는 자기에게 돈을 빌려준 사람들의 이름을 이야기하고 또 자신이 해낸 거래상의 모험에 대해서도 자초지종을 자세하게 설명했습니다. 그리고 밤이 새기 전에 풀러는 주머니 속에 마지막 1만 달러짜리 수표를 지니게 되었습니다.

오늘날 풀러는 그 회사뿐만이 아니라 화장품 회사와 속옷 공장, 라벨 제조 회사, 신문사 등 모두 7개 회사의 지배권을 손아귀에 쥐고 있습니다.

성공 비결을 공개해달라는 부탁을 받을 때면 그는 오랜 옛날 그의 어머니로부터 들었다며 다음과 같은 이야기로 그 대답을 대신하곤 했습니다.

"우리가 가난한 것은 그 누구 때문이 아닙니다. 우리집이 가난한 것은 아버지가 부자가 되겠다는 희망을 품지 않았기 때문이었죠. 또한 우리 식구 누구도 보다 잘살아보겠다고 바란 적이 없습니다. 그러나 어쨌든 내가 바라고 있는 것은 분명했습니다."

그러면서 그는 이야기를 계속했습니다.

"그렇지만 과연 그것을 어떻게 하면 손에 넣을 수 있는가 하는 것을 나는 전혀 몰랐습니다. 그래서 나는 부자가 되겠다는 하나의 목표를 세우고 나를 감화시켜줄듯 싶은 책을 읽어보기로 마음먹었습니다. 나는 그 목표를 달성하게 해줄 지식을 내려달라고 기도를 드렸습니다.

그래서 읽은 것들이 《성서》, 나폴레온 힐의 《성공의 법칙》과 《생각하라 그러면 부자가 되리라》, 로버트 콜리어의 《시대의 비밀》 등이었습니다. 이들은 나의 타오르는 염원을 이루는 데 중요한 역할을 한 책들입니다.

만일 여러분이 자기가 바라는 것이 무엇인지를 알고 있다면 그것을 눈으로 보았을 때는 더욱 이해하기 쉽게 되는 법입니다. 예컨대 책을 읽고 있을 때는 자기가 바라는 것을 손에 넣게 해줄 기회를 더욱 쉽게 인식할 수 있습니다."

습관 5 - **지배력**

지속적 성취는
습관으로 하는 것

습관은 인간을 지배한다!

소득의 일부분을 정기적으로 적립하려면 굳은 결심과 의지가 필요하다.

그리고 이것은 많은 사람이 그토록 소망하는 경제적인 자유와

독립을 얻느냐 마느냐를 결정하는 중요한 원칙이다.

성공을 위해서는 보수보다 많이 일하라

자신이 사랑하는 일 혹은 사랑하는 사람을 위해 일할 때
가장 빨리 성공의 기반을 마련할 수 있다.
'사랑'이라는 요소가 첨가되면 일의 가치를 높이고 좋은 결과를 얻을 수 있다.

인생에서 가장 위대한 가치는 자유 다. 하지만 일정 수준의 경제적 독립이 바탕이 되지 않는다면 진정한 자유란 있을 수 없다. 한평생 매일같이 출근해서 일정 시간 한정된 공간에서 별로 좋아하지도 않는 특정한 업무를 수행해야만 한다고 생각해보라. 생각만으로도 끔찍한 일이다.

자신의 행동에 언제나 제약이 따른다는 점에서 이런 생활은 감옥살이와 비교할 수 있다. 모범수가 잠잘 곳과 먹고 입을 것을 제공받는다는 점을 감안하면, 오히려 하루하루 일터에 매여 사는 보통 사람은 모범수만큼의 권리조차도 누리지 못하고 있다고 말한다면 지나친 비약일까? 자유를 속박하는 이런 평생의 고통으로부터 해방될 수 있는 방법은 없을까?

오랜 세월 사람들이 경험해온 각종 성공과 실패에 대한 연구 결과를 살펴보면 성공에는 일정한 규칙이 있음을 발견할 수 있다. 당연한 얘기지만 이때 중요한 것은 그 규칙, 이른바 '성공의 법칙'을 공부하고 그대로 실천한 사람은 그렇지 않은 사람보다 더 큰 성공을 거둔다는 사실이다.

예를 들면 자신이 받는 대가보다 더 좋은 서비스를 제공하려고 노력하면 직장에서도 더 빨리 승진할 수 있다. 사업을 하는 사람은 더 많은 부가가치를 얻을 수 있을 것이다. 그래서 가치를 높이기 위한 규칙, 다시 말해 '성공의 법칙'이 중요하다.

이 법칙은 일반 직원은 물론 고용주와 전문가에게도 적용된다. 이것에 익숙해진다면 다음 2가지 유형으로 대가가 돌아오게 된다.

첫째, 이 법칙을 무시하고 넘어가는 사람보다 더 큰 이득이 생긴다.

둘째, 자신의 가치에 만족감을 느낄 수 있다. 이때 중요한 것은 월급의 액수가 아니라 당신이 항상 무언가를 받고 있다고 느끼게 된다는 점이다.

진정 자신의 직업을 사랑하는 사람은 보통 사람들이 믿기 어려울 만큼 지치지 않으면서도 오랜 시간 일에 열중한다. 하지만 자신의 직업에 애정이 없는 사람은 조금만 일을 해도 쉽게 싫증을 낸다. 따라서 인내심은 자신의 직업을 얼마나 사랑하느냐에 따라 결정된다.

인간은 습관의 지배를 받는다! 은행계좌를 개설하고, 적은 액수라도 소득의 일부를 정기적으로 적립하는 일에는 굳은 결심과 의지가 필요하다. 이것은 많은 사람이 소망하는 경제적 자유와 독립을 결정짓는 중요한 원칙이다. 즉, 부자가 되는 습관은 개인의 소득과는 관련성이 적다.

적성에 맞는 직업을 택하라

사회학자들이 직업에 관한 실험을 했다. 그들은 한 시골 마을에 수백 에이커의 농경지를 매입해서 그 안에 자신들만의 공동체를 만들었다. 공동체의 이상적인 목표는 주민 각자가 자신이 가장 잘할 수 있고 애정이 있는 직업을 택함으로써 주민 모두가 행복과 기쁨을 공유한다는 것이었다. 단, 공동체에는 한 가지 규칙이 있었는데 그 누구에게도 급여를 주지 않는다는 것이었다.

주민 각자가 자신이 가장 잘할 수 있는 일을 했으며, 노동의 결과로 나온 수확물은 공동 분배했다. 주민 중에는 낙농업에 종사하는 사람도 있었고, 벽돌 공장에 다니는 사람도 있었으며, 젖소나 각종 조류를 키우는 사람도 있었다. 아이들을 위한 학교 지역신문을 발행하는 신문사도 있었다.

그러던 어느 날 미네소타주에서 온 한 스웨덴 남자가 공동체에 들어오길 원했다. 그는 곧 공동체의 일원이 되었고, 신문사에 취직해 일하기 시작했다. 하지만 얼마 지나지 않아 신문사에서 하는 일에 불만을 늘어놓았다. 그리고 곧 직업을 바꿔 농장에서 트랙터 운전을 시작했다. 그러나 고작 이틀이 한계였다.

그는 또 다른 직업으로 바꾸길 원했고, 결국 세 번째 직장으로 목장을 선택했다. 하지만 젖소를 다루는 일에 염증을 느끼고는 세탁소로 직장을 바꾸었다. 역시 세탁소에서도 단 하루를 버티지 못했다.

그는 어떤 일에도 흥미를 느끼지 못한 채 하루하루 지쳐갔다. 사람들은 그가 공동체 생활에 적응을 못한다고 생각했고, 몇 개 남지 않은 직장에서마저 일하기를 꺼려한다면 어쩔 수 없이 공동체를 떠날 수밖에 없을 거라고 생각했다.

그의 다음 직장은 벽돌 공장이었다. 직접 손수레를 끌고 가마에서 작업장까지 벽돌 나르는 일을 했다. 어쩐 일인지 이번 일을 시작하고는 일주일이 지나도록 아무런 불만이 없었다. 그에게 벽돌 나르는 일이 마음에 드는지 물어보았더니 "이 일이야말로 내가 그토록 원하던 일입니다"라고 말했다.

벽돌 나르는 일을 좋아하는 사람이 존재한다니! 실제로 이 스웨덴인은 이러한 종류의 단순노동이 적성에 맞았다. 별 다른 고민 없이 혼자서 묵묵하게 할 수 있는 일, 책임감을 느끼지 않아도 되는 부담 없는 일. 이것이 바로 그가 원하던 일이었다. 그는 모든 벽돌을 작업장에 옮기고 나서야 퇴근했으며, 벽돌 공장에서 하는 모든 일에 적극적인 자세로 임했다.

시간이 흐른 후 이제 더 이상 공동체에서 벽돌을 만들 필요가 없어졌다. 그는 "멋진 일감이 떨어졌으니 나는 이제 고향으로 돌아갑니다"라는 말과 함께 환하게 웃으며 미네소타주로 돌아갔다.

지금 하고 있는 일에 애정이 있다면 자신이 받는 급여보다 더 많은 일을 한다고 해도 마음만은 즐거울 것이다. 바로 이것이 자신의 적성이나 취향에 맞는 직업을 택해야 하는 이유다.

앞에서 설명한 내용을 잘 이해하고 있다면 당신은 이미 성공의 기본 법칙을 공부할 준비가 되어 있다고 볼 수 있다. 하지만 대다수 사람들이 '보수보다 많은 일을 하는 습관'에 익숙하지 못한 것이 현실이다. 이 습관을 길러야 하는 이유는 많다. 그중에서도 가장 중요한 이유 2가지를 들어보면 다음과 같다.

첫째, 보수보다 더 많은 일을 하면 자연스레 그 분야의 전문가가 될 것이다. 그렇다면 당신의 상사는 당신을 주의 깊게 살펴볼 것이고, 주변 사람들과 비교하게 될 것이다.

당신이 어떤 직업에 종사하든 경쟁의식은 큰 차이를 만든다. 이것은 거듭 강조해도 지나치지 않다. 당신이 법을 공부하든, 책을 집필하든 또는 학생을 가르치든, 농사를 짓든 자신의 일에 매진해 명성을 얻는다면 당신의 가치는 점차 빛나게 될 것이다.

둘째, 이렇게 설명해보자. 당신은 지금 강하고 힘이 센 팔을 만들고 싶다. 그렇다면 팔을 줄로 묶어두고 충분한 휴식을 취하게 하는 것이 팔을 강하게 만드는 방법일까? 아니면 그것이 오히려 팔을 약하게 만드는 방법일까?

당신도 이미 답을 알고 있을 것이다. 강한 팔을 얻기 위해서는 열심히 운동을 해야 한다는 사실을 말이다. 증거가 필요한가? 대장장이의 팔을 한번 떠올려보자. 힘든 순간을 감내하고 이겨낸다는 것은 곧 힘을 기른다는 뜻이다.

힘이 센 나무는 숲의 보호를 받지 않고 태양으로부터 숨지도 않는다. 거센 바람과 내리쬐는 태양빛을 견뎌내야만 가장 강한 나무가 될 수 있다. 투쟁과 저항을 통해서 강해진다는 것은 자연의 불변 법칙 중 하나다. 따라서 지금부터 나는 자연의 법칙을 이용해 성공으로 가는 길을 보여주고자 한다.

'보수보다 많은 일을 하는 습관'을 기르면 다른 사람에게는 없는 자신만의 특별한 적성을 계발할 수 있고 기술을 연마할 수 있다. 그에 따라 자신의 가치를 높일 수도 있다. 또한 그 대가로 이런 습관을 갖지 않은 사람보다 훨씬 더 큰 보상을 받을 수 있다.

당신이 이 법칙을 바탕으로 자신의 가치를 높인다면 그에 따른 보상은 자연히 뒤따를 것이다. 누구도 이 진리를 부정할 수 없다. 설령 당신의 직장 상사가 당신 위치에 할당된 일만 하라고 종용해도 걱정할 것 없다. 뛰어난 관찰력을 가진 다른 상사가 당신의 가치를 알아보고 자신의 사람으로 만들려 할 것이기 때문이다.

대부분의 사람들이 자신에게 주어진 일만 그저 대충대충 하려 한다. 옆 사람과 비교해 근소한 이익만 얻어도 충분하다고 생각하기 때문이다. 물론 자신이 맡은 일을 대충할 수도 있다. 하지만 이 상황이 계속된다면 언젠가 있을 구조조정에서 당신의 이름은 1순위에 올라갈 것이다.

> 자신의 가치를 높인다면 그에 따른 보상은 자연히 뒤따를 것이다. 그러므로 지금 하고 있는 일에 애정을 갖는다면 자신이 받는 급여보다 더 많은 일을 해도 마음은 즐겁다. 바로 이 점이 자신의 적성이나 취향에 맞는 직업을 선택해야 하는 이유다. 인생에서 가장 위대한 가치는 자유이고, 이것은 자신이 좋아하는 일을 할 때 더 빛난다.

가치를 높이면 보상이 따라온다

오래전에 출간된 책이지만 이 장에서 설명하려는 내용에 부합하는 책이기에 소개하고자 한다. 러셀 콘웰Russell Conwell이 쓴《모든 이에게는 자신만의 대학이 있다》라는 제목의 책이다.

다음에 소개하는 내용은 책의 한 구절을 발췌한 것이다. 이 구절만 봐도 이 책이 얼마나 읽을 만한 가치가 있는지 알 수 있다.

'지식이란 것은 사람들이 모든 사물을 더 훤히 내다볼 수 있게 해준다. 하지만 모든 대학에서 지식을 얻는 방법을 가르치는 것은 아니다. 이 방법을 알기 위해서는 자기수양이 있어야 하며, 각 개인은 이 능력을 스스로 배양해야 한다. 우수한 대학에 입학한 학생이 더 많은 지식을 갖고 있는 것은 바로 이런 이유 때문일 것이다.'

우리는 살면서 두 번 중요한 시기를 거친다. 한 번은 지식을 얻고 분류하고 조직하는 시기이며, 다른 한 번은 그러한 지식을 자기 것으로 만들기 위해 힘쓰는 시기다. 이 시기에는 우리가 다른 사람을 위해 유익한 일을 할 수 있어도 그 일을 할 수 있는 능력이 있다는 사실을 다른 사람에게 납득시켜야만 한다.

이렇듯 우리에게 서비스를 제공할 마음이 있어야 하고, 준비가 되어 있어야 하는 가장 중요한 이유 중 하나는 서비스 제공을 통해서 다른 사람에게 자신의 능력을 보여줄 수 있기 때문이다. 이 과정을 통해서 다른 사람에게 인정받을 수 있고, 자신이 능력이 있다는 사실을 그들에게 인식시켜줄 수 있다. 남으로부터 인정받는다는 것은 매우 중요한 일이다.

"내가 받을 수 있는 대가를 먼저 보여주시오. 그러면 내가 할 수 있는 일을 보여주겠소"라고 말하는 대신에 "내가 가진 모든 능력을 보여줄 테니 나의 능력이 마음에 든다면 그때 대가를 지불해주시오"라고 말할 수 있어야 한다.

습관 5 - 지배력

어느 50세의 중년 부인이 주급 150달러를 받으며 속기사로 일하고 있었다. 그녀가 받는 보수로 미루어 그다지 유능한 속기사는 아니었던 것 같다.

그런데 그녀에게 큰 변화가 일어났다. 1년이 지난 이듬해 그녀가 연설만으로 벌어들인 수입이 100만 달러가 넘었다. 주급 150달러와 100만 달러, 이 두 수입 간에는 너무나 큰 차이가 존재한다. 과연 무슨 일이 일어났던 것일까?

속기사였던 그녀가 저명한 심리학 강사로 일하게 된 것은 무엇보다 '보수보다 많은 일을 하는 습관'과 '수확체증收穫遞增의 법칙'을 이용한 결과다!

그녀는 어떤 방법으로 수확체증의 법칙을 이용했을까?

우선 그녀는 큰 도시로 가서 아무런 보수도 없이 15회에 걸쳐 강연을 했다. 강연을 하는 동안 자연스레 사람들은 그녀에게 관심을 갖게 되었고, 결국 그녀의 강연을 들으려는 사람 1명당 25달러의 수강료를 받았다. 그녀가 계획했던 바였다.

그녀는 자신에게 다가오는 작은 기회도 놓치지 않고 잡을 줄 아는 사람이었다. 반면 강의 기술은 노련하지만 기대 이하의 대가에 익숙지 못한 유명 강사들도 있다. 이 둘의 차이를 이해하는가? 그들은 이 책의 기반이 되는 성공에 관한 기본 철학에 대해 아직 이해하지 못한 것이다!

자, 이제 이 책을 읽고 있는 독자들에게 질문해보겠다.

"특별한 재능이 없는 아주 평범한 50세의 중년 부인이 수확체증의 법칙을 이용해 주급 150달러의 속기사에서 100만 달러의 강사로 변신했다. 당신도 이 법칙을 잘 활용한다면 당신이 원하는 모든 것들을 얻을 수 있지 않겠는가?"

읽는 것을 잠시 멈추고 답해보길 바란다. 당신이 이 질문에 답할 수 있을 때까지 뒤따라오는 모든 생각들을 잊어라. 그리고 올바른 답이 나올 때까지 계속 답을 구하라. 반드시 이 질문에 답할 수 있어야 한다.

당신은 지금 미온적이든 열성적이든 진지한 자세로 이 세상에서 한자리를 차지하기 위해 노력하고 있다. 만약 당신이 수확체증의 법칙에서 배운 대로 노력한다면 곧 더 높은 수준의 성공에 다다를 것이다.

어떻게 하면 이 법칙의 효과를 극대화시킬 수 있을까? 그것은 전적으로 당신 자신에게 달려 있다.

사람은 살면서 두 번의 중요한 시기를 거친다. 한 번은 지식을 얻고 분류하고 조직하는 시기이며, 또 한 번은 그런 지식을 자기 것으로 만들기 위해 힘쓰는 시기다. 이 시기에 '보수보다 많은 일을 하는 습관'을 기르면 다른 사람에게는 없는 자신만의 특별한 적성을 계발할 수 있고, 결국 자신의 가치를 높일 수 있다.

먼저 베풀면 더 크게 얻는다

다시 조금 전의 질문으로 돌아가보자. 물론 당신이 이 문제를 쉽게 풀 수 있을 거라고는 생각하지 않는다.

그렇지만 당신은 미래와 직결되는 문제들과 직접 맞부딪치며 해결하기 위해 노력해야 한다. 그저 피하려고만 한다면 실패의 책임은 모두 당신 자신에게 있다.

이 장을 모두 읽은 후 이 책의 법칙대로 당신의 행동이 변하는 것은 당신만이 가진 특권이라고 생각하라. 단, 자신의 이익만을 위해 이 법칙을 사용하진 말기 바란다. 나중에 거울을 보며 다음과 같은 질책을 하면서 자신의 처지를 한탄하고 싶지 않다면 말이다.

"너는 고의적으로 너 자신을 속이고 있다!"

이렇게 이야기하면 고지식한 사람으로 오해할 수 있겠다. 하지만 성공의 법칙을 이해하고 나면 곧 이 말의 의미를 깨닫고 거부감 없이 받아들이게 될 것이다.

당신보다 더 많이 실수했던 사람의 충고를 받아들여라. 그것은 당신에게 더 많은 이익을 가져다줄 것이다. 삶의 밑바탕이 되는 경험을 배우기 위해서 지금의 언짢은 마음을 동기로 활용하라. 최대한 집중해서 자신이 지니고 있는 능력을 발휘하라. 만약 이런 방식으로 꾸준히 노력한다면 당신은 어마어마한 금액의 보수를 받게 될 것이다.

이제 '보수보다 많은 일을 하는 습관'의 다른 중요한 면을 살펴보도록 하자. 그것은 다른 말로 하면 '허락받지 않아도 스스로 일하는 습관'이다.

이 일은 다른 사람의 참견 없이 창의적으로 해야 한다. 당신이 돕고자 하는 사람에게 조언을 얻을 필요는 없다.

만약 당신이 '보수보다 적게 일한다'면 항상 주위 사람에게 끌려다니게 될 것이다. 그리고 당신의 서비스를 원하는 사람은 발길을 멈출 것이다.

이제 '보수보다 많은 일을 하는 습관'이 왜 중요한지 그 의미를 모두 이해했기를 바란다. 만약 아직도 왜 이것이 중요한지 이해하지 못했다면 당신은 더 이상 물러설 자리가 없다. 그리고 '명확한 중점목표' 달성에 실패하고 말 것이다.

우리에게 필요한 가장 절실하면서도 어려운 일은 모든 사람이 자신의 일에 감독자가 되는 것이다. 우리는 자신의 결점을 덮어두기 위해 수많은 '알리바이'를 만들고 '변명'을 창조한다.

또한 '진실이 무엇인지' 알아내려 하지 않고 자신이 '알고 있는 것이 진실'이기를 원한다. 우리는 냉정하고 선입견 없는 진실보다 달콤한 거짓을 더 원한다. 게다가 우리는 자신에게 이익이 되는 진실만 알려고 한다.

대개의 사회 초년생이 처음 사회에 나와 충격을 받는 사실 중 하나는 대부분의 사람들이 진실을 전하는 데 너무 인색하다는 것이다. 진실을 말하는 사람은 경원당하는 것이 우리의 현실이다.

남에게 인정받는다는 것은 매우 중요한 일이다. 내가 어떤 일을 할 수 있는 능력이 있다는 것을 다른 사람에게 납득시켜야만 한다. "내가 받을 수 있는 대가를 먼저 보여주시오. 그럼 내가 할 수 있는 일을 보여주겠소"라고 말하는 대신 "내가 가진 모든 능력을 보여줄 테니 나의 능력이 마음에 든다면 그때 대가를 지불해주시오"라고 말하라.

습관의 벽을 넘어라

어떤 행동이든 여러 번 반복해서 행하다 보면 습관이 된다.
사람의 마음(정신)도 일상적인 습관으로부터 생성되는
힘의 복합체에 지나지 않는다.

우리가 누구든, 직업이 무엇이든 상관없이 우리 모두는 습관의 희생자다. 다른 사람으로부터의 암시, 환경, 그리고 동료의 영향 등으로 조심스레 마음에 심어진 어떤 생각은 그에 따르도록 행동을 유도한다.

이런 의미에서 번영과 부富를 생각하고 그것을 말하는 습관을 갖는다면 더욱 광범위하고 새로운 뜻밖의 기회가 다가올 것이다.

수없이 많은 사람들이 습관의 원리를 파괴적으로 활용함으로써 빈곤과 결핍의 삶에서 벗어나지 못한다. 지금 설명하는 '습관의 원리'나 '유유상종類類相從'의 '흡인吸引 원리'를 모르고 빈곤 속에 살아가는 사람은 그들의 행동에서 이미 그런 결과가 비롯된 것임을 깨닫지 못한다.

가령 저축을 예로 들어 설명해보자. 저축은 습관의 문제다. '내

능력으로는 이만큼 벌 수 있겠다'라고 한정지어 생각하는 한 그 이상은 벌 수가 없다. 습관의 원리가 자신이 벌 수 있는 금액에 명확한 한계를 긋기 때문에 더 많은 돈을 벌 수 없는 것이다.

무의식은 곧 이 한계를 받아들여 자기도 모르는 사이에 목표가 내려가게 되고, 결과적으로 (인간의 6가지 두려움 중의 하나인) 가난에 대한 두려움에 휩싸이게 된다. 더 이상 기회가 당신의 문을 두드리지 않을 것이고, 당신의 운명은 그 상태로 멈춰버릴 것이다.

저축하는 습관을 형성하는 일은 당신이 벌 수 있는 소득에 제한을 두라는 것이 아니다. 정반대로 이 법칙을 적용하면 당신이 벌어들인 것을 체계적으로 보존해줄 뿐만 아니라 당신에게 더욱 큰 기회와 비전, 자신감, 상상력, 열정, 자발성과 리더십 등을 줄 것이며, 돈을 버는 능력을 키워줄 것이다.

당신이 이 '습관의 원리'를 철저히 이해한다면 '어부지리의 게임 법칙'에 따라 돈을 버는 게임에서 틀림없이 성공하게 될 것이다. 이를 위해서는 다음의 방법을 충실히 따라야 한다.

> 번영과 부를 생각하고 그것에 관해 말하는 습관을 갖는다면 누구에게나 더 넓고 새로운 많은 기회가 다가올 것이다. 그러나 많은 사람이 습관의 원리를 파괴적으로 활용하고, 그 결과 빈곤과 결핍의 삶에서 벗어나지 못한다. 마음속에 빈곤에 대한 두려움이 자라나면 결국 충분한 돈을 벌지 못하는 습관의 희생자가 된다.

소득의 일정비율을 저축하라

습관의 원리를 이해하는 일이 어떻게 돈을 벌게 해줄까? 의외로 간단하다. 다음의 단계를 따르면 된다.

첫째, '명확한 중점목표'에 따라 당신이 무엇을 원하는지 파악하고 정확한 목표설정을 하라.

이때 자신이 벌고자 하는 돈의 액수도 포함시킨다. 당신의 무의식은 당신이 창조한 그림을 접수할 것이고, 이 그림은 '중점목표' 또는 '목적이 되는 대상'을 획득하기 위해 당신의 생각과 행동을 실제 계획으로 옮겨줄 청사진이 될 것이다.

이는 결국 습관의 원리를 통해 명확한 중점목표의 대상을 마음속에 심어두는 결과가 된다. 이렇게 형성된 목표가 확고하게 항구적으로 뿌리내리면 실행을 통해 빈곤에 대한 인식이 파괴되고, 그 자리에 풍요의 의식이 세워질 것이다. 이쯤 되면 정말로 풍요함을 원하므로 그것을 성취하기 위한 준비를 하게 된다. 이렇게 저축의 습관을 형성하는 단계에 접어든다.

둘째, 앞에서 이야기한 방법에 따라 커진 당신의 수입능력을 토대로 총소득 중 일정비율을 저축하라.

이제 당신의 습관 원리는 한 단계 더 발전한다. 당신의 소득이 늘어나면 일정한 비율로 저축도 따라서 증가하게 될 것이다.

이렇게 수입과 저축이 늘어나면 당신 안에 잠재하고 있는 가상의 제한을 뛰어넘어 체계적으로 총소득분에서 일정량을 떼어놓는 형태로 재정 독립을 향한 길에 들어설 것이다. 단언하건대 이처럼 손쉬우면서도 실제적인 방법은 없다!

이제 방향을 달리하여 '습관의 법칙'을 적용해보자. 가령 당신의 마음속에 빈곤에 대한 두려움을 심으면 머지않아 공포심이 당신의 소득액을 감소시킬 것이고, 결국 충분한 돈을 벌지 못하는 지경에 이를 것이다. 실제로 사업에 실패하는 사람이 많지 않다고 해도 만약 언론에서 부도난 사람, 도산한 기업이 많다는 뉴스를 불과 일주일만 대서특필해도 큰 불안을 불러올 수 있다.

유유상종! 비슷한 것끼리는 서로 모인다고 한다. 마찬가지로 당신이 사업에 종사하고 있으면서 '사업이 나빠지고 있다'고 생각하며 입으로 그 말을 뱉으면 사업은 틀림없이 잘 풀리지 않을 것이다. 비관주의자 한 명의 우울한 생각이 유능한 동료의 일까지 망칠 수 있다. 결국 한 사람의 빈곤과 실패에 대한 두려움 때문에 유능한 동료도 추락한다. 절대 이런 유형의 사람이 되지 마라!

일리노이주에서 크게 성공한 한 은행가의 사무실에는 다음과 같은 팻말이 걸려 있다.

'우리는 오로지 풍요로움만 생각하고 말합니다. 만약 당신의 마음속에 작은 우려가 있다면 속으로만 생각하십시오. 왜냐하면 우

려는 우리가 원하는 것이 아니기 때문입니다.'

어떤 회사도 비관주의자를 원하지 않는다. 유유상종의 '흡인 원리'와 '습관의 법칙'을 이해하는 사람이라면 돈을 훔치러 온 강도를 원할지언정 비관주의자는 원하지 않을 것이다. 이런 사람은 주위의 유능한 사람에게까지도 부정적인 영향을 끼치기 때문이다.

수많은 가정에서 이루어지는 대화의 대부분은 가난에 대한 이야기다. 그래서 당연한 결과로 그들은 가난해진다. 가난을 생각하고 이야기하면서 결국 그들은 가난을 자신의 운명으로 끌어들이게 된다. 또한 가난을 조상 탓으로 돌리면서 조상이 가난했기에 자신도 가난하다는 핑계를 대곤 한다.

이렇게 가난은 그것을 두려워하고 더 나아가 그것을 생각하는 습관의 결과로서 발생한다.

> 유유상종! 비슷한 것끼리 모인다. 만약 '사업이 나빠지고 있다'고 생각하면서 입으로 그 말을 뱉으면 사업은 틀림없이 잘 풀리지 않는다. 수많은 가정에서 이루어지는 대화의 대부분은 가난에 대한 것이다. 가난을 생각하고 이야기하면서 가난을 자신의 운명으로 끌어들인다.

한 사람의 영혼을 망치는 습관, 부채

자비라고는 전혀 없으며 저축 습관에 더욱 치명적인 것이 바로

'빚'이다. 빈곤은 그 자체로 야망을 죽이고 자기확신과 희망을 파괴하는데, 이에 더해 빚의 부담까지 있다면 결국 실패의 운명에 처할 수밖에 없다.

빚의 무게가 짓누르고 있다면 그 누구도 최선의 효과를 보기 어렵고 인생의 목적을 세우기도, 실행하기도 어렵게 된다. 빚에 구속되어 있는 사람은 무지나 쇠사슬에 구속된 노예나 다름없다.

월수입으로 5,000달러를 받는 어떤 사람이 있었다. 그의 아내는 소위 사교적인 것을 좋아하여 연간 60,000달러의 수입에도 불구하고 100,000달러를 썼다. 그 결과 1년에 40,000달러씩의 빚을 안게 되었고, 모든 가족 구성원이 엄마로부터 이런 소비 습관을 배우게 되었다.

이 남자에게는 두 딸과 아들 하나가 있었다. 이제 자식들은 대학 진학을 고려해야 할 나이가 되었는데도 부채 때문에 진학은 불가능했다. 결국 아버지와 자식 사이에 불화가 생겼고, 전 가족이 불행하고 비참해졌다.

군이 앞의 이야기를 예로 들지 않더라도 다른 누군가에게 빚 때문에 종속되고 인생을 쇠사슬에 묶인 죄수처럼 살아야 한다는 것은 생각만 해도 끔찍한 일이다.

부채의 축적도 습관이다. 처음에는 대수롭지 않게 시작되지만 점차 비중이 커져 결국에는 한 사람의 영혼을 망친다.

많은 젊은이가 불필요한 부채를 지고 그로부터 벗어나려는 노력도 하지 않은 채 결혼생활을 시작한다. 하지만 처음의 신비로움이 사라지고 난 뒤에는 물질의 결핍에 당황스러움을 느끼게 되고, 서로에 대한 불만이 누적되어 이혼법정에까지 서게 된다.

부채에 시달리는 사람은 이상理想을 세우더라도 그것을 실현할 시간이나 의지를 상실하게 되고, 자신의 마음에 한계를 설정하여 벗어날 수 없다는 의심과 두려움의 벽에 둘러싸인다.

따라서 어떤 희생을 치르더라도 부채의 비극은 피해야 한다! 당신 자신과 다른 사람에게 무엇을 빚졌는지 생각하고, 당신에게 의지하는 사람을 위해서도 채무자만은 되지 않겠다고 결심하라.

지금은 성공한 사업가가 되었지만 한때는 부채 때문에 좋은 기회를 잃었던 한 사업가가 있다. 그는 불필요한 것을 사는 습관을 바꿔서 결국 노예 상태에서 벗어났다. 그는 "빚은 채무자를 더욱 깊게 끌어당기는 모래수렁과도 같아서 부채의 습관을 갖고 있는 사람은 대부분 자신을 구제할 수 있는 시기를 제때에 파악하기가 어렵다"고 말한다.

'가난에 대한 두려움'은 앞에서 말한 것처럼 기본적인 공포 가운데서도 가장 큰 것이다. 빚더미에 앉아 미래에 대한 희망이 없는 사람은 가난의 두려움에 사로잡혀 야심과 자신감이 마비되고, 점차적으로 세상과 단절되게 된다.

부채에는 2가지 종류가 있다. 그 둘은 각자 성격이 다르므로 다음과 같이 구분한다.

첫째, 사치에 따른 부채. 이는 치명적이고 파괴적인 손실이다.

둘째, 사업의 과정에서 발생하는 부채. 이는 자산으로 전환될 수도 있는 재화와 용역(서비스 상품)이다.

이 중 첫째에 해당하는 부채는 반드시 피해야 한다. 둘째에 해당하는 부채는 지불을 유예할 수 있다. 부채 발생 시 합리적인 판단으로 감당할 수 있는 범위를 넘지 않도록 해야 한다. 한계를 넘어서 구매하는 순간 그것은 투기의 범주에 들어가며, 투기는 부를 불리기보다 삼켜버릴 가능성이 더 크다.

자신의 수입 이상으로 소비하는 사람은 투기의 유혹을 받기 쉽다. 그들은 단 한 번의 도박으로 부채 전체를 해결할 수 있다는 희망으로 투기를 하는 경향이 있다. 그러나 도박은 대개 엉뚱한 결과를 가져온다. 빚에서 빠져나오도록 해주는 것이 아니라 빚의 노예 상태로 만들어 더욱 구속한다.

빚에 시달리다 자살한 사람들의 이야기가 신문에 실리지 않는 날이 없을 정도로 다른 어떤 요인보다도 빚이 자살을 유발하는 원인으로 꼽히고 있다. 가난의 공포가 불러온 잔혹함을 엿볼 수 있는 대목이다.

전쟁기간에는 어느 순간에라도 목숨을 잃을 수 있다는 것을 알면서도 전쟁의 포화 속에서 수백, 수천 명의 군인이 두려움 없이 전방의 참호를 지킨다. 그러나 똑같은 사람들이 '가난의 공포'에 대면하면 움찔하고 자포자기하며 이성이 마비되어 극단적인 경우 자살을 하기도 한다.

빚에서 자유로운 사람은 가난에 승리하고 재정적으로 성공하지만, 빚에 구속된 사람은 부를 성취할 가능성이 희박해진다.

가난에 대한 두려움은 부정적이고 파괴적인 마음의 상태다. 게다가 부정적인 마음은 이와 유사한 형태의 마음을 불러들이는 경향이 있다.

예를 들어 '가난에 대한 두려움'은 '질병에 대한 두려움'을 불러들이고, 이 두 가지는 다시 '나이 듦에 대한 두려움'을 불러오는 경우가 많다. 그 결과 가난의 희생자가 된 사람은 노령의 징후가 나타날 시기가 아닌데도 질병과 노령화를 겪고 있는 자신의 모습을 발견하게 된다. 제대로 된 삶을 살지 못하고 간 수많은 이름 없는 무덤들이 가난에 대한 두려움 때문에 빚어진 잔혹한 공포의 희생자들이다.

뉴욕의 시티 내셔널 은행City National Bank에서 중요한 직책을 맡았던 한 젊은이가 있었다. 그는 수입에 맞지 않는 생활을 하다가 상당한 빚을 졌는데, 이러한 파괴적인 습관이 직장생활에도 영향을 미쳐서 결국 은행에서도 정리해고 당했다.

그는 좀 더 낮은 보수의 다른 직업을 얻었지만 채권자들 때문에 사표를 냈고, 그 채무를 다 갚을 때까지 그들을 피하고자 다른 도시로 이사하기로 결심했다. 그러나 채권자들은 채무자를 추적하는 방법을 잘 알고 있어서 다시 그를 찾아냈다. 또한 직장상사도 그의 부채를 알게 되어 또다시 일자리를 잃었다.

그는 두 달 동안 새 일자리를 물색했지만 실패했다. 어느 추운 겨울밤 그는 브로드웨이의 고층 빌딩 꼭대기에서 뛰어내렸다. 이렇게 빚이 또 한 명의 희생자를 만들었다.

> 저축은 습관의 문제다. 저축하는 습관을 갖추지 못해 다른 누군가에게 빚으로 종속되고, 인생을 쇠사슬에 묶인 죄수처럼 산다는 것은 생각만 해도 끔찍한 일이다. 부채의 축적 또한 습관이다. 처음에는 대수롭지 않게 시작했지만 점차 크게 늘어 결국에는 한 사람의 영혼을 망가뜨린다.

빚의 습관을 저축의 습관으로 바꿔라

부채가 있는 사람이 가난의 공포를 이겨내기 위해서는 취해야 할 과정이 있다. 우선 신용으로 물건을 사는 습관을 버리고, 이미 갖고 있는 빚을 점차적으로 갚아나가야 한다. 부채에 대한 걱정으로부터 자유로워지기 위해서는 자신의 습관을 바꾸고 풍요를 위한 방향으로 습관을 재정비해야 한다.

명확한 중점목표의 일부로서 아무리 적은 금액이라도 소득의 일부를 정기적으로 저축하는 습관을 가져야 한다. 이 습관은 매우 빨리 당신의 마음을 차지하고 저축의 기쁨을 맛보도록 할 것이다.

어떤 습관이라도 그 자리를 다른 바람직한 습관으로 바꿔야만 이전의 습관을 근절할 수 있다. 그러므로 재정 독립을 꾀하는 사람이라면 자신의 '소비' 습관을 반드시 '저축' 습관으로 바꿔야 한다.

단지 바람직하지 못한 습관을 그만두는 것만으로는 충분하지 않다. 왜냐하면 습관은 다른 종류의 습관으로 채워지지 않는 한 재발하는 경향이 있기 때문이다. 한 습관의 중단은 빈자리를 남겨놓는데 이 빈자리를 반드시 다른 종류의 습관으로 채워 옛 습관이 되돌아올 자리를 없애버려야 한다.

당신은 지금 재정적으로 독립하기 위해 노력하고 있을 것이다. 일단 가난에 대한 두려움을 극복하고 그 자리를 저축하는 습관으로 대체한다면 돈을 모으는 일도 생각만큼 어렵지 않을 것이다. 당신이 이 지침을 제대로 따른다면 습관의 법칙은 이제 곧 당신의 일부가 될 것이다.

만약 당신이 이 책을 읽으면서 성공이 오로지 돈에 의해서만 결정된다는 인상을 받았다면 나는 실망을 금치 못할 것이다. 물론 돈이 성공을 이루는 중요한 요소임을 부인하는 것은 아니다. 나는 오히려 돈에 대한 적절한 가치평가를 내려야 한다고 주장한다.

　더구나 요즘과 같은 물질문명의 시대에서 돈의 방패막이 없는 사람은 모진 바람 속에 스러지는 모래더미에 불과한 것이 냉정한 우리의 현실이다. 천재는 그 재능에 따라 상을 받고 영예를 거머쥘 수 있지만, 재물이 뒷받침되지 않는다면 껍데기와 같은 텅 빈 영예에 지나지 않는다.

　결국 돈이 없는 사람은 자신의 의지와 관계없이 돈이 있는 사람의 처분에 따라 좌지우지되는 것이 세상의 현실이다. 이는 개인이 얼마나 능력을 지녔는지, 타고난 재능이 있는지, 교육을 얼마나 잘 받았는지와는 상관없이 적용되는 사실이다.

　당신이 누구이고 무엇을 할 수 있는지와 상관없이 사람들은 당신의 통장잔액으로만 당신을 평가한다. 대부분의 사람이 새로운 사람을 만났을 때 하는 생각은 '저 사람은 얼마나 돈이 있을까?'다. 만약 그에게 돈이 있다면 환영받을 것이고, 사업의 기회도 얻을 것이다. 모든 관심이 그에게 쏟아지며 모든 것에 걸맞은 왕이 된다.

　그러나 반대로 신발 뒤꿈치는 닳고, 양복은 구깃구깃하고, 와이셔츠 칼라는 더러워 가난의 징후를 내비치는 사람이라면 군중은 그를 그저 지나칠 것이며 그에게 무시의 눈길을 보낼 것이다. 이렇듯 경제적 능력이 없는 사람의 운명은 애처롭다. 유쾌하지 않은 명제일 수 있으나 이것은 참이고 진실이며 사실이다!

이처럼 타인이 지닌 재물이나 재물을 행사할 수 있는 능력에 따라 사람을 평가하려는 경향은 특정 계층의 사람에게만 국한된 현상이 아니다. 우리가 인지하든, 인지하지 못하든 우리 모두가 이러한 성향을 갖고 있다.

역사상 가장 위대하고 존경받는 과학자인 토머스 에디슨도 자신의 재산을 저축하지 않았다면 세상에 알려지지 못한 채로 생을 마감했을 것이다.

포드사의 헨리 포드 또한 유년시절부터 길러온 저축하는 습관이 없었다면 자동차를 만들기 위한 토대를 이루지 못했을 것이다. 또한 그가 재물을 모으지 않아 방패막이 없었다면 경쟁자나 그의 공을 가로채고자 했던 사람에게 이미 '잡아먹혔을' 것이다.

비상시를 대비하여 모아둔 돈이 없으면 넘어져도 다시는 일어서지 못하고 성공에 이르지도 못한다. 이처럼 해마다 비상시를 대비한 자금이 없어서 도산하는 회사의 비율이 엄청나다. 다른 어떤 이유보다도 자금 때문에 도산하는 경우가 많다. 의심의 여지없이 자금 축적이야말로 성공적인 경영을 위한 필수사항이다!

사업뿐만 아니라 개인에게도 저축은 반드시 필요하다. 통장에 잔고가 없는 개인은 다음과 같은 2가지 어려움을 겪게 된다.

첫째, 자금이 준비된 자에게만 오는 기회를 잡지 못한다.

둘째, 현금이 급히 필요한 비상시가 닥치면 당황하게 된다.

또한 저축하는 습관을 들이지 않으면 여타 성공의 필수요건이 부족해서 앞으로 나아가지 못하고 정체되고 말 것이다.

재정 독립을 위해서는 '명확한 중점목표'에 따라 자신이 무엇을 원하는지 정확한 목표설정을 해야 한다. 이때는 자신이 벌고자 하는 돈의 액수도 정확히 포함한다. 그러면 당신의 무의식은 그 그림을 접수하여 '중점목표' 또는 '목적이 되는 대상'을 획득하기 위해 당신의 생각과 행동을 실제적인 계획으로 옮겨줄 청사진으로 삼는다.

인간은 습관에 의해 지배된다

인생에서 가장 위대한 가치는 자유다!
그러나 일정한 수준의 경제적 독립이 없는 한
진정한 자유는 있을 수 없다.

앞에서 설명한 것처럼 우리 모두는 습관의 희생자다! 불행히도 대부분의 부모는 저축하는 습관에 관한 아무런 개념도 없이 자녀를 키우고 있다. 당연히 습관의 법칙에 관한 교육 역시 이루어지지 않는다. 그들은 자신의 잘못을 인식하지도 못한 채 자녀에게 지나친 소비 습관을 심어주는 데 일조하고 있다.

다행스러운 것은 저축하는 습관이라는 가치를 이해하는 안목이 있는 일부 부모는 그들의 자녀에게 이 습관을 반복 주입시킨다는 것이다. 그 자녀는 정말 행복한 아이다. 이런 조기훈련은 그에 상응하는 결실을 맺어준다.

일반인에게 예상치도 못한 100달러를 주어보아라. 그는 당장 어떻게 쓸지 생각할 것이고, 즉시 그에게 필요하거나 필요하다고 생각되는 것들이 머릿속을 스쳐갈 것이다. 그중에는 정말 필요한 것도 있겠지만 그렇지 않은 경우가 훨씬 더 많다.

저축하는 습관을 가진 사람이 아니라면 돈을 저축할 생각은 떠오르지도 않을 것이다. 하루가 지나기도 전에 그는 이미 돈을 다 썼거나 어떻게 쓸지 결정할 것이며, 이는 타오르고 있는 그의 소비습관에 기름을 붓는 꼴이다.

습관은 인간을 지배한다! 은행계좌를 개설하고 액수가 적더라도 소득의 일부분을 정기적으로 적립하려면 굳은 결심과 의지가 필요하다. 그리고 이것은 많은 사람이 그토록 소망하는 경제적인 자유와 독립을 얻느냐 마느냐를 결정하는 중요한 원칙이다. 이 원칙은 개인의 소득과는 전혀 관계가 없다.

자신의 소득이나 여타의 수입에서 일정 비율을 체계적으로 저축하는 습관을 가지면 재정적으로 독립된 위치를 누릴 수 있게 된다. 만약 저축하지 않는다면 소득이 얼마가 됐든 절대 경제적인 독립을 누릴 수 없다는 것은 자명한 사실이다.

저축을 하지 않으면서도 이 원칙에 해당되지 않는 유일한 예외는 평생을 쓰고도 남을 만한 유산을 상속받는 것 또는 복권에 당첨되는 것뿐이다.

하지만 이런 요행은 실현 가능성이 희박하다. 기적이 일어날 것이라는 희망에 기대면 안 된다.

부자가 되는 것과 저축을 하는 것도 결국은 습관의 힘이다. 습관의 법칙을 잘 적용하면 당신의 수입을 체계적으로 보존해줄 뿐 아니라 더 나아가서는 당신에게 더욱 큰 기회와 비전, 자신감, 상상력, 열정, 자발성과 리더십 등을 길러줄 것이며, 돈을 버는 능력을 키워줄 것이다.

저축하는 습관이 기회를 잡는다

수입에서 저축해야 할 부분을 희생하면서까지 '남을 따라 시류를 따르는 것'은 바람직하지 않다. 젊은 시절 실컷 즐기다가 중년이나 노년이 되는 것보다는 젊은 시절 유행에 약간 뒤떨어지는 편이 장기적인 관점에서 더 현명하다.

젊을 때 미래를 위해 잠시 희생하는 편이 노년이 되어 어쩔 수 없이 희생을 강요당하는 것보다는 훨씬 나을 것이다. 더 이상 사회에서 자신의 능력을 발휘할 수 없고, 친지나 자선단체에 자신을 의탁해야만 하는 노년기에 주머니에 한 푼도 없다면 그보다 더 비참한 일도 없다.

기혼이든 미혼이든 가계 예산에 따라 계획을 세워야 한다. 여가와 여흥에 들어가는 비용을 줄일 용기가 없다면 어떤 예산 계획도 의미가 없다.

만약 자신보다 수입이 많거나 혹은 씀씀이가 헤픈 부류와 어울리면서 '그를 따라잡아야지'라고 생각한다면 그에게는 강한 의지가 필요하다. 그것을 절제할 수 없다면 그 어떤 예산 계획도 실행하지 못할 것이다.

저축하는 습관을 들이려면 우선 경제적으로 무리를 하면서까지 여가를 보내지 않아도 좋은 그룹을 선정하고, 그 밖의 그룹과는 어느 정도 교제를 제한해야 한다.

또한 아주 적은 돈이라도 소비를 줄여서 저축해야 한다. 그런 용기와 절제가 없다면 성공으로 이끄는 하나의 품성이 결여되어 있는 것과 같다.

저축하는 습관이 있는 사람만이 책임감이 따르는 직위 혹은 높은 지위에 오르는 기회를 잡을 수 있다. 저축은 충분한 통장잔고를 주고 취업에 유리하게 작용할 뿐 아니라 실제로 돈을 벌 수 있는 능력도 키워준다.

고용주라면 일정하게 돈을 모으고 있는 사람을 고용하길 원한다. 이는 단지 그가 돈을 모았다는 사실 때문이 아니라 그 사람의 품성 때문이다.

많은 기업이 저축하지 않는 사람은 고용하지 않는다. 사실 모든 기업은 직원에게 저축을 장려하는 것이 관행이다. 그런 분위기 속에서 저축하는 습관을 갖게 된 사람은 그렇지 못한 사람보다 훨씬 축복받은 것이다.

헨리 포드는 오랜 기간 자신의 직원에게 돈을 저축하게 했을 뿐 아니라 현명하게 소비하여 경제적이고 합리적으로 생활하도록 유도했다. 아주 합당한 처사였다. 직원에게 저축하는 습관을 가지도록 독려하는 경영주야말로 정말로 존경받아야 할 박애주의자라 할 수 있다.

이번에는 저축하는 습관이 어떤 결과를 야기하는지 다른 사례도 함께 살펴보자.

한 청년이 펜실베이니아의 농촌지역에서 필라델피아로 건너와 인쇄 공장에서 일을 하게 되었다. 그의 동료 직원 중 한 명이 건축 주택조합에 가입하여 매주 5달러씩을 조합에 저축하고 있었다. 동료에게 감화받은 청년도 조합에 가입하여 저축하기 시작했다. 3년이 지나자 900달러를 모을 수 있었다.

그런데 그가 일하고 있었던 인쇄 공장에 재정위기가 닥쳐 도산할 위기에 처하게 되었다. 청년은 조금씩 모았던 900달러를 내놓아 회사를 살려냈고, 그 대가로 사업이익의 절반을 받게 되었다. 검소한 생활 덕에 그는 위기에 처한 회사를 살리고 50%의 사업이익을 받아 해마다 25,000달러가 넘는 액수를 손에 쥐게 되었다. 만약 그에게 저축하는 습관이 없었다면 이런 기회는 결코 오지 않았을 것이다.

포드의 자동차 공장이 완성되었을 때 제조와 판매를 위한 자금이 필요했다. 포드는 친구 몇 명에게 그들이 모은 수천 달러를 빌려

썼다. 그중 한 명은 쿠젠스Couzens다. 단지 몇 천 달러에 불과했지만 친구들의 원조로 포드는 사업을 계속할 수 있었고, 후에 이들은 수백만 달러씩 돌려받았다.

울워스는 할인점 '파이브 앤 텐 센트 스토어' 계획을 세웠을 때 자금이 없었다. 그는 친구들에게 부탁하여 몇 천 달러를 마련할 수 있었고 사업은 순항했다. 물론 친구들의 도움에 대해서는 이후에 수십만 달러로 돌려주었다.

반호이젠Van Heusen은 남성을 위한 소프트칼라Soft-collar를 구상하였다. 아이디어는 좋았으나 실행에 옮길 자금이 없었다. 그는 몇몇 친구의 도움으로 수백 달러를 모을 수 있었고, 사업을 시작하여 부를 거머쥐었다. 그에게 사업 착수의 기회를 만들어준 친구들은 그 덕분에 부자가 되었다.

엘 프로덕토 시가El Producto Cigar 사업을 시작한 사람들 역시 자금이 부족했다. 그들은 시가를 제조하면서 박봉에서 떼어내 저축했던 약간의 돈밖에 없었다.

하지만 그들에게는 좋은 아이디어가 있었고, 어떻게 하면 좋은 시가를 만들 수 있는지 충분히 알고 있었다.

분명한 것은 만약 그들에게 저축한 돈이 없었다면 이 아이디어는 사장되고 말았을 것이라는 점이다. 그들은 소자본으로 사업을 시작했으며, 몇 년 후에는 사업을 800만 달러에 아메리칸 타바코 American Tobacco사에 팔았다.

이처럼 거의 모든 거대한 기업의 배경과 큰 재력가의 시작을 살펴보면 그곳에는 항상 저축하는 습관이 있었음을 알 수 있다.

> 습관이란 다른 종류의 습관으로 채워지지 않는 한 재발하는 경향이 있다. 따라서 어떤 습관이라도 그 자리를 다른 바람직한 습관으로 대체해야만 먼저의 습관을 근절할 수 있다. 바람직하지 못한 습관을 중단하는 것만으로는 충분하지 않다. 재정 독립을 꾀하는 사람이라면 '소비'의 습관을 반드시 '저축'의 습관으로 바꿔라.

기회는 준비하는 사람에게만 찾아간다

존 록펠러John D. Rockefeller는 평범한 회계원에 불과했다. 그는 당시로서는 사업으로 간주하지도 않았던 석유사업에 관한 구상을 가지고 있었다.

일단 사업을 위한 자본이 필요했다. 그는 저축하는 습관을 가지고 있었기 때문에 다른 사람들에게도 그들의 투자금을 잘 사용할 것이라는 믿음을 주어 큰 어려움 없이 돈을 빌릴 수 있었다. 이렇게 보면 록펠러 재단의 진정한 기반은 40달러의 월급으로 회계원 생활을 하는 가운데 형성한 저축하는 습관이라고 할 수 있다.

제임스 힐James J. Hill은 월급 30달러를 받는 전신기사로, 가난한 청년이었다. 그는 대 북부 철도 시스템Great Northern Railway System에 관한 사업 구상을 가지고 있었으나 실행할 자본이 없었다. 그러나 단 하나, 저축하는 습관을 가지고 있었다.

그는 30달러의 박봉을 쪼개 저축한 돈으로 시카고로 갈 경비를 마련한 후 자신의 계획을 실행하는 데 도움을 줄 자본가들을 만날 수 있었다. 그가 적은 수입에도 꾸준히 저축했다는 사실은 자본가들에게 돈을 맡길 만하다는 믿음을 주는 징표가 되었다.

당연한 얘기지만 대부분의 자본가는 자신의 돈을 맡아서 유용하게 사용하지 못하는 능력 없는 사람에게 돈을 맡기려 하지 않는다. 이러한 사실은 저축하는 습관을 형성하지 않은 사람에게는 난감할 수 있다.

시카고의 한 인쇄 공장에서 일하던 청년이 작은 인쇄소를 차려 직접 경영하고 싶었다.

그는 인쇄 공급업체의 매니저에게 자신이 원하는 것을 말하고, 인쇄기계와 다른 장비를 대줄 수 있는지 물었다. 매니저의 첫 번째 질문은 "그래, 당신 저축은 하고 있소?"였다.

그는 30달러의 주급에서 매주 15달러씩을 근 4년간 정기적으로 저축해서 신용을 쌓아 사업에 필요한 것을 외상으로 조달할 수 있었다. 그 후에도 그는 계속 신용을 쌓아 지금은 시카고에서 가장 성공한 인쇄 공장을 가지고 있다. 그가 바로 조지 윌리엄스 George B. Williams다.

그와의 오랜 인연을 강조하면서, 일전에 나폴레온 힐은 이렇게 이야기한 적이 있다.

"나는 윌리엄스를 찾아가서 몇 천 달러를 빌려달라고 부탁하였다. 당시는 1918년으로 전쟁이 막 끝난 직후였다. 그때 나는 《황금률Golden Rule》 잡지를 출판할 목적으로 돈이 필요했다. 내 말을 듣고 그가 던진 첫 번째 질문은 "당신은 저축하는 습관이 있습니까?"였다. 비록 그동안 저축했던 돈을 전쟁기간 중 모두 잃어버렸지만 나는 저축을 했었다는 사실만으로 3만 달러나 되는 돈을 빌릴 수 있었다."

기회는 도처에 있다. 그러나 돈을 준비하고 있는 사람만이 그 기회를 포착할 수 있다. 저축하는 습관이 있고 돈을 관리할 수 있으며 좋은 품성을 겸비한 자에게만 그 기회는 존재할 것이다.

모건J.P. Morgan은 "낭비하는 사람에게 1,000달러를 빌려주느니 차라리 저축하는 습관을 가진 건실한 품성을 지닌 자에게 100만 달러를 빌려주겠다"고 말했다.

이렇듯 대체로 세상은 저축하는 습관을 가진 자에게 기회를 준다. 비록 수백 달러의 적은 저축액이라도 재정 독립을 위한 출발 자금으로는 충분하다.

한 젊은이가 독특하고 실용적인 가정용품을 개발했지만 대개의 개발자가 그렇듯이 자금이 없어서 실용화할 수 없었다. 게다가 저축 없이는 은행에서 돈을 빌리는 것도 불가능하다는 사실을 알게 되었다.

그의 룸메이트는 기술자였는데 마침 200달러의 저축액이 있었다. 적은 액수지만 이 금액을 발명가 친구에게 투자하였고, 젊은이는 상품을 만들어 사업을 시작할 수 있었다.

젊은이는 자기가 만든 상품을 집집마다 다니면서 팔았다. 하나가 팔리면 다시 집에 돌아와 상품을 만들어 다시 판매하면서 자본금을 축적했다. 물론 룸메이트의 저축 때문에 사업이 가능했던 것은 의심의 여지가 없다.

그 후 그는 열심히 쌓은 신용으로 제품을 생산할 기계를 살 수 있었다. 젊은이는 약 6년 후에 사업 지분의 절반을 25만 달러에 팔았다. 만약 그의 룸메이트가 돈을 저축하지 않았다면 그는 평생 이런 액수를 만져보지도 못했을 것이다.

세부적으로 들어가면 각각의 경우마다 다른 점들이 많겠지만, 오늘날 미국 땅에서 큰 부를 이룬 자산가들의 초창기는 대부분 이와 비슷하다.

이런 사례는 셀 수 없이 많다. 만약 돈도 없고 저축하는 습관도 없었다면 큰돈을 벌 기회, 즉 행운은 자신을 비켜갈 것이다. 슬프고도 냉정하지만 이것이 현실이다.

저축하는 습관을 경시해서 일평생을 단조롭고 고된 노동으로 보내는 사람을 지켜보는 것은 슬픈 일이다. 거의 모든 자산가가 액수에 관계없이 저축하는 습관을 가지고 있었다는 사실은 아무리 강조해도 지나침이 없다. 이 기본 원리를 마음 깊이 새긴다면 당신은 경제적 독립을 위한 길에 제대로 들어선 것이다.

돈이 없는 사람은 돈이 있는 사람의 처분에 의해 좌지우지된다! 이는 개인이 어떤 능력을 지녔는지, 타고난 재능이 있는지, 교육은 얼마나 잘 받았는지 등과는 상관없이 적용되는 사실이다. 사람들은 그가 누구인지, 그의 능력은 무엇인지 보지 않고 오직 통장잔액만으로 그를 평가한다. 통장에 잔고가 없는 사람은 좋은 기회를 만나도 자기 것으로 만들기 어렵다.

노력하는 습관을 연습하라

큰 승리는 오직 노력하는 자만 이룰 수 있다.
매일 끼니를 거르지 않듯이 노력하는 습관 역시
하루도 빠지지 말고 연습하라.

이제 앞에서 설명했던 내용을 분석할 때가 되었다. 우선 이 자연의 법칙이 농부에게는 어떻게 적용되고 있는지 분석해보자.

농부는 조심스레 땅을 일구고 씨를 뿌린 다음 수확을 기다린다. 그러면 수확체증收穫遞增의 법칙에 따라 원래의 씨앗이 아닌 몇 배나 많은 곡물을 수확하게 된다.

수확체증의 법칙이 없었다면 인간은 멸종되었을지도 모른다. 인간의 생존을 위한 충분한 양의 식량을 얻을 수 없었기 때문이다. 자연에서 얻을 수 있는 이 결정적인 팁은 우리 실생활에서 수확체증의 법칙이 얼마나 중요한지 보여준다.

다음의 실험은 당신이 수확체증의 법칙과 친숙해지도록 도와줄 것이다. 방법은 간단하다. 다만 꾸준히 지속해야 한다.

6개월 동안 아무런 보수도 기대하지 말고 최소한 한 사람에게 매일 더 나은 서비스를 베풀어보라. 영원한 성공을 얻기 위한 가장 효과적인 법칙을 발견하여 당신을 성공으로 이끌고 있다고 굳게 믿어라.

서비스를 베풀어주는 방법은 다양하다. 개인적으로 한 사람이나 혹은 몇 사람에게 할 수도 있으며, 근무시간이 지난 후 고용주에게 할 수도 있다. 또한 다시 만날 일이 전혀 없는 낯선 사람에게도 서비스를 베풀 수 있다. 누구에게 베푸느냐는 그다지 중요하지 않다. 열성적으로 오직 다른 사람을 도와준다는 목적으로 하면 된다.

올바른 마음가짐으로 이 실험을 행한다면 실험의 기반이 되는 진리를 발견할 수 있을 것이다. 서비스를 제공하지 않으면 대가가 없는 것처럼 서비스를 제공하는 한 보상은 반드시 돌아오게 되어 있다. 그래서 에머슨Emerson의 다음과 같은 말은 음미할 만하다.

"원인과 결과, 수단과 목적, 씨앗과 열매는 분리될 수 없다."

결국 이것은 원인으로부터 결과가 나왔고, 방법에 결과가 있으며, 수단 속에 목적이 내재되어 있고, 열매 안에 씨앗이 있다는 말이다. 그러므로 다음의 말을 잘 기억하라.

"만약 당신이 고마워할 줄 모르는 사장을 만났어도 그에게 봉사하라. 최소한 하느님은 그것을 알고 있을 것이다. 당신의 모든 행동은 반드시 보답받을 것이다. 보답이 늦어지면 늦어질수록 당신에게는 더욱 이익이 된다. 이자에 이자까지 얹혀서, 즉 복리에 복리의 비율로 돌아오기 때문이다."

'일을 하라, 그러면 힘을 얻을 것이다.'

이것이 자연의 법칙이다. 당연히 아무것도 하지 않는 사람은 이룰 것도 없다. 다음의 말도 잘 기억하라.

"사람은 항상 자신이 속고 있다고 믿으면서 한평생을 고통 속에 살아간다. 하지만 실제로는 타인이 아니라 자신에게 속으며 산다. 사물이 존재함과 동시에 존재하지 않을 확률이 '0'인 것처럼 사람이 남에게 속을 확률은 '0'이다. 한편 모든 일에는 대가가 생기기 마련이므로 정직하게 일하는 사람은 결코 손해 보는 일이 없을 것이다."

그럼에도 대다수의 사람은 아무런 노력도 하지 않고 혹은 별로 힘들이지 않고 어떤 큰 대가를 얻으려고 한다. 그들은 이 위대한 법칙을 전혀 알지 못하는 사람이다.

넓은 의미의 성공을 생각했을 때 자신에게 돌아오는 이익만을 생각하고 이 법칙을 공부한다면 여러분에게 이 법칙을 추천하는 것은 무의미한 일이다. 그러나 이 법칙을 제대로 공부하고 실천에 옮기는 사람은 분명 엄청난 대가를 얻을 것이다.

> 사람은 자신이 속고 있다고 믿으면서 살아가지만 실제로는 타인이 아닌 자신에게 속으며 산다. 진정 자신의 직업을 사랑하는 사람은 믿기 어려울 만큼 오랜 시간 일에 열중한다. 하지만 자신의 직업에 애정이 없는 사람은 조금만 일을 해도 빨리 지친다. 사람의 인내력은 자신의 일을 얼마나 사랑하느냐에 따라 결정되기 때문이다.

보상을 약속하는 수확체증의 법칙

유명 사업가인 헨리 포드는 '5달러 최저임금제'를 처음으로 도입했다. 그가 이 제도를 도입한 이유는 자선사업가의 입장이 아니라 심오한 비즈니스 원칙을 수행하기 위해서였다.

다른 회사의 직원들이 받는 임금보다 더 많은 임금을 지급하자 직원들은 더욱 질 좋은 서비스를 제공하기 시작했다. 최저임금제를 도입한 직후 포드자동차 회사는 그 시대의 가장 인기 있는 회사로 손꼽혔으며, 헨리 포드가 시행한 제도 중 가장 성공적인 제도로 평가받고 있다.

확실한 서면상의 증거는 없지만 나는 헨리 포드가 자신이 지급했던 5달러보다 많은, 적어도 7달러 50센트 정도의 임금을 지급한 만큼의 이익을 얻었을 것이라 확신한다.

또한 포드사는 인력관리 비용을 많이 절약했을 것이다. 그 당시 포드사의 일자리는 누구나 선망하는 자리였다. 때문에 우수한 인재를 끌어모을 수 있었으며, 그의 회사에서 일하는 사람들에게 어떤 특권의식을 심어줄 수 있었다. 다른 고용주는 값비싼 비용을 들여 직원을 관리하지만 포드사는 감독비용을 크게 줄일 수 있었다.

마셜 필드Marshall Field는 당대에 가장 유능한 사업가였다. 그가 경영한 시카고의 그레이트 필드 스토어는 수확체증의 법칙에 가장 걸맞은 경영계의 신화로 남아 있다. 그의 일화 하나를 소개하겠다.

한 여성 고객이 그레이트 필드 스토어에서 허리띠를 산 후 한 번도 착용하지 않았다. 2년이 지난 후 자신의 조카에게 허리띠를 결혼선물로 주었고, 조카는 상점으로 가서 다른 상품으로 교환해줄 것을 요청했다. 무려 구입한 지 2년이나 지난 허리띠를 말이다. 그러나 필드 스토어의 점원은 단 한마디 불평도 없이 허리띠를 다른 상품으로 교환해주었다.

물론 필드 스토어는 허리띠를 교환해줄 아무런 법적 책임이나 의무도 없었다. 2년 전 허리띠의 가격은 50달러였다. 하지만 지금은 구식이라서 아무리 싼값에도 팔리지 않을 정도였다. 그러나 상점은 허리띠 하나의 가격을 손해 보는 것에 개의치 않았고, 그 결과 값을 매길 수 없을 만큼의 이익을 볼 수 있었다.

여성 고객은 허리띠를 2년 전의 가치 그대로 돌려받자 감동받아 그 상점의 영원한 고객이 되었다. 이 작은 사건의 효과는 여기서 끝나지 않았다. 여성은 상점에서 받은 '특별한 대우'를 여기저기 퍼뜨리고 다녔고, 소문은 퍼지고 퍼져 상점은 크게 번성하게 되었다. 결과적으로 허리띠 열 개를 판 것과는 비교도 안 될 만큼 큰 광고 효과를 보았다.

마셜 필드의 필드 스토어는 '고객은 항상 옳다'라는 슬로건을 내걸고 사업을 했다. 그는 수확체증의 법칙을 완벽하게 이해하여 사업의 기본 방침으로 삼았던 것이다.

만약 당신이 보수를 받은 만큼만 일을 한다면 아마도 상투적인 말만 나열하며 고객을 대할 것이고, 그 결과 당신에 대한 호의적인 평가는 나올 수 없을 것이다.

하지만 받은 것보다 더 많이 일한다면 당신의 행동에 고객은 호감을 느낄 것이고, 나아가 당신의 명성도 널리 퍼지게 될 것이다. 수확체증의 법칙은 당신에게도 적용된다.

캐롤 다운즈Carol Downes는 자동차 회사의 회장인 듀런트W.C. Durant 밑에서 오른팔로 일하며 지금은 자회사 중 한 곳의 경영을 책임지고 있다. 그가 이 위치까지 오게 된 이유는 보수보다 많은 일을 하는 습관의 법칙을 철저히 준수했기 때문이다.

사람들이 그에게 가장 관심 있어 하는 초고속 승진에 대해 물었더니 다음과 같은 답이 돌아왔다.

"제가 처음 이곳에 입사했을 때였어요. 다들 퇴근한 후 한밤중에 듀런트 씨가 혼자 남아 열심히 일하는 것을 봤습니다. 문득 저도 남아 있어야겠다고 생각했지요. 그 누구도 나에게 야근을 시키지는 않았지만, 늦게까지 남아서 듀런트 씨의 보조를 해야겠다고 생각했어요. 듀런트 씨는 종종 파일 심부름을 해줄 사람을 찾았고, 그때마다 저는 그의 뒤에 대기하고 있었어요. 시간이 흐르니 그는 저를 찾는 것이 습관이 되어버린 겁니다. 그것이 제가 하는 이야기의 전부예요."

'그는 저를 찾는 것이 습관이 되어버렸다.'

이 문장을 다시 한 번 읽어보라. 그 안에는 많은 의미가 담겨 있다. 어째서 듀런트는 다운즈를 부르는 것이 습관이 되었을까? 다운즈는 항상 그의 뒤에서 같이 일했다. 다시 말해 수확체증의 법칙을 철저히 지켰기 때문이다.

누가 그에게 야근을 강요했는가? 결코 그렇지 않다! 그러면 보상을 받았는가? 그렇다! 그는 자신을 승진시켜줄 수 있는 사람과 함께 일하며 황금 같은 기회를 잡아 보상받았다.

우리는 이제 이 장에서 가장 중요한 부분에 이르렀다. 왜냐하면 이제 당신은 다운즈처럼 수확체증의 법칙을 활용하여 더 많은 것을 얻을 수 있다는 것을 알게 되었기 때문이다. 그러므로 이 법칙을 연습해보자. 남들이 꺼리는 대가 없는 일에 자발적으로 나서보자.

'나의 상사는 듀런트와는 다르다'라는 생각은 입 밖에 내지도 말고 아예 생각도 하지 마라. 물론 당신의 상사는 듀런트와 다를 수 있다. 모든 사람은 다르게 마련이다. 하지만 '자기중심적'인 사고를 한다는 점에서는 매우 유사하다.

솔직히 사람들은 캐롤 다운즈 같은 사람과는 경쟁하려고 하지 않을 만큼 이기적이다. 바로 그러한 이기심을 당신의 자산으로 활용할 수 있다. 게다가 당신 말고 그 누구와도 거래하지 않을 만큼 당신의 가치를 알아주는 사람이 있다면 상사의 이기심에 대항해볼 만한 재산이 생기는 셈이다.

자신의 능력으로 어느 정도 벌 수 있겠다는 생각을 하는 한 그 이상은 획득할 수 없다. 습관의 원리는 자신이 벌 수 있는 금액에 명확한 한계를 긋기 때문에 더 많은 돈을 벌 수 없게 한다. 이런 습관은 다른 종류의 습관으로 채워지지 않는 한 재발하는 경향이 있다. 좋은 습관으로 채워서 예전의 나쁜 습관이 되돌아올 자리를 남겨놓지 마라!

삶은 거대한 전차 경주다

오래된 이야기가 하나 있다. 2천 년 전 고대 로마의 안티오크란 도시에서 시작된 이야기다. 그 당시 예루살렘과 유대의 모든 지역은 로마의 가혹한 정치에 시달리고 있었다.

유대인 벤허Ben Hur는 억울하게 누명을 써서 형벌로 갤리선(노예나 죄인에게 노를 젓게 함으로써 항해하는 범선)의 노 젓는 일을 선고받았다. 벤허는 갤리선 안에서 쇠사슬에 묶인 채 계속해서 노를 저으면서 강한 힘을 기를 수 있었다. 그를 담당했던 고문관은 이 형벌이 그를 더욱 강하게 만든다는 것을 어슴푸레 눈치챘지만, 그가 풀려나지 않는 한 힘은 쓸 곳이 없었다.

그러던 어느 날 전차 레이스를 하는 날이 돌아왔다. 그날은 벤허가 쇠사슬에서 풀려나 갤리선에서 해방되는 유일한 날이었다. 전차 레이스에 참여하는 여러 전차 가운데 한 대의 전차에 조종자가 없었다. 주인은 다급하게 다른 조종자를 찾았고, 벤허의 굵은 팔을 본 주인은 그에게 전차를 조종해달라고 부탁했다. 벤허는 고삐를 낚아 쥐었다. 그의 우렁찬 외침은 관중석까지 울려퍼졌다.

"와, 저 팔을 좀 봐! 어떻게 저런 강한 팔뚝을 만들었지?"

관중들은 벤허에게 소리쳤고, 그는 큰소리로 대답했다.

"갤리선의 노를 저으며 만들었소!"

레이스가 시작되었다. 그는 우람한 팔뚝으로 전차를 힘차게 몰아 레이스에서 우승했다. 우승의 대가는 자유였다.

이해했는가? 삶은 거대한 전차 경주다. 그리고 승리는 만일을 대비해 힘을 기르고 살려는 의지가 있는 사람의 몫이다. 벤허처럼 갤리선에 갇혀 있어도 한정된 기회를 놓치지 않고 잘 이용하면 우리는 인생에서 승리를 거둘 것이다.

헨리 포드는 자신의 회사에 취직하고 싶어 하는 젊은이들의 편지를 일주일에 1만 5천 통이나 받았다. 하지만 그중 헨리 포드의 진정한 재산이 무엇인지 알고 있는 사람은 과연 몇이나 될까? 그들은 포드의 진정한 재산은 은행의 잔고나 그가 경영하는 공장의 개수가 아니라 바로 그가 지금까지 쌓은 '명성'이라는 사실을 알고 있었을까?

그렇다면 헨리 포드는 어떻게 명성을 쌓았을까? 분명히 일을 적게 하려고 꼼수를 부리거나 상대방의 돈을 깎으려 흥정하지는 않았을 것이다. 포드의 경영철학의 기초는 이렇다.

"고객에게 가장 저렴한 가격으로 가장 좋은 물건을 제공하라."

다른 자동차 회사가 자동차 가격을 올릴 때 포드는 가격을 내렸다. 이 정책은 수확체증의 법칙에 따라 만들어진 것으로, 이 법칙 덕분에 포드는 세상에서 가장 부유하고 힘있는 사람이 되었다.

큰 승리는 오직 노력하는 자만이 이룰 수 있다. 매일 끼니를 거르지 않듯이 노력하는 습관 역시 하루도 빠지지 말고 연습해야 한다. 또한 당신이 받은 대가보다 더 많은 일을 한다면 '세상은 당신이 일한 것보다 더 많은 것을 당신에게 주고 싶어 한다'는 말을 현실로 증명하는 날이 올 것이다.

마지막 결론 '보수보다 많은 일을 하는 습관을 갖고 그와 같은 태도로 일하라.' 당신에게 돌아오는 결과는 이자에 이자를 덧붙여 상상도 못할 규모가 될 것이다.

인간은 기본적으로 '진실이 무엇인지' 알기보다는 자신이 '알고 있는 것이 진실이길' 원한다. 그러면서 자신의 결점을 덮어두려고 수많은 '알리바이'를 만들고 '변명'을 창조한다. 이것이 바로 모든 사람이 자신의 일에 스스로 감독자가 되어야 하는 이유다. 이를 위해 가장 필요하면서도 어려운 일이 있다면 '습관은 아주 엄격한 선생'이라는 사실을 이해하는 것이다.

100만 달러를 가지고 있다면 무엇을 할까?

지금 소개하는 이야기는 '뜻이 있는 곳에 길이 있다'는 속담을 입증하고 있습니다. 이 이야기의 주인공은 교육자이며 목사였던 프랑크 갠솔러스입니다. 그는 시카고의 한 교구에서 오랫동안 목사 생활을 했습니다.

갠솔러스는 대학에 다닐 때 미국의 교육제도에 결함이 있음을 알게 되었습니다. 만약 자신이 학장이라면 많은 결함을 해결할 수 있을 것이라 생각했습니다. 결국 자신의 생각을 실현시키기 위해 낡은 교육제도에 얽매이지 않는 새로운 대학을 창설해야겠다고 결심하기에 이릅니다.

대학을 세우는 큰 사업을 성사시키기 위해서는 100만 달러의 자금이 필요했습니다. 하지만 어떻게 이 자금을 조달할 수 있을까? 자금 문제는 큰 뜻을 품은 목사를 오랫동안 고민하게 만들었습니다. 그러나 아무리 고민을 계속해도 사태는 조금도 진전되지 않았습니다. 자나 깨나 오로지 자금 문제만 생각했고, 그의 이런 고민은 이윽고 집념으로 바뀌었습니다.

갠솔러스는 목사이면서 철학자이기도 했습니다. 성공한 모든 사람이 그러하듯 그는 명확한 목적을 달성하기 위해서는 어디서부터 출발해야 하는지 잘 알고 있었습니다. 또한 그는 목적을 실현하려는 불타는 소망이 계획을 성사시키는 큰 원동력이 된다는 것도 알고 있었습니다.

그는 그런 사실에 눈뜨긴 했지만 어떻게 해야 100만 달러를 손에 넣을 수 있을지 그 방법은 몰랐습니다. 만일 그가 보통 사람이었다면 이런 식의 변명으로 그것을 체념했을 것입니다.

"나의 아이디어는 대단히 멋지다. 하지만 필요한 100만 달러를 손에 넣을 수 없는 이상 나는 더 이상 어찌해 볼 도리가 없다."

하지만 그는 달랐습니다. 직접 그의 이야기를 들어봅시다.

어느 토요일 오후, 나는 방에서 100만 달러를 만들려면 어떻게 해야 할지 생각했습니다. 이미 2년 동안 계속해서 생각해온 문제입니다. 나에게는 생각하는 것 이외에 달리 좋은 방법이 없었습니다.

이윽고 생각만이 아닌 행동으로 옮길 시기가 왔습니다. 나는 100만 달러를 일주일 이내에 만들기로 결심했습니다. 그러면 어떻게 해야 할까? 그 점은 걱정하지 않기로 했습니다. 중요한 것은 일정

기간 안에 그 돈을 만든다는 '결의'입니다. 결의를 한 순간부터 지금까지 경험한 적 없는 이상한 확신이 마음속에 자리잡았습니다. 마음속에서 몇몇 사람이 나에게 말하는 소리가 들렸습니다.

'어째서 넌 그동안 결단을 내리지 않았지?'

그러자 다음 일은 급속도로 진행되었습니다. 나는 시내의 한 신문사에 전화를 걸어 내일 아침 공개적인 설교를 하고 싶다고 말했습니다. 설교 주제는 '만약 내가 100만 달러를 가지고 있다면 무엇을 할까?'였습니다. 그리고 당장 설교 준비에 들어갔습니다.

준비는 특별히 어렵지 않았습니다. 2년 동안 계속해서 그 일만 생각했으니까요. 준비를 완전하게 마친 후에는 일찍 잠자리에 들었습니다. 이미 100만 달러를 손에 쥔 나의 모습을 상상했습니다. 자신감을 갖고 잠을 청했습니다.

아침 일찍 잠이 깬 나는 목욕탕에서 원고를 다시 한 번 읽었습니다. 무릎을 꿇고 연설이 자금을 제공할 수 있는 사람들의 마음을 움직이게 해달라고 기도했습니다. 기도하는 동안에도 제 마음은 확신에 차 있었습니다.

그러나 너무 흥분한 나머지 나는 애써 쓴 원고를 잊은 채 강연장으로 달려갔습니다. 설교를 시작하기 직전에야 원고를 집에 두고 왔다는 사실을 알았습니다. 그 사실을 알아차렸을 때는 이미 시간이 늦었습니다. 하지만 그 일은 내게 전화위복이 되었습니다. 나는 꼭 해야 할 말들을 잠재의식 속에 모두 담아 두고 있었으니까요.

이윽고 설교시간이 되었습니다. 자리에서 일어나 마음속 깊은 곳에 자리잡고 있는 이상을 이야기했습니다. 그저 눈앞에 있는 청중에게 이야기한 것이 아니라 신에게 기도하는 마음으로 이야기를 풀어나갔습니다. 그리고 내가 100만 달러를 손에 넣은 후 무엇을 할 것인지 상세하게 말했습니다.

젊은이들이 보다 실용적인 지식을 배우는 동시에 풍요로운 마음을 기를 수 있는 교육기관을 만들고 싶다는 오랜 계획을 이야기했습니다. 이야기를 마치고 자리에 앉아 있을 때 뒤에서 세 번째 줄 부근에 앉아 있던 한 신사가 천천히 연단 쪽으로 걸어왔습니다. 나는 그때 그가 무엇을 하려는 것인지 전혀 짐작이 가지 않았습니다.

"목사님! 방금 당신의 연설은 매우 감동적이었습니다. 지금 당장이라도 100만 달러가 있다면 당신은 말씀하신 것을 실행에 옮기시겠지요. 내일 제 사무실을 방문해주십시오. 제가 100만 달러를 드리고 싶습니다. 아, 인사를 안 드렸군요. 저는 필립 댄포스 아머라고 합니다."

이튿날 아침 갠솔러스는 약속대로 대 실업가인 아머의 사무실을 방문하여 100만 달러를 받았습니다. 이렇게 아머의 자금으로 설립된 그 대학은 현재 일리노이공과대학교로 잘 알려져 있습니다. 대학 설립에 필요한 100만 달러가 하나의 아이디어로 마련된 셈입니다. 물론 그 아이디어에는 갠솔러스가 2년간 품었던 소망이 굳건히 뒷받침되어 있었습니다.

당신은 이 이야기 속에서 중요한 점을 간과해서는 안 됩니다. 갠솔러스는 자신의 소망을 달성하기 위해 명확한 결의를 갖고 계획을 세웠으며 마침내 그것을 실행에 옮겼고, 36시간 이내에 목표를 달성할 수 있었습니다.

그저 막연히 100만 달러가 있었으면 좋겠다는 허망한 꿈과 같은 바람을 갖는 사람을 우리는 주위에서 흔히 볼 수 있습니다. 한두 사람이 아니라 수많은 사람이 갖고 있는 바람이기도 합니다.

하지만 갠솔러스는 그 기념할 만한 토요일의 '결의'로 인해 그가 다른 사람과 다르다는 점을 분명히 입증했습니다. '돈이 있었으면 좋겠다'는 막연한 생각을 버리고 '일주일 이내에 100만 달러를 손에 넣는다'는 명확한 결의를 한 것이 성공으로 이어진 것입니다.

갠솔러스에게 100만 달러를 가져다준 법칙은 지금도 여전히 유효합니다. 물론 당신도 이 법칙을 사용할 수 있습니다. 이 불변의 법칙은 젊은 목사에게 성공을 안겼듯이 당신도 성공으로 이끌 것입니다.

중앙경제평론사 Joongang Economy Publishing Co.
중앙생활사 | 중앙에듀북스 Joongang Life Publishing Co./Joongang Edubooks Publishing Co.

중앙경제평론사는 오늘보다 나은 내일을 창조한다는 신념 아래 설립된 경제·경영서 전문 출판사로서
성공을 꿈꾸는 직장인, 경영인에게 전문지식과 자기계발의 지혜를 주는 책을 발간하고 있습니다.

나폴레온 힐 습관의 법칙

초판 1쇄 인쇄 | 2025년 2월 15일
초판 1쇄 발행 | 2025년 2월 20일

원저자 | 나폴레온 힐(Napoleon Hill)
편저자 | 김정수(JyungSoo Kim)
펴낸이 | 최점옥(JeomOg Choi)
펴낸곳 | 중앙경제평론사(Joongang Economy Publishing Co.)

대   표 | 김용주
책임편집 | 한옥수
본문디자인 | 박근영

출력 | 삼신문화 종이 | 에이엔페이퍼 인쇄 | 삼신문화 제본 | 은정제책사

잘못된 책은 구입한 서점에서 교환해드립니다.
가격은 표지 뒷면에 있습니다.

ISBN 978-89-6054-341-6(03320)

등록 | 1991년 4월 10일 제2-1153호
주소 | ⑦ 04590 서울시 중구 다산로20길 5(신당4동 340-128) 중앙빌딩
전화 | (02)2253-4463(代) 팩스 | (02)2253-7988
홈페이지 | www.japub.co.kr 블로그 | http://blog.naver.com/japub
네이버 스마트스토어 | https://smartstore.naver.com/jaub 이메일 | japub@naver.com
♣ 중앙경제평론사는 중앙생활사·중앙에듀북스와 자매회사입니다.

도서
주문
www.**japub**.co.kr
전화주문 02) 2253-4463

https://smartstore.naver.com/jaub
네이버 스마트스토어

중앙경제평론사/중앙생활사/중앙에듀북스에서는 여러분의 소중한 원고를 기다리고 있습니다. 원고 투고는 이메일을
이용해주세요. 최선을 다해 독자들에게 사랑받는 양서로 만들어드리겠습니다. **이메일** | japub@naver.com